Les Peuples d'Extrême=Orient

LA CHINE

Bibliothèque de Philosophie scientifique

ÉMILE HOVELAQUE

INSPECTEUR GÉNÉRAL DE L'INSTRUCTION PUBLIQUE

Les Peuples d'Extrême-Orient

LA CHINE

PARIS

ERNEST FLAMMARION, ÉDITEUR

26, RUE RACINE, 26

1920

AVANT-PROPOS

Lorsque au sortir de l'Inde l'on arrive pour la première fois à Singapour, on a l'impression d'entrer
dans un autre monde. Sans doute l'Inde paraît
étrange et déconcertante au voyageur européen :
sans doute son humanité pullulante semble suivre
un rêve intérieur inconnu à nos cerveaux : sans
doute ce que nous pouvons entrevoir de ce rêve
donne le vertige : l'image que nous laisse l'Inde,
rayée de ténèbres et de splendeurs, trouble et fascine
comme un gouffre. Mais les lointaines origines de
la race rejoignent nos origines; ses religions, ses
philosophies nous sont familières; les formes de sa
vie, l'essentiel de sa civilisation, dès notre enfance
ont ébranlé notre imagination, et l'Inde depuis toujours fait un peu partie de notre vie. Il en est autrement des pays d'Extrême-Orient. Séparés du reste de
la terre par le plus puissant des soulèvements de
l'écorce terrestre, par d'immenses déserts et des
mers périlleuses, par cette péninsule de Malacca qui
prolonge jusqu'aux régions équatoriales une muraille
de montagnes et de forêts impénétrables, ils constituent comme un morceau isolé de la planète. Leur
éloignement et notre longue ignorance n'expliquent
pas seuls ce qu'ils gardent encore d'inaccessible.
Aucun contact, aucune étude ne semblent pouvoir
nous révéler tout le secret de ces terres habitées par

des peuples qui, pendant des millénaires, ont suivi dans l'obscurité leur développement propre. Celui-ci en effet n'a point subi les influences qui, venues de l'Iran, de la Judée, de l'Egypte, du bassin méditerranéen ont formé peu à peu notre âme. L'esprit n'a pas besoin de s'énumérer les raisons de différence; ces différences, du premier coup, dans n'importe quelle rue de Singapour, éclatent et frappent les sens les plus distraits.

Et d'abord toutes les valeurs visibles sont autres. On a beau se sentir, comme dans l'Inde, parmi la végétation des tropiques et les cruelles ardeurs de la lumière : subtilement elles ne sont plus les mêmes; et à ces différences correspondent d'autres architectures, d'autres paysages, d'autres harmonies de vêtement et de décoration, toute une nouvelle gamme de tonalités, un autre rythme de vie. Sur l'ardente terre hindoue comme accablée par quelque malédiction mystérieuse et la présence visible des dieux terribles, les hommes, les femmes, passent dans l'ondulation lasse et voluptueuse de leurs formes magnifiquement drapées de rouge sombre, de tons violents et passionnés qui font les foules pareilles à des parterres de renoncules ou d'anémones animées. Dans la clarté plus fine de Singapour, la foule banale des Jaunes glabres s'affaire, toute vêtue uniformément de sarraux et de pantalons pratiques d'un bleu complémentaire de la peau; et c'est une fraîche, une gaie et presque rieuse symphonie de couleurs sans mystère. Mais tout le mystère se retrouve dans les yeux de noir émail impénétrable, dans les masques impassibles, comme morts, si différents des nerveuses figures hindoues, au front barré d'inquiétude lourde, aux clairs yeux bruns inquiets, aux muscles frémissants. Cet émail noir, ce jaune parchemin immobile renvoient la lumière comme une surface lisse : elle ne révèle rien des profondeurs; et littéralement on est devant un masque. Les gestes aussi ne sont pas nos gestes. Qu'un Chinois, un Japonais frotte une allumette, manie un outil, fasse signe d'approcher ou de reculer, en général ses mouvements et ses habitudes instinctives sont l'inverse des nôtres : si bien que pour dire non il hoche la tête et pour dire oui la secoue, se vêt de blanc et non de noir pour prendre le deuil, a comme région sacrée l'Ouest et non l'Est, construit le toit de sa maison avant la fondation, et que ses livres finissent à la page où les nôtres commencent.

La structure et les intonations de la langue d'un Chinois semblent également appartenir à un système entièrement différent de tous ceux que nous pratiquons pour exprimer notre pensée, et l'écriture qu'il emploie comme le Japonais pour traduire la sienne n'a de parallèle que dans les idéogrammes primitifs de l'Egypte et de la Chaldée. Les étranges modulations de la voix chinoise nous semblent une insaisissable mélopée : c'est en effet la hauteur musicale du ton qui pour des mots identiques de forme différencie les sens qu'ils prennent, et les caractères n'expriment pas ces mots, mais des idées, si bien qu'ils peuvent indifféremment traduire des idiomes dont le vocabulaire et la syntaxe n'ont aucun rapport commun, les dialectes les plus variés, ou une langue entièrement différente de structure comme la japonaise. Et cette écriture figurée n'est pas comme la nôtre, un simple moyen abstrait de représenter des sons et de communiquer à l'esprit la pensée sous une forme visible; elle a un caractère d'art; la sensibilité nerveuse du bras et des doigts librement suspendus passe dans les souples mouvements du pinceau : et telle page d'écriture, telle inscription vaut pour le Chinois ou le Japonais par sa calligraphie un tableau, est recherchée à l'égal d'un chef-d'œuvre de peinture. Bien des prestiges tout-puissants sur l'esprit d'un habitant de l'Extrême-Orient nous échappent ainsi : les rythmes de sa musique, les techniques de son art, les associations qu'éveillent en lui tous les détails familiers de sa vie et ses activités coutumières ne provoquent dans notre sensibilité aucun écho instinctif.

Ce n'est pas l'humanité seule qui dans ces pays est autre. De cette terre et de ce ciel émanent des influences dont l'action se retrouve partout pareille ; la faune et la flore la subissent comme l'homme et toutes ses œuvres. On constate avec étonnement que, passé les détroits de Malacca, les bêtes comme les hommes ont les yeux bridés, tel l'étrange ours malais, ou des aspects qui mystérieusement les apparentent aux Jaunes. Les êtres fabuleux — dragons, oiseaux, nains, géants — ne ressemblent en rien aux monstres de l'Inde ou de nos pays ; tous pareillement ont un caractère grimaçant de grotesque puéril et terrible ; tous se tordent comme des flammes, et leur vie frénétique se déroule sur les façades, sur les étoffes, les porcelaines usuelles, les moindres ustensiles, semble se mêler à toute la vie de l'homme ; les frontières entre le réel et le rêve sont effacées, et le Jaune habite familièrement un monde de cauchemar. Les formes mêmes de la terre semblent autres. Avant d'avoir vu la Chine, les paysages des porcelaines chinoises et des kakemonos japonais, les perspectives déconcertantes de leurs plans, semblent une stylisation ou une vision d'homme ivre ; on les retrouve là-bas tels quels, dans la réalité ; et, par on ne sait quels étranges effets de lumière, quelles bizarreries de rochers déchiquetés, d'arbres zigzagants et de formes inattendues, ils tanguent pareillement dans l'espace. L'architecture, comme toute chinoise ou japonaise, a avec ce paysage des rapports subtils. Elle ne ressemble en rien à celle des autres pays. Les temples, les maisons, les ponts, les pagodes fantasques se courbent ou se relèvent en cornes vives, et, par leurs matières mêmes — tuiles vernissées et bois ouvragés aux tons violents, laques, bronzes, bambous — comme par leurs formes et leurs décors, ont pour nous quelque chose de paradoxal, d'irréel et de biscornu. Une profonde et mystérieuse harmonie relie les uns aux autres les aspects du pays et les manifestations de la race. Le moindre objet venu d'Extrême-Orient se reconnaît instantanément par des caractères qui le différencient de tout objet occidental. Tout dans ce pays étonne et déconcerte l'Européen. Ce monde est bien un autre monde, si éloigné du nôtre, soumis à des influences inconnues si nombreuses et si générales, qui n'ont point chez nous d'analogies, qu'on a peine à le croire réel, et que l'on désespère d'en deviner jamais le secret irritant.

Ce secret nous est en effet fermé. L'essence de ces civilisations, le mystère de la vie de ces pays se dérobe ; la familiarité ne fait que révéler plus profondément d'irréductibles différences. Là-dessus l'opinion de ceux qui ont vécu le plus longtemps en Extrême-Orient est unanime, et l'étude ne fait que la confirmer. Ce monde pourra être pour nous une source de rêves, de jouissances et d'émerveillements toujours renouvelés, de curiosités et d'études qui peu à peu nous le rendront plus familier ; il ne sera jamais complètement compris par nous comme la Grèce, Rome, la Judée, la Perse, l'Inde même. Il faut se résigner à l'ignorance, et s'avouer que toutes les idées que nous pouvons former sur ces pays ne sont qu'une vue de l'esprit.

Faut-il pour cela se contenter d'en décrire les aspects extérieurs, les ordonnances sociales, les vicissitudes politiques, la situation économique, les mœurs, sans pouvoir espérer rien saisir de leur vie profonde? Je ne le crois pas. Quelque chose de ces civilisations rentre dans le domaine commun de l'humanité; l'art partiellement, bien que ses techniques particulières et ses dessous de rêve nous échappent ; certaines idées religieuses ou sociales ; certaines réactions de l'âme devant le mystère de la vie et les problèmes de notre commune destinée, devant la mort, l'amour, la beauté, la souffrance. Tel axiome de Confucius ou de Lao-Tzé, le code du Samouraï, tel poème chinois ou japonais, telle vision extatique éternisée dans le bronze, la pierre ou sur la soie, ont pour nous un message. Profondément nous sentons l'aristocratie, la grandeur, la noblesse et la finesse qui sont la marque de la Chine, et se retrouvent pareillement dans les stèles des T'ang, les intérieurs Song, les bronzes, les peintures, les porcelaines et toute sa vie de tous les temps. Nous jouissons délicatement du raffinement esthétique, de l'incomparable charme de distinction et de grâce, de fine justesse et d'exquise harmonie qui sont l'apanage du Japon, et font de sa civilisation la plus parfaite réussite de l'histoire depuis la Grèce : la sagesse chinoise, l'héroïsme chevaleresque japonais, bien des ordonnances de vie et des croyances morales en Extrême-Orient contiennent aussi pour nous des leçons qu'il y aurait péril à ignorer davantage.

Il y a plus. Ces pays nous apportent quelque chose de plus profond que des jouissances esthétiques et des enseignements moraux. Ils nous obligent à reviser toutes les valeurs de notre civilisation, toutes les idées sur lesquelles elle repose. Toutes ces manifestations individuelles — croyances religieuses, arts, ordonnances sociales, mœurs — ont une source com-

mune, qui est une certaine conception de la vie.
Cette conception est commune à toute l'Asie. Elle
seule explique l'unité foncière de ses réactions
spirituelles, depuis la Perse jusqu'au Japon. La
comprendre, c'est non seulement mieux pénétrer
l'essence de la civilisation orientale, mais par contraste mieux juger la valeur de la nôtre. Une conception qui fait vivre depuis des millénaires une moitié
du genre humain, qui a donné à la terre entière des
religions et des philosophies, produit des sociétés
humaines supérieures, de purs chefs-d'œuvre d'art,
ne peut être écartée comme négligeable ou même
comme inférieure. Là est la leçon de l'Asie. Or,
cette conception est en tout opposée aux idées géné-
ratrices des civilisations occidentales : c'est cette
opposition absolue entre l'idéal asiatique et l'idéal
européen qui est en dernière analyse la cause des
différences et des incompréhensions mutuelles qui
ont jusqu'ici séparé les deux plus grandes familles
humaines. Il faut donc la définir. Il est certes difficile d'exprimer en quelques phrases courtes et claires
l'essence de ces principes opposés : elle se dégagera
peu à peu de ce livre. Dès les premières lignes de sa
profonde analyse des « Idéaux de l'Orient », l'homme
qui a le mieux compris cette opposition et ces principes, Okakura Kakuzō, en marque certains traits
quand il parle « de cette passion de l'absolu et de
l'universel, patrimoine commun des races asiatiques
qui leur permit de créer toutes les grandes religions
du monde et les différencie des peuples maritimes de
la Méditerranée et de la Baltique qui aiment à se
confiner au particulier et à rechercher les moyens
plutôt que les fins de la vie. » Les fins de la vie : le
sens de la vie : en effet, pour l'Oriental tout est là.
Une seule chose importe : la vie intérieure ; une seule
civilisation compte : celle des sentiments. Toute autre

est vaine. Pour lui, la civilisation matérielle dont nous sommes si fiers n'en est pas une ; elle n'a rien ajouté à la valeur morale de l'homme : tout au contraire. La justice et le bonheur valent mieux que la connaissance et la domination des forces naturelles. Ni la puissance ni la richesse ne sont pour lui des vrais biens : il n'y a d'autre enrichissement, d'autre force que de l'âme, d'autre grandeur que la sainteté, d'autre bien que la beauté, d'autre lien humain entre les hommes que l'amour du prochain. Pour l'Occidental, l'unité sociale est l'individu, et l'égoïsme est à la racine de son effort : pour l'Oriental, c'est la famille, et le principe de sa vie est l'abnégation envers elle, sa règle suprême, le sacrifice de l'individu au profit de la communauté ; l'Occidental poursuit des fins personnelles par la lutte et la concurrence contre ses semblables ; l'Oriental, des fins impersonnelles, celles de sa race, du grand Tout, dont il ne se distingue pas, où il aspire à se perdre. L'un veut agir, l'autre être ; l'un tend vers la science et la domination, l'autre vers la sagesse et la paix intérieure.

Les deux conceptions semblent inconciliables. Elles le sont peut-être en effet. De fait chacune s'altère en sortant de la région où elle est née ; au contact de la Grèce, de Rome, des peuples européens, le pur idéalisme oriental de Jésus se déforme : les Orientaux n'ont pris jusqu'ici que les dehors de notre civilisation ; le fond de leur vie est resté inaltéré par son esprit. Mais ni l'une ni l'autre de ces deux conceptions ne peut plus être ignorée aujourd'hui par l'ensemble de l'humanité. Il y a quarante ans, Renan écrivait : « Pour un esprit philosophique il n'y a vraiment dans le passé de l'humanité que trois histoires de premier intérêt : l'histoire grecque, l'histoire d'Israël, l'histoire romaine. » Il n'écrirait plus ces lignes, ni son étrange condamnation de toute la civilisation chinoise. Il reconnaîtrait aujourd'hui que l'histoire de l'Occident n'est pas toute l'histoire morale de l'humanité. Elle n'en est que la moitié. Jusqu'ici l'homme n'a pensé que des demi-pensées, celles de son hémisphère et de son passé. Aujourd'hui la terre est une. Nos deux humanités ne peuvent plus suivre des voies séparées, ni continuer à élaborer chacune comme en vase clos un idéal, des formes de pensée, de sensibilité de vie opposées. Que nous le voulions ou non, des actions réciproques s'exerceront chaque jour davantage. Déjà l'Orient nous emprunte notre civilisation matérielle, nos industries, nos cadres politiques : au contact de l'Occident sa vie traditionnelle finira sans doute par se désagréger comme la nôtre s'est défaite depuis un siècle. Et parallèlement l'Orient fournit une matière morale de jour en jour plus riche à notre curiosité, à nos études, à nos méditations : sa civilisation spirituelle peut nous apporter des enrichissements, nous ramener à des simplicités et des charités que nous avons trop longtemps oubliées. L'ère des dédains et des pénétrations brutales, pour des fins de rapine et d'oppression, tire lentement à sa fin ; celle des échanges d'âme et des pénétrations de raison, d'intelligence, de moralité, de bonté s'ouvre enfin. Une moralité internationale peu à peu s'ébauche. Toute l'humanité puisera un jour aux mêmes sources morales, fraternellement. On ne peut indéfiniment retarder la montée des races dites inférieures vers l'égalité des droits et cette communion. L'universel mouvement d'émancipation les gagne et se déroule inexorablement. La famille humaine arrive aujourd'hui à une conscience commune, à une identité d'aspirations, et l'on entrevoit le jour où il n'y aura plus ni races, ni peuples, ni individus, ni sexe sujets. La solidarité humaine cesse d'être un mot : elle tend à devenir une réalité. Tout effort pour la faire prévaloir plus rapidement est louable.

Mais la première condition de progrès sincère dans cette voie est la disparition des préjugés de race et de couleur si tenaces, et qui ont leur racine autant dans la sotte vanité du Blanc que dans son insondable ignorance. Peu d'entre nous se rendent encore compte que ces antiques races d'Extrême-Orient sont aussi profondément et complètement civilisées que les nôtres, en raffinements par endroits l'emportent même sur nous. La civilisation chinoise diffère certes autant de la civilisation occidentale qu'une société de fourmis d'une société d'abeilles. Elle n'est pas moins complète ou cohérente que celle de Rome ou d'Athènes ; elle mérite une étude aussi attentive et déférente. Il faut apporter à cette étude un esprit de sympathie aussi éveillé que pour les formes traditionnelles de notre propre vie.

A défaut d'autres qualités, j'apporte au moins ici cet esprit de sympathie. Il me permettra peut-être de dégager dans ces civilisations, si éloignées des nôtres, un peu de ce qu'elles peuvent nous donner, de ce que tout esprit sensible et ouvert peut y trouver. Pour cela il n'est peut-être pas indispensable d'être sinologue ou japonisant de profession ; ce qui dans leur essence ou leurs manifestations principales est susceptible d'être ainsi compris et assimilé par nous ne relève pas seulement du spécialiste. A cela d'ailleurs nous préparent bien des parties de notre passé. Nous retrouverons en Chine, au Japon, conservées intactes comme ces momies égyptiennes roulées dans les aromates et leurs linceuls incorruptibles, la forme même de nos origines, bien des croyances et des habitudes qui furent nôtres aux lointaines

périodes où l'âme inquiète s'éveillait à la conscience,
où les premières familles partageaient sous les mêmes
cieux, sur la même terre, les rudiments d'une commune civilisation. Nos ancêtres ont subi autrefois les
mêmes terreurs, ont concilié les mêmes ombres, ont
donné les mêmes réponses aux éternelles énigmes
que les Chinois et les Japonais aujourd'hui : les formules de conciliation des puissances invisibles qui
nous entourent, les rites de naissance, de mariage,
de mort, l'organisation de la famille, les cultes fondamentaux, sont parmi eux exactement encore ceux
qui ont prévalu en Chaldée, en Grèce, à Rome ; et les
plus profondes assises de notre être, oubliées et sub-
sistantes, sont en dernière analyse celles qui sont à la
base des civilisations d'Extrême-Orient. Par là déjà
des parties de ces civilisations nous deviennent moins
étrangères ; à les remonter nous nous rapprochons.
Et d'autre part, après bien des millénaires, nos destinées se rejoignent. L'histoire n'est plus renfermée
dans les limites de l'Europe et de la Méditerranée :
par l'entrée de l'Amérique, de l'Asie, de l'Australasie,
de l'Afrique dans l'orbite de notre vie, tout l'équilibre
ancien est rompu et d'immenses changements se
préparent. Quel sera dans cette histoire nouvelle
l'apport de la Chine, du Japon? Nul ne peut encore le
dire avec certitude. Mais dès à présent il est clair que
leur rôle sera grand. C'est une préparation, sans doute
très imparfaite, à mieux en reconnaître la nature que
je voudrais apporter ici. C'est la valeur humaine générale de ces civilisations, ce qu'elles apportent au
commun trésor de l'humanité, leur collaboration probable à l'avenir du monde que je tenterai surtout de
mettre en lumière. C'est dire qu'il ne faut pas d'abord
chercher dans cette courte esquisse un tableau complet de la vie politique, sociale, économique des pays
d'Extrême-Orient, des statistiques, des jugements et

des prophéties, ni davantage des descriptions particulières de chacun de ces pays. Sans doute, le Siam, le Cambodge, l'Indo-Chine, la Corée, font, à des degrés divers, partie de ce monde et présentent des caractères communs. Mais tous ne sont que des répliques atténuées ou des reflets de la grande civilisation centrale chinoise; le modèle complet, la grande lumière sont en Chine; en comparaison ces pays n'ont pas d'originalité propre supérieure, et ne peuvent rien contribuer d'indispensable au plan de ce livre.

C'est donc la Chine d'abord que j'étudierai ici, et dans ce pays l'essentiel surtout de sa civilisation, ce que dans son âme il est possible de saisir et d'exprimer. Si le mot n'était pas trop ambitieux, je dirais que c'est un peu la philosophie de ces civilisations que je vais surtout essayer de dégager, ce qu'elles contiennent de plus général, leurs traits dominants permanents, les causes et le sens de leur développement, leur part d'humanité commune, leur signification pour nous. Ce n'est que subsidiairement que j'exposerai ce que cette étude permet seule d'entrevoir, le rôle que ces peuples sont appelés à jouer dans le monde moderne, ce qu'ils pourront apporter à la civilisation générale et à l'histoire qui se prépare. La psychologie profonde de ces races nous échappera sans doute toujours; nul effort d'imagination ni d'analyse ne nous la révélera complètement; et je serais le dernier à prétendre la pénétrer. Mais en descendant dans ma conscience j'y trouve des impressions et des bienfaits que ces pays ont peu à peu déposés en moi. Je leur en dois une reconnaissance qui voudrait s'exprimer en partageant avec d'autres un peu au moins de ce qu'ils m'ont donné. Certes ces pages ne sont qu'une transcription en termes d'Occident de réalités qui ne peuvent être vraiment comprises que dans leurs formes orientales : bien des erreurs d'interprétation fausseront le sens du texte originel. J'ose espérer qu'il en subsistera cependant quelque chose. L'humilité devant le modèle, sans laquelle on est d'avance voué à l'échec, ne me fera pas défaut. Je sens trop profondément l'impossibilité de faire passer la vie vraie même d'un texte allemand ou anglais, cependant si rapprochés de nous, en français; même la nuance particulière d'une civilisation occidentale dans une autre d'espèce parente; à plus forte raison d'un texte ou d'un développement grec ou hindou; pour me dissimiler les difficultés de ma tâche. Cette impossibilité semble acceptée parfois par les meilleurs érudits; la belle traduction anglaise de certaines tragédies grecques que nous devons à Gilbert Murray est profondément et volontairement romantique. Elle ressemble autant à Euripide qu'une cathédrale gothique à un temple d'Athènes. Pour rendre sensible à ses lecteurs la merveilleuse poésie du texte originel, il l'a transposé en termes de leur sensibilité germanique, parce qu'ainsi au moins la déformation était faite par lui, avec science et dessin précis, et non par leur imagination. A des degrés divers toute interprétation est aussi infidèle. Nous ne pensons qu'en termes de notre humanité, de notre civilisation, de notre passé, de notre propre personnalité. Nous ne connaissons jamais que nous-mêmes; en croyant peindre les autres, c'est un peu notre propre portrait que nous faisons. Et j'accepte d'avance le reproche d'avoir rendu en gammes de blanc ce qui n'a sa vraie vie qu'en gammes de jaune.

Emile HOVELAQUE.

10 septembre 1919.

LA CHINE

LIVRE I

LA CHINE ET L'EUROPE
LA CHINE VUE DU DEHORS

Pour atteindre une réalité aussi complexe que la Chine, il faut multiplier les voies d'approche. On ne peut s'en tenir à la seule étude abstraite d'un pays qui a toujours fait à l'imagination un appel si grand et dont les aspects extérieurs sont si étranges. La représentation que le passé s'en est faite, illusoire ou vraie, colore encore insidieusement nos idées sur la Chine, et il faut l'exposer brièvement. Et d'autre part, rien ne vaut comme introduction au mystère d'un pays le contact direct avec la terre et les habitants. Le plus court séjour l'emporte en enseignements vivants sur de longues lectures. Noter l'essentiel des impressions que j'ai recueillies en Chine m'a donc paru un premier moyen, et peut-être le plus efficace, d'en dégager certains caractères révélateurs, d'en faire sentir l'atmosphère et d'en évoquer au moins partiellement la vie qu'aucune analyse uniquement philosophique ou livresque ne saurait rendre.

CHAPITRE I

LA CHINE ET L'EUROPE

Longtemps la Chine fut pour l'Occident un fantôme de l'imagination plutôt qu'un objet de connaissance. Ce qu'en savait l'antiquité gréco-romaine tiendrait dans deux phrases. Elle ne connaissait guère de l'Extrême-Orient qu'un produit mystérieux, la soie, matière délicate et forte qui, pour elle, symbolisait la finesse d'une luxueuse civilisation inaccessible, celle des *Seres*, les plus doux et les plus lointains des hommes. A aucun moment ni la Grèce, ni même Rome n'ont pu atteindre les pays qu'ils habitaient. Le plus grand effort d'expansion du monde antique sous Alexandre et ses successeurs expira aux bords des déserts de l'Asie centrale ; il ne put établir un contact véritable entre l'humanité jaune et les peuples méditerranéens. Certaines influences grecques se répandirent sans doute alors dans la Bactriane, le royaume de Gandhara, l'Inde ; de là se propagèrent en Chine, en Corée ; et par elles au Japon. Mais les ondes qui les apportaient ne refluèrent pas sur notre monde qui en échange ne reçut presque rien de ces lointaines civilisations. Et lorsque de leur côté les grands conquérants chinois des deux siècles qui précédèrent notre ère débordèrent les limites naturelles de la Chine, ils ne purent, malgré tous leurs efforts, rejoindre le vaste empire occidental dont ils connaissaient l'existence ; entre eux et les Romains se dressait le royaume des Parthes insaisissables que ni Rome ni la Chine n'ont pu soumettre. Détenteurs jaloux du monopole du commerce entre les deux versants de l'Asie, les souverains de ces régions incertaines, Parthes et Sassanides, Ommiades et Abassides, Persans, Arabes ou Turcomans, maintenaient une cloison étanche entre les deux empires. « Souvent, écrivent les annalistes chinois, les souverains du Tatsin (de l'Occident, de Rome) ont voulu se mettre en communication avec la Chine; mais les Parthes, jaloux de conserver le monopole des soies chinoises, les en ont toujours empêchés[1]. » Les foudroyantes conquêtes de l'Islam semblaient devoir enfin réussir là où Alexandre, Rome et la Chine avaient échoué. Mais la marée qui de l'Arabie déferla sur l'Europe, l'Afrique, l'Asie, se perdit dans les immensités vides qui protégeaient l'Empire du Milieu, ou ne déposa sur les franges du pays que des alluvions superficielles localisées. Les plus formidables mouvements de peuples semblaient ainsi impuissants à violer l'antique solitude de la race recluse. On le vit bien lors du plus grand de tous, quand, des espaces vagues où tourbillonnaient les hordes nomades, les essaims des Huns, des Mongols s'abattirent pareillement sur l'Orient et sur l'Occident. A l'un et à l'autre ils n'apportèrent qu'épouvante et destruction; entre eux ils répandirent une commune désolation, qui, en les réunissant, les isolait plus efficacement encore que les séparations anciennes. Sans doute, ils se civilisèrent peu à peu au commerce des peuples qu'ils avaient soumis. Mais alors leur empire se morcela; les barrières anciennes se dressèrent de nouveau ; et la civilisation chinoise était de nouveau séparée du monde entier.

Ce n'est qu'au xiiie siècle que l'Europe apprit d'un coup à peu près tout ce qu'elle devait pendant des

1. Cité par G. Maspero, *La Chine*, p. 87.

siècles savoir de la Chine. L'incomparable récit du voyageur vénitien Marco Polo, rédigé en 1298, ne versa pas seulement sur ce pays un flot de lumière; il ébranla si puissamment les imaginations que les merveilles de Koubilaï-Khan, de Kambalou, de l'empire fabuleux qu'il décrivit inspirèrent autant les poètes que les aventuriers, les artistes que les marchands; on peut sans exagération dire qu'il fit don à l'Occident d'un monde nouveau et l'enrichit d'un trésor inépuisable de rêves. Avant lui l'Orient n'était dans l'esprit de nos ancêtres qu'une région vague de splendeurs et de terreurs : par la Bible, par Byzance, par les Croisades, par quelques récits de marchands, ils n'en touchaient que la frange éclatante. Marco Polo en fit une réalité, merveilleuse et romanesque encore sans doute, mais comme tangible. Sur les confins mystérieux de cette terre il vit d'étranges merveilles, le royaume du Vieux de la Montagne, l'arbre solitaire du soleil, ou « arbre sec », chargé des pommes du soleil et de la lune, à l'ombre duquel Darius et Alexandre combattirent, et qui marquait l'entrée d'un autre monde. Mais il vit aussi et décrivit des nations et des rois réels, avec une précision si extraordinaire, une telle véracité, que son livre est encore aujourd'hui une des sources les plus sûres de notre connaissance de l'Asie lointaine. Après lui, vers cette terre miraculeuse de l'or et de la soie, vers le colossal Cathay et l'île mystérieuse de Xipangu, toutes les cupidités, tous les songes se tournèrent; et l'histoire de nos rapports avec l'Extrême-Orient est faite de ce double caractère : il fut toujours pour nous matière à exploitation brutale ou à idéalisation, une proie ou un mirage poétique, ses peuples de méprisables magots grotesques ou les plus sages et les plus favorisés des fils de l'homme. L'une et l'autre de ces visions ont collaboré à nous révéler et à nous dissimuler la

vraie Chine; des préjugés contradictoires altèrent
encore l'image que nous nous en faisons. C'est par
des confirmations toujours semblables que cette
double image traditionnelle toute-puissante s'est
formée : nous en devons l'essentiel, après Marco Polo
et le frère Odoric de Pordenone, aux Portugais et aux
Hollandais, qui, les premiers, commercèrent avec la
Chine et firent pénétrer en Europe avec ses produits
les prestiges de son étrange civilisation.

Sur la Hollande surtout, l'influence de la Chine ne
saurait être exagérée; le développement de ses digues,
de ses canaux de transport et d'irrigation, la culture
intensive, la passion des fleurs, de multiples emprunts
la trahissent; avec la divination de l'artiste, Baude-
laire l'a subtilement marquée dans son *Invitation au
Voyage*[1]. La fascination que ce pays exerça sur les
Hollandais peu à peu par eux fut transmise à l'Europe entière. La porcelaine chinoise dont ils avaient
le monopole en fut le principal véhicule. Ils ne rapportaient pas seulement cette porcelaine ardemment
recherchée où les paysages, les habitants, les mœurs
et les raffinements de la Chine revivaient; ils
essayèrent d'en reproduire, sinon la précieuse matière,
tout au moins les décors; et les Delft rendirent partout familiers les aspects de cette terre des pagodes
et des mandarins, des palanquins, des ombrelles et
des paravents, des jardins délicats où la grâce frêle
des princesses et des saules frissonne aux souffles du
vent sous des déroulements de dragons, de nuages et
de bêtes chimériques. Ce fut par cet art, le plus caractéristique et le plus évocateur de sa civilisation, que
la Chine fit surtout rêver l'Europe; sur notre esthétique le magnifique cadeau de vaisselle et de vases
chinois que le roi de Siam envoya à Louis XIV et à
quelques Français de marque, eut une influence immé-

1. *Petits poèmes en prose*, XVIII.

diate : des tapisseries, des formes et des matières nouvelles, des décorations et des gammes de tons jusqu'alors inconnus la révèlent ; et pendant tout le xviii° siècle, elle ne cessa de grandir avec la curiosité qu'excita le bizarre pays qui, par un si singulier privilège, multipliait ainsi au loin les images de sa vie.

Les missionnaires, dont le rôle en Extrême-Orient a été prépondérant, s'y rendent bientôt en nombre croissant ; avec leur religion ils apportent à la Chine la science occidentale et rapportent en Europe des données précises et des récits où une part croissante de vérités se mêle aux tenaces erreurs anciennes. Les Jésuites surtout se consacrent avec une véritable passion à l'étude d'un pays dont ils se font les panégyristes d'autant plus enthousiastes qu'ils y trouvent protection et faveur au moment où l'Europe les rejette. La sinologie se fonde. Les classiques de la Chine sont traduits : des relations diplomatiques s'établissent ; des voyageurs pénètrent dans l'intérieur de l'empire ; peu à peu la Chine cesse d'être un vague prodige lointain, se dépouille de son nimbe de légendes fantasques et devient une contrée aux bornes encore indécises, à l'histoire et aux mœurs encore en grande partie fabuleuses, mais qui, de jour en jour, se définissent et rentrent dans un domaine de réalités humaines fécondes en suggestions et en enseignements nouveaux. Le xviii° siècle s'éprend de la Chine comme de tout ce qui peut lui fournir matière à critiquer l'ordre social existant. Pour nos Encyclopédistes, elle joue un peu le rôle de la Germanie pour Tacite, des Hurons et des Polynésiens pour Voltaire et Diderot ; elle est un thème inépuisable d'idéalisations et de comparaisons désobligeantes pour l'Europe ; terre de douceur et de sagesse, de vertu et d'humanité, ils la parent de toutes les perfections que l'esprit humain ne trouve jamais dans le présent et le réel ; pour eux la Chine pacifique et raffinée fait en tout contraste avec nos civilisations brutales et incohérentes [1]. Leur descendance existe encore. La fin du xix° siècle a repris par la plume d'Eugène Simon la thèse ancienne [2], par celle aussi de Lowes Dickinson (*Letters from John Chinaman*), et d'autres ; et pareille idéalisation du Japon hante l'âme nostalgique éternellement mécontente de Lafcadio Hearn.

C'est à travers l'atmosphère ainsi créée autour de la Chine qu'inconsciemment nous la voyons encore aujourd'hui. Les idées que les générations successives se sont faites des pays et des chefs-d'œuvre finissent par en faire partie intégrante : le halo dont nos pères ont entouré la Grèce ou Rome, Shakespeare ou Michel-Ange, s'interpose entre eux et nos yeux. Il faut un effort pour serrer avec exactitude les contours vrais de la réalité qu'il brouille encore, même lorsque nous nous efforçons de l'étudier objectivement.

Un peu de tout cet apport du passé flotte encore dans l'esprit du voyageur en Chine qui d'abord ne voit que la surface du pays et la voit à travers un réseau de souvenirs et d'idées préconçues. Il faut un contact prolongé, de longues études pour faire le départ entre ce que ces idées contiennent de vrai et les déformations que les imaginations et les passions du passé y ont apportées. Ce n'est pas que ce pays apparaisse moins étrange, moins merveilleux, à mesure qu'il devient plus familier : tout au contraire. Lorsqu'on y songe au retour, c'est toujours sous un aspect de rêve qu'il revit, plus irréel et plus puissamment évocateur de mystère, plus différent encore de nos pays que le royaume des merveilles qui enchanta nos yeux d'enfant ou d'artiste. De plus, à tous ces prestiges anciens confirmés par la familiarité, aux profondes pensées

1. Voir notamment le *Citizen of the World* de Goldsmith.
2. *La Cité Chinoise.*

qu'inspire l'accablante présence d'un passé immémorial qui semble ne pouvoir périr, s'ajoutent des raisons nouvelles d'étonnement et de méditation, des préoccupations et des spéculations nouvelles. Même de loin, à travers les espaces en apparence infranchissables, de tout temps, l'Asie, mère des religions, a puissamment réagi sur l'Occident ; de ses climats, de son sol sortent incessamment des influences spirituelles qui ont profondément modifié notre âme et transformé les visions aryennes du monde. Aujourd'hui leur action grandit encore, car les surfaces de contact sont plus nombreuses et plus larges, et les livres sacrés de l'Orient, ses conceptions, son art, sont tombés dans le domaine commun de l'humanité, et toutes nos relations avec lui se multiplient. Et puis, de plus en plus la grandeur et la menace de la Chine se révèlent ; graduellement se précise la signification de cette nouvelle force humaine dont les posées augmentent de jour en jour ; et par la Chine surtout se pose l'angoissant problème du rôle que joueront dans notre avenir les races dites inférieures dont l'avènement sur la scène du monde se précipite et dont l'action imminente ouvre une nouvelle ère dans les annales de l'homme. Le monopole de l'Histoire n'appartient déjà plus aux races blanches ; déjà le Japon affirme ses droits et participe à notre politique : et, en comparaison avec la Chine, avec les multitudes de l'Inde, de l'Asie, de l'Afrique, le Japon est un pygmée. L'obscure présence de cette menace se mêle à toutes les images qui assaillent notre cerveau dans les rues où pullulent les Jaunes, dans ces ruches humaines que sont Canton, Hankéou, Pékin : devant ces torrents inépuisables on a l'impression d'un jaillissement irrésistible d'incoercibles énergies, d'une fécondité intarissable au regard de laquelle nos sources de vie ne sont que minces filets.

CHAPITRE II

LA CHINE VUE DU DEHORS

§ 1. — Premiers contacts.

Ce sont ces dehors immédiatement visibles qu'il faut d'abord décrire, si superficielles que soient les données qu'ils fournissent : par eux des découvertes successives nous font pénétrer dans les dessous permanents plus étranges, plus difficilement compréhensibles encore. On ne peut mieux faire que de prendre les chemins qu'ont parcourus nos ancêtres ; et c'est en les suivant que par bonheur je pénétrai d'abord en Chine. De Haïphong et des paysages fantastiques, des rochers déchiquetés de la baie d'Along qui déjà nous transportent hors du réel, je me suis acheminé vers Hong-Kong dans un vieux bateau crasseux depuis longtemps consacré au commerce local, et où j'étais avec les officiers à peu près le seul Européen à bord. Tout, dans cette navigation, fut une présentation à la Chine, et surtout à son mystère. Je subissais pour la première fois le contact immédiat des Chinois. Ce ne fut pas sans dégoût. Sur le pont une molle humanité jaune s'entassait parmi les claies où grouillaient deux mille porcs, accroupie sur ses nourritures immondes, ou figée dans des attitudes de stupeur parmi des fumées entêtantes d'opium. Cette basse plèbe ne ressemblait guère aux marchands, aux boys décents, aux coolies mêmes que j'avais vus jusqu'alors. Et quel contraste avec les nobles foules arabes ou hindoues ! L'obscène étalage de ces corps mous fourmillant comme des grappes de chenilles jaunes écœurait. Et cependant je ne pouvais pas en détacher mes yeux. J'étais fasciné par les gestes bizarres de ces mains fines, par la glapissante mélopée des voix étranges ; je ne me lassais pas de scruter ces masques huileux qui blêmissaient sous la torride lumière. C'était un fragment d'un autre monde qui voguait dans l'angoissante immobilité de l'air étouffant, sur cette mer semblable à une lourde dalle bleue... Un enchantement ralentissait la marche bourdonnante du bateau. Sous l'oppression de la chaleur mortelle et de ces chaudes fétidités opiacées, tout semblait peu à peu s'engourdir, s'immobiliser et devoir durer ainsi indéfiniment comme en rêve...

Mais vers deux heures le morne ciel d'un bleu chimique se raya de traînées sulfureuses. Et brusquement au sud l'horizon trop clair s'obscurcit ; sur le cobalt du firmament passa une haleine qui, d'un coup, le ternit et fit défaillir l'intolérable soleil ; une étrange lumière d'éclipse nous enveloppa sinistrement. L'immensité morte se mit à frémir de courts frissons sans aucun souffle et s'enfla bientôt en longues houlés massives silencieuses, d'instant en instant plus hautes et plus serrées. Je ne savais pas alors ce que cette attente muette de toutes choses et ces frémissements préparaient de révélations pour moi. J'ignorais que cette oppression et la rapide grisaille fourmillante qu'un vent invisible dévidait maintenant sur nos voiles inertes annonçaient un typhon, et que c'étaient les épouvantes de cette terre mère des monstres qui accouraient du sud dans ces soudaines lividités empoisonnées. Mais soudain cette oppression d'incantation se rompit; et la révélation se fit. D'un bond l'ouragan nous atteignit; de l'horizon jaune subitement rapproché la masse effroyable de l'air ténébreux accumulé s'écroula sur nous comme une muraille; la mer monstrueuse soulevée tomba d'un seul bloc sur le bateau dont chaque poutre se mit à craquer et à gémir; et ce fut dans les cordages sifflants comme un déchaînement de démons hurlants. Sous l'assaut sauvage l'énorme bateau affolé se cabra, vira de bord et se mit à fuir éperdument devant le vent surnaturel; en un clin d'œil les deux mille porcs furent balayés du pont et disparurent dans des cris d'égorgés; des montagnes d'eau nous submergèrent, s'engouffrèrent dans nos cheminées, éteignirent nos feux; sur la mer démente, comme une épave, le vapeur s'en alla follement à la dérive dans des ténèbres rugissantes et l'intolérable vacarme incessant de ces strideurs de haine. Je m'étais trouvé plus d'une fois dans des tempêtes tropicales: jamais je n'avais vu pareil déploiement démoniaque de force, pareille malignité des éléments. Ce typhon n'était pas un ouragan, mais sûrement la fin de toutes choses: il n'y avait plus ni mer, ni ciel, ni jour ni nuit, mais un chaos de clameurs et de tumultes confondus. Les puissances d'abîme étaient revenues. Il ne semblait pas possible que notre misérable bateau résistât une heure à pareille frénésie de rage: tous ses membres torturés semblaient gémir d'épouvante sous les coups redoublés de la meute diabolique acharnée à sa destruction. Il résista cependant: la vaine poursuite dura deux jours et deux nuits interminables pendant lesquels je n'ai pu, pour ma part, ni manger ni dormir, ni même rester étendu dans ma couchette dont à chaque instant j'étais brutalement précipité par terre. Ce ne fut que le troisième matin que ces fureurs s'épuisèrent, que l'espace se vida de terreurs, que nous respirâmes enfin, que le jour nous fut enfin rendu après ces visitations d'enfer dans d'ineffables clartés de ciel purifié, dans la joie innocente d'une lumière vierge comme aux premiers jours du monde. L'infernale vision s'était évanouie comme un rêve, comme un impossible cauchemar. Nous étions rentrés dans le réel après des tourbillons de sabbat.

Si je m'étends ainsi sur cette première rencontre avec les puissances maléfiques dont on sent la présence permanente derrière toute chose chinoise, c'est que, mieux que toutes les images que la Chine m'avait jusqu'alors données, cette tempête me l'éclaira. Je compris alors les frénétiques déroulements de dragons qui répandent leur menace dans l'air chinois, les haineuses divinités grimaçantes et l'éternelle inquiétude de cette terre où j'étais appelé à revoir souvent pareils phénomènes de terreur et les traces de fléaux que nos climats inertes ignorent. Ce voyage était une préparation aux spectacles qui m'attendaient à Canton, à Nankin, partout en Chine. Je sentis que dans ce pays l'échelle est autre : l'excessif, le démesuré, l'incertain se mêlent à tout ; la vie humaine dans ces déchaînements capricieux a peu de prix ; et c'est avec fatalisme que l'homme assiste aux jeux cruels des dieux indifférents. Leur empire se révèle pareillement dans les débordements périodiques des vastes fleuves torrentiels qui balayent d'un coup des millions d'hommes et recouvrent de vase pestilentielle des provinces, dans les cyclones qui ravagent des royaumes, dans les tourbillons humains qui brusquement s'élèvent des steppes et déferlent en mascaret sur la Chine, emportant tout sur leur passage. L'insécurité est partout dans ce pays en apparence privilégié, et derrière toute chose comme la grimace narquoise d'un démon. Mais pratique et positif, le Chinois s'accommode de ses dieux, comme ces coolies entassés sur le pont qui subissaient passivement le terrifiant assaut ; et par une adaptation millénaire il s'est harmonisé à son entourage. Sur cette terre surpeuplée aux durs climats un labeur incessant peut seul maintenir la vie. Le Chinois ne peut se laisser aller aux engourdissements, aux songeries interminables de l'Hindou, comme lui éternellement menacé ; parmi ces insécurités il s'est bâti, non les palais métaphysiques de l'Inde et des refuges immatériels contre le mal de vivre, mais une chaumière, toute une banale structure sociale qui est une protestation permanente contre ce monde de terreurs obscures ; et le contraste entre le terre à terre de sa vie matérielle et le biscornu de ses superstitions est un des nombreux paradoxes de sa civilisation.

C'est ce paradoxe qui partout frappe le voyageur en terre chinoise. Ce mélange perpétuel de prosaïsme et de mystère déconcerte plus encore que le mystère continu. Des raffinements et des scepticismes d'extrême civilisation côtoient des fétichismes de nègres, le bon sens le plus rassis s'allie à d'ahurissantes superstitions qui pénètrent et dirigent tous les actes journaliers de ce peuple de marchands et de paysans matois : on est dans un monde où le cauchemar et la magie alternent sans transition avec toutes les banalités positives, où l'athéisme n'exclut pas les pratiques religieuses les plus grossières et les plus enfantines, où des êtres vêtus comme des papillons ou des fées passent comme des apparitions dans les foules sordides en sarraux bleus, en lustrine noire, en pantalons pratiques ; où toutes les magnificences, toutes les crudités, toutes les délicatesses, toutes les félicités, tous les parfums se mêlent. Et partout, sous le ciel torride de l'Extrême-Sud ou parmi les glaces du Nord, on sent peser les mêmes influences abstraites

toutes-puissantes, qui, plus fortes que les différences
de climats, de races, de circonstances, de destinées,
façonnent inexorablement l'homme et lui imposent
partout une même civilisation, une unité morale
absolue dans la diversité d'un pays qui est un continent. Toute la Chine est ainsi présente dans chaque
recoin de son immense territoire et chaque moment
de son histoire : la mystérieuse force qui pendant
des millénaires a pétri ces myriades et les a immo-
bilisées dans ses cadres invariables, est la *réalité*
suprême de cette terre ; et cette force est d'ordre
social.

§ 2. — Canton. — Les rues. L'engrais humain. Les croyances, les rites. — Le camp des examens. Les bateaux de fleurs. — Les fumeries d'opium.

On le voit dès que l'on débarque à Canton. Aucune
vision de la Chine n'est plus saisissante. L'homme ici
est tout. Ses œuvres seules comptent. La société
qu'il a formée est plus forte que la Nature, et celle-ci
est tropicale. Du premier coup on se sent immergé
dans un océan humain, dans l'océan chinois que l'on
retrouvera partout pareil. Les torrents d'humanité
qui ruissellent sans fin dans ces étroites rues gluantes
coulent pareils et aussi rapides dans toutes les villes
de l'immense empire, sous l'aigre bise du Nord
comme sous ces chaudes exhalaisons fécondantes ;
et c'est partout le même fourmillement hallucinant,
plus impressionnant encore que le pullulement hindou et les folles végétations des zones torrides, parce
que c'est parfois en dépit des conditions naturelles,
sur une terre rongée jusqu'au sous-sol par l'âpre
effort d'innombrables générations, dépouillée de tout
bois, cultivée jusque dans ses dernières parcelles,

épuisée de sève, que l'homme s'est ainsi multiplié.

Mais à Canton l'oppression physique de cette foule et son mystère accablent. Ses tortueuses ruelles, étroites comme des couloirs, étouffées de nattes tendues contre le torride soleil, sont fades d'humanité. Leur chaude odeur musquée écœure moins que le frôlement continu des luisants torses nus, des molles chairs moites serrées. Ballotté par cette marée humaine où l'on perd pied, on erre stupéfié dans cette foule, sous les flamboyantes enseignes innombrables aux scintillants caractères d'incantation, le long des façades dorées dont les sculptures biscornues multiplient au-dessus de la foule d'autres foules. Nulle part l'œil ne peut se reposer, échapper à l'hallucinante sensation du pullulement et de la multiplication indéfinie. L'on cherche en vain un espace libre, une rue calme : de partout dégorgent les mêmes flots.

Et partout la même fétidité chinoise, les mêmes ordures. Elles s'étalent près des soies somptueuses, des porcelaines, des bronzes et des merveilles d'art qui disent l'infini raffinement de cette civilisation. Partout s'entassent les étranges nourritures de cette race, les cochons de lait, les chiens et les rats laqués, les canards vernissés, les immondes confitures de chenilles et d'araignées, les pâtisseries visqueuses, les mangues et tous les fruits violemment parfumés des tropiques, qui versent dans l'air comme des relents de décomposition. Chaque pays a son odeur caractéristique : celle de la Chine est faite des effluves qui montent des bouges d'opium, des pourritures du sol, mais surtout d'une fétidité universelle, celle de l'engrais humain. A chaque instant il faut se garer ; d'énormes seaux remplis de ces matières circulent perpétuellement dans les rues ; ils tremblent au bout des perches de bambous balancées sur les épaules des coolies sautillants dont les cris rauques annoncent inutilement le passage révélé de loin par ces puanteurs éclaboussées.

La nausée soulève le cœur. Le dégoût finit par l'emporter sur la curiosité. On voudrait sortir, ne fût-ce qu'un instant, de cette foule moite et de ces odeurs. On cherche la rivière comme la bouffée d'air d'une fenêtre ouverte dans une salle empuantie. Elle est pareille à ces rues et pue comme elles. Elle n'est qu'une autre ville mouvante plus dense encore. Elle charrie avec ses jonques, ses sampans grouillants d'humanité les mêmes immondices et les mêmes foules. On se réfugie dans les temples. Un même pullulement y habite. Dix mille idoles dorées y fourmillent dans l'ombre chaude, et dix mille fois répètent le rictus invariable de leurs glabres faces lunaires, cent mille fois les gesticulations pareilles de leurs scintillants bras multipliés. C'est partout le retour hallucinant de l'accablante uniformité chinoise, grouillante et immobile, la répétition indéfinie, comme en rêve, des mêmes formes banales et biscornues. Car elles se ressemblent toutes : nulle invention, nulle variété : les dieux comme les hommes semblent frappés en innombrables exemplaires pareils par un même morne balancier dont le mouvement ne s'arrête jamais. Le nombre seul compte, et son énormité à la lettre ahurit autant que cette uniformité accable. Tous ces temples, toutes ces maisons, toutes ces foules sont le même temple, la même maison, la même foule renaissant sans fin : au tournant d'une rue, c'est la même rue qui recommence : on a l'impression excédante d'enfiler éternellement les mêmes couloirs, comme dans un cauchemar, de retomber éternellement dans les mêmes labyrinthes où grimacent les mêmes figures mystérieuses. On voudrait fuir. On ne peut. Partout la même foule de fantômes monotones sourd du sol et passe, ouatée de silence, sur ses pieds mous, ses pantoufles feutrées, jaune et moite et chargée de mystère.....

A la fin, n'y tenant plus, on s'échappe vers les champs, ou plutôt vers les étroits carrés de culture maraîchère qui en Chine les remplacent. La présence de l'homme s'y sent autant, à la lettre. La campagne est à peine moins odorante que la ville. Car, en Chine, rien ne se perd; pour engraisser le sol appauvri on conserve précieusement toute parcelle fertilisante, et la terre même, comme l'air moite de ces ruelles, est saturée d'humanité. La religion, qui n'est que la nécessité codifiée et rendue sacrée, ordonne à l'homme de rendre à la terre divine, dont tout sort, tout ce qui en est sorti ; il ne peut sans péché lui dérober le moindre atome de sa substance [1]. Entre elle et lui s'établit un circulus sans fin ; et, plus encore que dans l'Inde où l'humus est formé de molle chair brune décomposée, le sol ici est fait d'apports humains millénaires : le soc qui le

---

1. Voir dans Eugène Simon, la *Cité Chinoise*, p. 293, § 99, les citations du Tchéou-Li, rites agricoles minutieux formulés 100 ans avant l'ère chrétienne. « L'Eternel ne parle pas autrement à Moïse, ni Moïse à son peuple » (Sur l'engrais humain). « Les inspecteurs de l'agriculture veilleront, dit le Tchéou-Li, à ce qu'il n'en soit perdu ni gaspillé la moindre molécule, car c'est la force et le salut du peuple. Ils le feront recueillir dans des vases où il fermentera pendant six jours : et après cela on l'emploiera en y mettant dix fois autant d'eau. Pour le riz, on le répandra pendant la végétation, non avant; et autant de fois qu'il le faudra, mais pas plus; car ce n'est pas la terre qu'il faut nourrir, mais la plante : et si l'on en met trop, il s'évapore dans l'air. Pour les terres non inondées, on le déposera au pied des plantes pendant qu'elles pousseront; car si l'on en mettait entre les lignes, une grande partie serait perdue. En agissant ainsi avec sagesse et avec économie, on en dépensera peu et on obtiendra des moissons abondantes et les peuples seront heureux. Dans les provinces du Nord qui ne pro-

déchire retourne la poussière d'incalculables millions
d'êtres qui sont allés y rejoindre la foule innombrable
de leurs aïeux : comme dans l'Inde la lourde atmosphère semble épaissie par des émanations du passé ;
elle est comme chargée d'effluves, imprégnée d'influences invisibles ; et l'on comprend les superstitions chinoises qui sentent passer dans l'air les
souffles du feng-choui, l'âme des ancêtres, mille
présences mystérieuses qui sont des bienveillances
ou des malignités de milliards de morts immortels.

*
* *

Et donc c'est dans le cercle enchanté de ces influences toutes sorties de sa terre fermée, depuis toujours réservée jalousement à sa race, fécondée par
elle, où elle retourne et dont elle sort toujours pareille,
depuis toujours, dans la présence permanente des
aïeux tous semblables à lui, que le Chinois vit comme
en vase clos le rêve invariable de sa vie. L'air qu'il
respire est l'haleine de ses morts. Sa vie tout entière
est dominée par eux : on le voit à chaque pas. Nulle
maison ne se construit qu'après consultation des
nécromanciens ; chacune est orientée selon les
souffles qu'ils ont déclarés favorables ; aucune ne
s'élève au-dessus d'une certaine hauteur pour ne pas

duisent pas de récoltes pendant l'hiver, le surplus de l'engrais
sera mélangé avec de la terre, et l'on en fera des briques que
l'on transportera dans les provinces du Sud », etc., etc. Les
vases dont parle le Tchéou-Li sont à la porte de toutes les
maisons chinoises.

Et Eugène Simon, pour qui cet engrais est la base de la
civilisation chinoise, ajoute : « Il est impossible, on le voit,
d'établir avec plus de précision la loi du *circulus* que la Chine
observe religieusement depuis tant de siècles et à laquelle, il
ne faut pas s'y tromper, elle doit de survivre à tant de nations
disparues depuis 4.000 ans, et de tenir en échec la puissance
industrielle et militaire de l'Europe actuelle ».

intercepter ces souffles ; dans aucune on ne pénètre directement : une cloison se dresse à l'intérieur devant l'entrée pour barrer le passage aux esprits mauvais qui ne peuvent cheminer qu'en ligne droite. Les rites qui concilient ces esprits ne sont pas relégués dans les lieux sacrés où l'homme fait ailleurs à des heures fixes la part de l'invisible dans sa vie ; ils se mêlent ici à chaque moment de son existence, à tous ses actes ; ils s'accomplissent partout sans fin, pareils à Singapour et à San Francisco, sur toute l'étendue de l'immense Chine, tels à Pékin et à Si-Ngan-fou que je les voyais à Canton. Toute la Chine est ainsi comme un autel continu. Les bâtonnets d'encens brûlent partout jour et nuit dans chaque échoppe devant la tablette des ancêtres, en pleine rue ; dans l'ombre des chambres entrevues rayonne l'or des divinités tutélaires ; derrière les marchands elles trônent parmi les fumées et les fleurs perpétuellement renouvelées : la plus banale boutique ouvre ainsi sur la rue des profondeurs magiques de sanctuaire, et la vie sordide qui grouille dans ces cloaques est comme enveloppée de splendeurs et de mystères. La religion est ici chose si familière, si intimement mêlée à tout, qu'elle s'accommode de toutes les promiscuités ; à Canton, dans toutes ces villes, je voyais errer librement les porcs sur les parvis des temples, où l'on boit, où l'on mange, où l'on dort, et qu'envahit l'universelle crasse chinoise ; de la rue souillée elle déborde sur les soies somptueuses, les dorures, les dieux, toutes les magnificences séculaires accumulées trop nombreuses, sacrées et négligées. Le passé et la mort sont plus puissants encore que le présent et la vie. Leur présence accable. La formidable antiquité de cette civilisation qu'ils ont façonnée et qu'ils immobilisent pèse comme une oppression. Elle se révèle autant dans ces faces usées, l'affinement spectral des mandarins aux ongles de lumière, les formules compliquées de politesse fixées depuis toujours, les mœurs contemporaines de Ninive et de Babylone, que dans l'usure de toutes choses, la vétusté croulante des monuments, les formes millénaires des temples et des maisons et des meubles, les ustensiles, les costumes, les gestes et les rites pareils sur les stèles d'il y a deux ou trois mille ans et aujourd'hui. Une colonie d'insectes n'obéit pas plus aveuglément aux commandements de l'instinct héréditaire que les foules où j'étais perdu. L'Européen s'y sent plus étranger, plus solitaire que si, brusquement, on l'avait plongé dans une société d'abeilles ou de fourmis ; et c'est en effet l'impression d'un groupement aussi différent, aussi stable, figé pour toujours dans ses habitudes, que donnent partout cette étrange humanité chinoise, ces grouillements de rats dans un égout que l'on retrouve partout dans les villes.

*
* *

Et cependant ces rites, ces croyances, ces rêves furent en partie nôtres dans les temps très anciens ; il suffit de relire la « Cité Antique » de Fustel de Coulanges pour le voir ; et ce sont des moments de notre propre passé que peu à peu la Chine fait revivre en nous. C'est dans ce passé que j'errais en parcourant ces rues de rêve : ce sont des parcelles oubliées de notre être que j'y retrouvais ; graduellement ces étrangetés deviennent familières et ne cachent plus le fonds commun d'éternelle humanité que crée la destinée humaine partout identique. Devant l'amour et la mort, les spectacles de la nature, les fatalités du sort, les passions, les aspirations, les dures nécessités de la vie, les réactions de l'homme sont semblables dans leur essence si leurs manifestations diffèrent.

Telle mélopée mélancolique de coolies s'encourageant au travail comme les Egyptiens à la tâche autrefois, comme nos marins halant l'ancre ; telle vision de douceur ou de grandeur qui rayonnait de la soie fanée suspendue dans un temple, telle bienveillance d'humble passant, tel sourire de bonté ou de grâce féminine, telle espièglerie d'enfant me faisaient à l'instant oublier toutes les différences ; et je me sentais très proche de ces Jaunes dont le cœur s'émeut des mêmes tendresses et anxiétés qui font battre notre cœur. Les dieux créés par cette terre nous déconcertent moins à mesure que nous subissons davantage ses influences. La stupeur béate des Bouddhas ventrus qui par milliers étalent dans l'ombre dorée des temples leur graisse d'eunuques n'est que l'image d'une présence répandue obscurément dans l'air de ces climats et de ces pays qui conseille le renoncement, la passivité, l'acceptation résignée de tout sort, l'absorption de l'âme individuelle misérable et périssable dans l'Etre immuable et éternel. Ces monstres grimaçants qui se convulsent et s'enroulent le long des corniches et claquent au vent des rues sont un rappel perpétuel des influences maléfiques qui partout guettent l'homme, et qui, ici, sont simplement plus actives et plus pressantes, plus exigeantes en conciliations.

*
* *

Et donc, bien des choses qui excitent l'étonnement et les faciles railleries des Européens, à la réflexion paraissent très rapprochées de nos mœurs, tels les examens pour le mandarinat consacrés à la seule étude du passé. Le « camp » où tous les trois ans les candidats affluent est une des principales curiosités de Canton. Ces milliers de cellules basses où l'on enferme pendant de longs jours les concurrents occu-

pent un quartier entier des grands centres : à Canton
le « camp » en contient douze mille ; d'espace en
espace se dresse le kiosque d'où les mandarins dominent la foule des concurrents isolés et les surveillent
pour empêcher toute tricherie. Cela ne m'a pas paru
si différent de nos salles de concours, sauf par
l'énormité, ni ce culte d'un passé mort, ces exercices
uniquement littéraires si éloignés de la superstition
qui fit si longtemps tourner tout l'effort de notre cerveau vers l'antiquité gréco-romaine et des textes
périmés. Chez nous-mêmes pareils esclavages d'esprit
régnaient encore il y a peu de temps : la science, nos
chemins de fer, nos découvertes, nos libérations dont
nous sommes si fiers, sont nés d'hier; le moyen âge
et Byzance subsistent encore dans bien des parties de
nos institutions, de notre éducation, de notre administration, de nos mœurs; entre nos vers latins, nos
subtilités scolastiques, nos dissertations littéraires,
nos concours stérilisants, nos traditions bureaucra-
tiques, nos routines, et ces exercices de lettrés chinois, et toutes ces « chinoiseries », la différence est-
elle donc si grande? Comme à nos traditionalistes,
tout changement paraît aux Chinois ingratitude et
danger : ils se sentent solidaires de leur passé, de
leur terre et de leurs morts, de la culture ancienne,
d'ailleurs si riche d'humanité et de sagesse, qui fait
l'unité de leur race et a maintenu la continuité de
leur histoire. Nous sommes parfois emprisonnés autant qu'eux dans des formes mortes, des superstitions
héritées, dominés aussi inconsciemment qu'eux par le
rêve ancestral qui dirige notre vie et ordonne nos sociétés. Ce n'est qu'une question de degré; et parfois
les nuances qui nous séparent sont faibles pour des
yeux qui ne s'arrêtent pas à la surface des choses.
Et cette ville d'alvéoles où, comme nos prix de Rome
dans leurs loges, les candidats aux fonctions publiques

s'enfièvrent, n'a pas excité chez moi l'étonnement et l'ironie auxquels mon guide s'attendait. L'essence de nos concours est pareille. Chez nous la sélection de nos innombrables fonctionnaires s'opère par des moyens aussi peu en rapport avec les fonctions qu'ils exerceront ; ils impriment à leur esprit une déformation durable, créent des mandarins, des castes, des inerties qui valent bien ceux de la Chine.

Et de même l'autre grande curiosité de Canton et des villes chinoises où l'on conduit tout voyageur, les bateaux de fleurs, ne m'a pas déconcerté outre mesure. Sous ses déguisements chinois j'ai reconnu l'éternelle luxure. Elle fait là, comme ailleurs, de la femme un être qui n'existe qu'en fonction du désir de l'homme. C'est pour exaspérer ce désir que la Nature l'a partout parée de pudeurs et de coquetteries qu'elle varie aussi subtilement selon les races, les temps, les lieux, les climats, que la parure sexuelle des oiseaux et des insectes. Et c'est ainsi qu'elle incite l'Occidentale à découvrir sa gorge et ses bras, à accuser par ses vêtements tous les attributs de son sexe, et par la provocation de ses allures tous les attraits de sa chair, tandis que la Musulmane ou l'Hindoue se voile et se dérobe toute à la brûlante sensualité de l'homme, qui ne l'en désire que plus passionnément. Mais nulle part la femme n'a été plus étrangement pétrie par le rêve amoureux du mâle qu'en Chine : nulle part sa fragilité exquise. sa débilité délicate. tout ce qui la différencie de l'homme et en fait je ne sais quoi d'irréel, de mystérieux, de surnaturel, n'est exprimé comme par les étonnantes petites courtisanes chinoises. Une sélection et une éducation aussi rigoureuses que celles qui fournissent les geisha japonaises ou formaient les hétaïres antiques en font des êtres de luxe et de volupté uniques que l'on ne voit jamais dans la crudité du jour ou le décor ordinaire de la vie. Elles habitent un monde secret hors des confins des villes, sur l'eau fluide et non la terre : elles surgissent, telles des apparitions, dans les splendeurs, les parfums, les chants, les rayonnements, les étincellements des bateaux de fleurs où s'écoule leur existence de prêtresses de l'amour.

Et d'abord, pour que ces créatures de rêve aient la ployante grâce du saule, que chacun de leurs mouvements soit comme une défaillance voluptueuse, pour qu'elles ne semblent pas appartenir à la terre, l'homme a broyé leurs pieds : la Chinoise titube et ondule sur ses précieuses et ridicules petites mules brodées qui donnent à sa démarche une frêle gaucherie élégante sexuelle. La suprême pudeur de la Chinoise est de cacher ces pieds, devenus pour l'homme le symbole de son sexe. Il y rêve plus ardemment que l'homme ailleurs aux seins, à la chair secrète de la femme; si bien que les missionnaires ne demandent pas à leurs prosélytes, m'ont-ils dit quand je voulus savoir quelles questions ils posaient aux Jaunes qu'ils ne posent pas aux Blancs : « As-tu commis le péché de concupiscence? » mais : « As-tu regardé les pieds des femmes? » — Et d'autre part, le Chinois transforme par une stylisation raffinée chaque femme individuelle en un même être factice qui semble le type abstrait de son sexe tout entier. Il rase ses sourcils pour en dessiner en noir la courbe plus parfaite toujours pareille, fait saigner sa bouche, allonge encore ses yeux obliques, maquille sa figure, qui devient un saisissant masque blanc invariable d'où tout trait personnel a disparu pour ne plus laisser subsister que la spectrale beauté rayonnante d'une idole.

— Des apparitions, des incarnations du rêve cruel

de voluptueux excédés de raffinements : des goules de l'amour : telles me semblaient en effet ces étranges poupées hiératiques aux bouches de sang. Elles trônaient là comme des divinités contre la dentelle des cloisons rouges, dans la rose lumière, dans leurs robes de pourpre et d'azur et d'émeraude ramagées d'or, sous les arabesques d'or, parmi les dragons d'or et les bêtes chimériques des soies brodées d'or. Et ces splendeurs et la chaude atmosphère parfumée semblaient frémir de désir autour d'elles, et frémissaient en effet : le fort courant qui tendait les amarres faisait vibrer le bateau et trembler dans les coques luisantes de leurs cheveux parées de fleurs blanches odorantes les longs bijoux scintillants agités comme les lustres ; à travers tout passait la palpitation continue de l'eau qui, dehors, fuyait silencieusement dans la noirceur insondable de la nuit. Ces ténèbres mortes dont je venais de sortir, où bientôt j'allais rentrer, étaient autour de l'éclatante vision comme l'immobile fond noir où s'allume un instant notre vie brève pour s'éteindre aussitôt. Elles rendaient plus irréelle encore et comme plus fugitive la secrète féerie de ces ilots flottants de voluptés, de rayonnements et de parfums. La saisissante immobilité de ces idoles figées dans des attitudes et des costumes qui depuis des siècles n'ont pas varié faisait d'elles, non des femmes, mais les symboles éternels de la luxure, des déesses, des idées qui trônaient immortelles et invariables au-dessus des vicissitudes de la vie. Leur perfection ne peut connaître de changement. Elle ignore les variations innombrables de la mode, la recherche fiévreuse de provocations nouvelles qui obsèdent l'esprit frivole et versatile de l'Occidentale, tout le luxe féminin changeant qui dans nos civilisations joue un rôle si grand. Ailleurs la femme rassemble sur elle tous les prestiges de la nature, tous les caprices de l'art, les feux des pierres mystérieuses arrachées à toutes les terres, à toutes les mers, l'éclat magique des plumes des zones torrides et l'opulence des peaux lustrées des zones glacées ; pour faire ressortir la finesse d'une attache, d'une narine, d'une oreille, de ses mains, elle y fait étinceler des bijoux ou de précieux métaux ciselés. La Chinoise se contente de ses parures traditionnelles, de la seule magnificence des soies et de l'étrangeté de son masque surnaturellement pâle, de quelques rares joyaux tremblants, de quelques matières rares, pierres dures, jades, cristaux. Seule sa fine face exsangue et ses pieds aigus disent son sexe : et cela suffit : on le voit aux yeux qui s'allument dans les masques d'ambre des Chinois vautrés sur les divans rouges et qui, sans fin, en fumant, en croquant les graines de melon grillées, contemplent ces scintillants fantômes luxurieux. C'est une image qu'ils étreignent. La volupté ici est plus cérébrale encore que charnelle. Elle est celle d'une race très vieille épuisée de raffinements, qui prolonge indéfiniment son rêve parce qu'elle sait que toute réalisation déçoit. Et ces fantômes ne se dévêtent pas : c'est moins leur chair que la magnificence d'impossibles princesses que ces amants caressent quand elles se livrent... Il en est de même pour les courtisanes japonaises qui dans les Yoshiwara étalent les splendeurs de leurs robes anciennes où passent toutes les grâces, tous les éclats, toutes les séductions de colorations rares dont la nature a paré les papillons et les fleurs. C'est l'essence de toutes les délicatesses de sa civilisation que l'Extrême-Oriental savoure dans ces lieux de volupté. Ce sont des temples où s'accomplissent des rites voluptueux et non des lupanars. Ces femmes façonnées corps et âme pour sa jouissance par une discipline et un art millénaires sont l'expression d'une sensualité de race infiniment affinée et à bien des égards la fleur suprême de cette terre.

*
* *

Et de même les fumeries d'opium ont également un caractère de décence presque austère; ce sont des visions comparables à celles des bateaux de fleurs qui passent dans les rêves de ceux qui les fréquentent. Leur ivresse est plus fine que celle de l'alcool. Chaque race a ses paradis artificiels où elle se réfugie pour échapper aux laideurs et aux duretés de la banale vie uniforme. Mais entre le paradis qu'atteint le buveur chez nous et celui que retrouve le fumeur en Chine, la distance est immense; et si l'un et l'autre sombrent pareillement dans la tuberculose et dans l'abrutissement, je ne sais, après avoir vu l'un et l'autre vice, lequel est le plus dégradant et le plus meurtrier. Le plus brutal est certes le nôtre. Le Chinois ignore nos rixes : l'opium est pacifique. Le spectacle des bouges où on le fume est moins répugnant, même pour le Blanc, que celui de nos bars, et l'usure de ces faces blêmes, de ces corps squelettiques moins écœurante que la brutalisation du masque de nos alcooliques à la trogne enflammée. C'est le silencieux rêve intérieur, l'extase, et non la surexcitation grossière et bruyante que recherche le Jaune. Ces plaisirs solitaires usent le cerveau et mènent à la déchéance totale, mais ce sont jouissances de délicats et non de brutes. A regarder dans les somptueux décors des fumeries, ces mains fines qui maniaient les précieuses pipes d'argent ciselé, ces figures d'ambre clair comme illuminées par une lumière intérieure et un rayonnement extatique, l'heureuse stupeur répandue par la drogue magique dans ces corps détendus, on se sentait parmi des civilisés, des

artistes en sensation et en rêve, qui atteignaient par
leur vice une exaltation fine de l'être plutôt qu'ils ne
subissaient une régression bestiale. Et j'avoue que je
compris mieux l'attrait qu'exerce sur l'Européen
amolli et affiné, déprimé et surexcité par ces climats, ce vice chinois.

* *

Au sortir de ces lieux de rêve les aspects de la rue
semblent moins étranges parce que l'on est devenu
plus sensible aux délicatesses vieillottes d'une civilisation qui au grand jour, à chaque instant, rappelle
les finesses entrevues dans ces demeures secrètes où
se concentre son essence. Sous la lumière crue du
soleil cette essence est simplement plus diffuse;
mais on la sent éparse dans l'atmosphère, partout
présente dans les rues; mais par moments la sensation que l'on y marche dans un rêve est à peine
moins intense : il semble que la Chine tout entière
ne soit qu'une de ces chambres hallucinantes démesurément agrandie, qu'un espace magique plus vaste
clos de toutes parts, éclairé par d'autres luminaires
que les lampes et les lanternes de féerie des bateaux
de fleurs et des fumeries, mais où se poursuit sans
fin un rêve pareil. Il semble par moments que, seul
éveillé, on erre perdu parmi les somnambules d'une
terre enchantée. Tout collabore à donner cette impression, l'étrange démarche titubante et les fins gestes
bizarres des femmes parées, les hallucinants tchin-
tchin des somptueux mandarins cérémnoieux qui
dodelinent de la tête interminablement, les interminables politesses qui arrêtent la vie, l'infinie complication de l'étiquette chinoise qui révèle dans cette
société d'innombrables degrés de hiérarchie, aussi
subtilement exprimés par des détails de costume,
d'insaisissables nuances dans les colorations et les

broderies délicates des robes, dont on apprend peu
à peu l'invariable signification que par les galons,
les passementeries, les mystérieuses brochettes de
décoration de nos diplomates et de nos mandarins à nous. Et la présence universelle de l'art
qui se manifeste dans le moindre ustensile, la plus
humble échoppe, les réclames des boutiques, l'écriture, le rythme des mouvements, toujours justes et
mesurés et comme réglés par une musique qu'on
n'entend pas, dit une civilisation une et complète,
achevée jusque dans ses moindres parties, pénétrée
d'un même esprit, où nulle disparate jamais ne vient
rompre une harmonie dont l'obsédante perfection à
la longue hallucine et accable. On voudrait sentir
dans ce style impérieux une défaillance, retrouver
parmi ces gestes un geste familier, rentrer, ne fût-ce
qu'un instant, dans le connu, se reposer dans les
aspects rassurants d'une vie qui rappellerait notre
vie. On ne peut. Et c'est parce que l'on sent toujours
davantage ces différences et les forces qui les créent
que peu à peu naît l'illusion que l'on comprend l'incompréhensible, tout au moins comme tel.

§ 3. — Chang-haï. — Contraste des deux civilisations. Les marchands. — Les missionnaires.

C'est à Chang-haï, dans les « treaty ports », où les
quartiers européens s'accolent aux quartiers chinois,
que ces contrastes éclatent surtout. Tout y fait sentir
à quel point l'essence des deux civilisations diffère.
Elles ne peuvent davantage se mêler que l'huile et
l'eau. Elles restent juxtaposées sans se pénétrer, sans
déteindre l'une sur l'autre. Ce sont deux somnam-
bulismes qui se déroulent parallèlement, inconscients
l'un de l'autre. Des siècles de commerce n'ont pu
altérer la cellule chinoise, et l'incompréhension du

Blanc n'a subi aucune atteinte. L'Anglais, le Français, l'Allemand, tels des insectes dépaysés, refont partout instinctivement, comme en rêve, un fragment de France, d'Angleterre, d'Allemagne où vivre, construisent des maisons en général sans rapport avec le climat, conservent des habitudes qui chez eux sont logiques, et en Chine absurdes, mangent et boivent et vivent comme en Europe, et paient la rançon de leur refus de comprendre que les mœurs chinoises correspondent à des nécessités naturelles inexorables. Plus la civilisation du Blanc est vieille et profonde, plus absolu est ce refus. Le Français idéologue qui, moins que tout Européen, subit le préjugé de race, plus que tout autre semble croire à l'identité foncière de l'homme partout et à l'uniformité des conditions de sa vie. Il importe en Indo-Chine et en Orient les immortels principes et l'absinthe, comme l'Allemand sa bière et l'Anglais ses sports ; des habitudes de café et des mœurs de politicien, l'esprit de clocher, d'individualisme et de dénigrement, l'incapacité d'entente et de collaboration organisée, la tendance à ignorer les réalités et à se payer de mots qui le caractérisent en France[1]. Toute sa vie semble tournée vers son passé, la métropole, la société qu'il a quittée et qui l'obsède encore. Il ne s'intéresse pas au monde où il vit. Il n'a rien appris et ne peut rien enseigner. J'en ai trop souvent fait l'expérience quand j'ai voulu me documenter sur des mœurs chinoises. L'accablante réalité qui l'entoure est trop souvent pour lui comme si elle n'était pas. Il n'y adapte pas mieux son commerce que ses façons de vivre. Il entend que le Chinois accepte sans changement les marchandises

1. Voir pour cette incapacité d'adaptation du Français le livre de M. de Saussure : « Psychologie de la colonisation française » et pour l'Anglais « Les civilisations de l'Inde » du Docteur Gustave Le Bon.

qui conviennent au marché français. L'Allemand, moins esclave de routines anciennes, plus plastique et plus jeune de civilisation, connaît moins ces préjugés et se conforme davantage aux exigences chinoises. Le Français ne consent pas à vendre la camelote que la pauvreté du pays demande : il offre par exemple au Chinois pour qui le combustible est chose entre toutes rare et précieuse, car le bois manque et le crottin des bêtes, la paille, l'herbe séchée, les feuilles le remplacent, de magnifiques casseroles épaisses et inusables, très chères, que la pauvre flamme brève ne peut échauffer. L'Allemand, qui sait que le riz n'exige qu'une rapide cuisson, vend des casseroles minces vite usées, mais qui utilisent toute la courte chaleur du combustible, et qui, si souvent qu'on les remplace, finalement reviennent moins cher. On pourrait multiplier les exemples. Et d'ailleurs entre les plus entreprenants des marchands et la Chine un intermédiaire s'interpose qui empêche toute pénétration profonde : le *comprador*. La difficulté de la langue l'a imposé. C'est par lui que se font toutes les transactions ; il est la cheville ouvrière du commerce de la Chine. Son honnêteté proverbiale est garantie par la confrérie à laquelle il appartient ; elle est telle qu'aucune signature n'est nécessaire, sa parole suffit ; il n'y a pas d'exemple qu'elle ait été violée ou que la confrérie ait refusé d'y faire honneur. Les services que cette institution a rendus sont inappréciables ; aucune n'a plus fait pour donner au Blanc le respect du Jaune. Mais précisément par sa perfection, elle constitue une barrière entre eux ; elle dispense le Blanc d'apprendre la langue et de connaître ses clients.

*
* *

Et donc ce n'est pas parmi nos marchands, si longtemps qu'ils aient été établis en Chine, que l'on trouvera sur le pays des renseignements qui l'éclairent, une compréhension de sa vie, mais parmi nos missionnaires qui, eux, vivent avec simplicité et humilité dans l'intimité du Chinois, nos savants qui, par une tradition ancienne, car la sinologie est surtout une science française, étudient avec sympathie et pénétration la Chine. Près de Chang-haï on trouve dans l'établissement des Jésuites, à Zi-ka-wei, cette alliance de la science et de la connaissance intime des mœurs du pays qui est proprement chose française; ces Jésuites sont des savants autant que des missionnaires, et les services qu'ils ont rendus aux Chinois ne sont pas moindres que ceux qu'ils nous ont rendus pour la connaissance de leur civilisation. Dans les manuels qu'ils ont édités pour l'étude de la langue comme dans les travaux purement scientifiques qu'ils ont publiés sur la Chine, on trouve l'intelligence la plus déliée des caractères du pays; telle légende populaire, tel dialogue, tel récit chinois qui figurent dans ces manuels ont jeté pour moi un flot de lumière sur la psychologie de la race. Je ne connais pas de lecture plus attrayante ni plus utile que ces « Rudiments du Parler chinois », et je voudrais reconnaître ici la dette que j'ai contractée vis-à-vis des bons Pères de Zi-ka-wei, que notre pays leur doit. Ce qu'ils ont apporté en Chine, c'est l'essentiel de la civilisation occidentale, la science; et par là, mieux que personne, ils nous représentent; leur établissement est un îlot d'Occident où tout est bienfaisant, car leur science est désintéressée et elle a appris à leur zèle religieux une modération que les autres missionnaires feraient bien d'imiter. Leur séculaire étude de la Chine a enseigné à nos Jésuites ce que l'aveugle ardeur des autres missionnaires ignore : la tolérance, la reconnaissance de cette vérité, que la Chine est aussi profondément, aussi complètement civilisée que l'Europe si elle l'est autrement, et qu'il n'y a pas de plus périlleuse sottise que de traiter la race raffinée qui l'habite comme une peuplade de nègres. C'est l'intolérable outrecuidance, la stupide incompréhension de certains émissaires d'organisations religieuses qui trop souvent ont déchaîné en Chine des massacres cruellement vengés par nos interventions armées auxquelles des soulèvements parfois justifiés ont servi de prétexte. La xénophobie chinoise est en grande partie due à l'attitude sottement agressive de ces missionnaires bornés qui apportent en Chine des préjugés ineptes, toutes les vanités et tous les dédains de leur race, toutes les intolérances de leur foi qui s'exaspère de ses insuccès, car dans cette antique société, sauf parmi les classes les plus pauvres, les conversions sont rares et précaires. Ce sont elles cependant qui seules peuvent faire maintenir la coûteuse propagande de ces gens, dont certains avec toute leur famille, vivent trop souvent trop grassement de leur religion devenue un métier et une profitable profession. A tout prix ils doivent justifier leur présence par le nombre des prosélytes ; et c'est en bourse déliant qu'ils les obtiennent si d'autres moyens échouent. Pour quelques prêtres catholiques, quelques religieuses qui humblement se dévouent et partagent la pauvreté chinoise, que de missionnaires luxeusement installés avec leurs femmes et leurs enfants j'ai trouvés vivant en Chine comme dans leur pays d'origine, plus largement même pour compenser leur exil. Il n'y a pas de pays où cette question des missions se pose avec plus d'acuité qu'en Chine, parce qu'il n'y en a pas qui, par sa civilisation, son irréligion foncière, sa résistance à toute intervention étrangère, offre un terrain moins favorable à de pareilles activités. Dans le passé ces éléments de troubles ont été des foyers permanents de dangereuse irritation.

Depuis, les missionnaires, d'ailleurs plus tièdes, ont appris quelque prudence. Mais tout danger n'a pas disparu encore. D'étranges superstitions subsistent toujours en Chine au sujet des missions; des méfiances indéracinables; on croit fermement dans certaines régions que les missionnaires volent les enfants, les offrent en sacrifice, arrachent leurs yeux; un bocal d'oignons en conserve trouvé chez des religieuses fut montré par des énergumènes à la foule exaspérée comme la preuve certaine que des yeux d'enfants avaient été ainsi collectionnés par ces pauvres femmes innocentes; ces globes blancs, si soigneusement conservés, ne pouvaient être autre chose. Et toute la mission fut massacrée.

§ 4. — La vallée du Yang-tze. — Nankin.
Le paysan chinois; caractères de la race.
Han-kéou; les inondations du Yang-tze et du Hoang-ho.

La vanité de ces tentatives de prosélytisme égale leurs dangers. La masse chinoise est trop énorme par rapport au nombre des Européens, trop impénétrable par sa nature; on en a la sensation écrasante à Chang-haï comme partout. Dès qu'on quitte la « concession », à deux mètres de ses limites, on a peine à croire qu'elle existe, qu'elle ait jamais existé; aucune trace de son influence ne subsiste dans le quartier chinois, et l'on passe aussi brusquement de l'un à l'autre que d'une maison dans la rue, de la lumière à l'obscurité; il suffit d'une seconde pour changer de monde. Le nombre total d'étrangers en Chine est négligeable, et leur influence à peu près nulle.

Cette impression s'accentue à mesure que l'on quitte la mince frange des côtes fréquentées par les

Européens pour s'enfoncer dans l'intérieur. C'est par le Yang-tzo que j'y ai pénétré ; l'immensité de la Chine se révèle aux proportions de ce fleuve. Aucun autre ne m'a donné pareille sensation de grandeur et de force ; aucun n'égale sa majesté. C'est l'artère d'un continent et non d'un pays, si vaste fût-il. On le remonte depuis longtemps déjà, et l'on se croit encore en mer, car les rives sont invisibles, et seule la coloration de l'eau chargée d'alluvions révèle le fleuve fécondant, le Dieu qui depuis des millénaires nourrit cette pullulante humanité jaune. Et lorsque ses eaux riches se resserrent et que la terre plus ferme, les montagnes apparaissent, son courant plus fort, sa masse incalculable émeuvent autant, et peut-être davantage, car on en sent mieux l'énergie ramassée, et l'on en mesure mieux les bienfaits.

...C'est ici un des lieux bénis de la terre. Tout conspire pour faire de cette vallée du Yang-tzo qui est une autre Hollande plus vaste, plus belle, plus intimement heureuse encore, un ravissement pour les yeux et un repos pour l'esprit. Ce n'est pas sans une émotion reconnaissante que je revois intérieurement l'adorable paysage ; les années écoulées n'ont pu en affaiblir le souvenir.

A perte de vue s'étendait l'incomparable campagne chinoise verdoyante, qui est un don des eaux, si minutieusement cultivée, si riche en récoltes variées, riz, coton, tabac, thé, mûriers, cannes à sucre, qu'elle semble un jardin continu. Sur ses canaux endormis passaient lentement comme en rêve d'innombrables voiles ; ses champs s'animaient de groupes serrés de travailleurs vêtus de ce bleu riant qui est la marque de la Chine ; leurs blouses mettaient dans la verdure d'émeraude des rizières infinies et des cultures denses des gaietés de bleuets ; sous la caresse de la fine lumière humide, tout le vivant paysage souriait d'une beauté pacifique et comme d'un bonheur intérieur. Je ne pouvais me lasser de regarder, car la subtile enveloppe de l'air vaporeux, comme à Venise et en Hollande, donne à l'objet le plus banal une séduction inépuisable. Un vieux mur, une brouette à voiles, un paysan qui passe, une charrette deviennent sous cet éclairage ce que sont une simple façade de maison en briques rouges ou un quai de canal de Ver Meer, un citron sur une assiette, une miche de pain sur une table de cuisine de Chardin : des enchantements pour les yeux.

Et à mesure que je m'enivrais de la claire fraîcheur de ce paysage si tendrement baigné de pure lumière, de cette translucide atmosphère argentée, de ce ciel rêveur aux nacres de perle changeante, je ne pouvais m'empêcher de croire que c'est dans ces finesses et ces clartés que les Chinois ont trouvé l'inspiration de leur porcelaine, née ici, comme les Persans, les Turcs et les Turcomans, dans l'éclatante orgie printanière de leurs champs de fleurs, la chaude sensualité des colorations de leurs tapis. Le raffinement des tons est exquis. Je ne connais que nos délicats paysages de l'Ile-de-France, des coins de Hollande qui aient, avec cette mesure dans les lignes, ce charme réticent de distinction délicate, pareille finesse. Partout des harmonies de feuilles de saule retournées, des gris si fins, si subtilement pénétrés de roses et de bleus que l'on croirait avoir sous les yeux des Corot ou des Van Goyen. Nuls ors dans cette atmosphère, nulles violences, rien de la sombre terre hindoue et des fulgurations du ciel tropical, malgré la latitude et l'accablante chaleur. Tout ici est mesuré, sobre, nuancé comme les contours et les décors de cette porcelaine dont aucun pays n'a jamais égalé la perfection. C'est ici que bat paisiblement le cœur même de la Chine ;

voici l'Empire du Milieu, la Terre Fleurie. Ce sont les influences de ce ciel, la fécondité de ce sol qui ont fait cette race raffinée de paysans pacifiques ; c'est la civilisation qu'elles ont créée qui impose à leurs frères moins privilégiés les rythmes de leur vie.

*
* *

Tout le long du fleuve les grandes villes se succèdent, les ports par où s'écoulent les produits de ces pays, les richesses que drainent les canaux, qui sont les vraies routes de la Chine. L'une de ces villes surtout, Nankin, mérite qu'on s'y arrête. Elle fut autrefois la capitale, de 317 à 582, et de nouveau de 1368 à 1403 ; et toujours la métropole des arts et des lettres, à la fois l'Athènes et la Rome de l'Empire, la ville la plus célèbre de la Chine par ses monuments, son commerce et son industrie. Lorsque j'y passai, ce chef-lieu de la province de Kiang-sou n'était que ruines et décombres : ses murailles colossales flanquées de tours n'enfermaient plus dans leur enceinte de trente-cinq kilomètres que deux cent mille misérables habitants perdus dans l'immensité des espaces désolés repris par la Nature. Sous la voûte d'une porte aux larges dalles brisées gisait, quand j'y ai pénétré, comme un symbole de mort et d'abandon, un cadavre dont nul ne se souciait ; un peu plus loin un âne crevé ; sur les monceaux de ruines poussait la plus sauvage végétation, d'impénétrables taillis d'où s'élevaient des faisans, des bécassines, tout un gibier que l'on chasse comme en pleine forêt ; par moments des daims bondissaient et disparaissaient avec fracas dans cette jungle.

C'est la guerre intestine qui a semé cette désolation et détruit les merveilles qui étaient la gloire de l'Empire, les édifices millénaires, la pagode de porcelaine construite de 1411 à 1430 que le monde entier connaissait, haute de 80 mètres, revêtue de haut en bas de précieuses tuiles vernissées vertes, de porcelaines bigarrées, sonore de cent cinquante cloches, éclairée de cent quarante lampes dont l'écrivain chinois disait : « Quand ces lampes sont allumées, elles éclairent les trente-trois cieux; elles découvrent le bien et le mal parmi les humains, et elles détournent à jamais les misères de l'homme ». De tout cela il ne reste que poussière. En 1856 les Taï-ping ont jeté bas la pagode pour des raisons de feng-choui ; ils craignaient les influences géomantiques de cette tour contraires à leur cause. L'armée impériale acheva en 1864 la ruine de la capitale de la révolte, assiégée depuis deux ans, et passa au fil de l'épée tous ses défenseurs. Récemment encore une nouvelle onde de destruction a couvert la ville. Pareils massacres, pareilles destructions sont périodiques dans ce pays où s'élèvent comme dans l'Inde, la Chaldée, la Mésopotamie, de colossales villes abandonnées qui furent des métropoles, des centres d'extrême civilisation, et ne sont plus aujourd'hui que de mornes solitudes livrées comme les cités de l'Écriture aux bêtes immondes, aux oiseaux de proie et de nuit. Il semblait que la ville, déjà tant de fois ravagée, fût frappée à mort. Mais Nankin refuse de mourir. Une société humaine essaie maintenant d'y renaître : elle pousse de nouveau ses racines dans ces décombres : des quartiers donnent l'illusion que l'homme reconquiert à la civilisation des espaces que la Nature avait submergés de vie sauvage. Tout autour, des villages sortent de terre. Une immigration intense venue des pays surpeuplés qui entourent cette vaste province de Kiang-sou, vidée de sa population par vingt années de massacres, de famine, d'épidémies, peu à peu recouvre les campagnes dévastées, refoule la jungle, et refait un morceau de la Chine éternelle.

Solitude, grandeur, mélancolie infinie de ces lieux que le voyageur rencontre partout sur les alluvions d'Asie et d'Egypte : les civilisations montent perpétuellement de ces sols féconds pour s'écrouler perpétuellement sous les forces de destruction moins puissantes seulement que l'incoercible vie que ces terres recèlent dans leurs profondeurs, où ne peuvent mourir les germes des pensées, des arts, des religions, des brèves destinées humaines. Comme à Thèbes, comme au vieux Delhi, à Nankin, bien que son antiquité soit moindre, les perspectives d'un insondable passé s'ouvrent devant les yeux lassés; leur succession indéfinie accable le cerveau : la ville disparue avait poussé sur les ruines d'autres villes dont le nom même a sombré; d'innombrables générations ont vécu, souffert, rêvé dans cette enceinte et y sont mortes sans laisser de traces : on y marche entouré de fantômes surhumains. Ils surgissent en pierre, — princes, mandarins, guerriers, serviteurs colossaux — tout le long de l'avenue qui conduit de la ville au tombeau gigantesque, long et large de cent mètres, haut de vingt, où dort un empereur Ming. Parmi les bêtes énormes, — chameaux agenouillés, éléphants parés, chevaux caparaçonnés, lions, tigres — entre les vastes tables de pierre dressées de distance en distance, les décombres des temples et des palais, leur masse d'armes au poing, l'épée serrée sur la poitrine, ces compagnons de la grande ombre disparue tiennent leur veille éternelle. Après la brève frénésie de leurs jours de combat et de volupté ils ont trouvé la paix à l'ombre des arbres séculaires, dans la silencieuse campagne immense et vide, autrefois bruissante de vie. Une incantation a fixé là pour toujours leurs gestes d'attente ou de défense.

Pareils enchantements ont pétrifié pour l'éternité dans d'autres nécropoles de la Chine d'autres gardiens pareils du sommeil des empereurs tout-puissants dont le nom ne nous dit rien : l'espace et notre ignorance les mettent plus loin de nous que Sésostris, Chephren et Hamourrabi, et les rendent plus mystérieux... Ces témoins de leur grandeur savent seuls ce qu'ils furent. Ils gardent leur secret. Par-dessus les hommes qui s'agitent à leurs pieds leurs yeux de pierre sont fixés sur des choses éternelles. Leur immobilité semble un symbole de cette vie chinoise figée, elle aussi, par le souverain sortilège des morts.

*
* *

C'est avec soulagement qu'on retrouve au sortir de ces lieux hantés les humbles champs des paysans et l'animation du fleuve sillonné de jonques et de vapeurs, la rassurante activité des hommes après ces oppressions et ces immobilités de rêve. Sur le bateau les longues heures de lumière bénie se succédaient dans l'engourdissement de la chaleur qui grandissait; et ce fut partout la même fête pour les yeux ravis, la même richesse le long des rives, la même fécondité riante.

Comme la terre, la race ici m'a semblé plus belle. Notre pilote à la vaste carrure, à la tête puissante d'empereur romain, vrai fils de Han, d'abord m'avait paru d'une espèce supérieure. Mais à chaque instant je retrouvais parmi les gens du pays sa stature et ses traits, son crâne massif, la finesse et la force répandues sur sa large face tranquille. C'étaient de beaux hommes robustes. Leurs membres musclés, leurs forts mollets de peuple marcheur, leur peau nette et lustrée, leur chair dense, leurs dents étincelantes disaient la santé intacte que ces paysans laborieux

doivent à leur sobriété de végétariens et de buveurs
de thé. Cette nourriture, qui ne contient aucun élément fermentescible ni irritant, leur donne, avec leur
calme proverbial, l'extraordinaire endurance chinoise
qui leur permet de porter indéfiniment sous un soleil
de feu des poids énormes, et, en accomplissant les
plus durs travaux, de résister à tous les extrêmes du
froid et de la chaleur. Sobres, tenaces, infatigables,
pacifiques, ils semblent ignorer la paresse et la hâte,
la lassitude, l'impatience, l'ennui; les besoins de
changement et de détente du Blanc leur sont inconnus.
Ils apportent à leur besogne l'opiniâtreté et l'assiduité
industrieuse de la fourmi : c'est cette obstination
d'insecte, cette faculté de labeur monotone qui, plus
encore que leur nombre ou le bas prix de leur main-
d'œuvre, font d'eux de si redoutables concurrents et
constituent le péril jaune.

Ces qualités ne sont pas de celles que des changements politiques ou économiques peuvent faire disparaître. Elles sont un acquis de la race, fixées dans ses
centres nerveux par des habitudes ancestrales immé-
moriales : si bien que le travail semble chez eux
comme chez des abeilles ou des fourmis une fonction
aussi naturelle et régulière que la respiration. Dans
cette ruche il n'y a pas de frelons, et cette société agricole ne connaît guère de mendiants ni de déclassés.
Tout travail est honoré ; par-dessus tout celui de la
terre, qui est sacré. L'empereur, suprême pontife, est le
premier agriculteur de la Chine, et les rites essentiels
de la religion sont des rites agricoles. Le labeur intellectuel vaut celui des mains : tout Chinois sait lire et
écrire, malgré l'effroyable complication des caractères,
et il n'y a pas de plus grand honneur que d'être lettré.
A cet honneur, dans ce pays démocratique où la
carrière est vraiment ouverte aux talents, tout Chinois
peut aspirer, et tout Chinois intelligent y aspire en effet :

les plus grands administrateurs, les mandarins, les grands chefs sortent du peuple et doivent leur rang à leur labeur et à leur mérite. La difficulté incroyable des études, l'énormité de la littérature accumulée sont pour quelque chose dans cette redoutable vertu acquise. La discipline qu'elles imposent est si rigoureuse, les efforts qu'elles exigent si grands que, sans cette obstination dans le travail, on ne pourrait maintenir l'acquis de la civilisation ; cette application forcenée est pour cette société une condition de survie. Elle explique la prodigieuse capacité d'attention et d'étude du Chinois, la facilité avec laquelle, comme le Japonais, il arrive à s'assimiler la civilisation du Blanc, si différente de la sienne, et qui doit offrir aux routines de sa pensée une résistance si forte. La mémoire, et surtout la mémoire visuelle sans laquelle il est impossible de retenir les innombrables caractères, est sans doute l'organe essentiel de ce cerveau où font défaut les facultés d'analyse et d'abstraction plus hautes que rien n'a développées dans le passé ; et par conséquent l'invention manque, le sens du général. Mais dans ses limites étroites ce cerveau est un instrument merveilleusement exercé et résistant. Surtout il l'est non seulement chez quelques privilégiés, mais à un haut degré chez tous. Tout Chinois est l'héritier de la civilisation chinoise tout entière ; c'est cette communauté d'héritage qui constitue le trait le plus frappant des peuples de l'Extrême-Orient. Le moindre coolie y sait non seulement lire et écrire, mais peindre et composer des poèmes, jouit d'une œuvre d'art raffinée, a le souci du beau langage et des belles manières, est profondément et complètement pénétré par l'essence de sa civilisation, qui est l'apanage, non d'une élite, mais de tous.

*
* *

Et c'est ainsi qu'il se dégage de tous je ne sais quelle

subtile atmosphère qui dit le civilisé dont la culture est profonde et ancienne. Je le sentais non sans gêne sur ce bateau où s'ébrouaient trop bruyamment parmi les Chinois courtois et fins des Européens venus en vacances du Japon ou pour leurs affaires à Hankéou, et qui se relâchaient comme le fait trop souvent le Blanc en voyage ou en goguette. J'étais à peine moins scandalisé que notre pilote par la grossièreté épanouie de mes compagnons excités par la chaleur et de trop fréquentes libations ; par la présence aussi de quelques flirteuses en rupture de mari, outrageusement décolletées, et d'une étonnante chanteuse de café-concert française qui nous tutoyait tous et glapissait des chansons lestes agrémentées de gestes obscènes. Je me disais que décidément en comparaison de celle de la Chine, notre civilisation est toute récente, à fleur de peau, un mince vernis qui s'écaille et tombe au moindre choc, et que la cérémonieuse discipline orientale, la décence et la finesse monotones de ces Chinois tous pareils valaient mieux que nos licences qui sont la rançon de notre individualisme, et que notre naturel, qui n'est parfois que grossièreté native débridée.

Ce fut sans regret qu'à Hankéou je quittai mes compagnons de route. Mais à l'hôtel m'attendait un exemple encore plus déplaisant des mœurs que quelques-uns de nos compatriotes promènent aux colonies. Le propriétaire avait le bras droit dans une écharpe. Je lui demandai courtoisement ce qui lui était arrivé.

— « J'ai tapé si fort sur un de mes c... de Chinois que je me suis démanché le bras », me répondit-il avec simplicité. Il lui restait ses pieds, m'assura-t-il : et il saurait bien s'en servir pour botter le délinquant s'il le retrouvait. Voilà des gentillesses que le Chinois comprend mal, et la bonhomie réelle de ce brutal touchait peu ses domestiques. Pour eux comme pour tout Chinois, la colère est la marque du barbare, une sorte de courte folie fréquente chez ce fou permanent, ce déséquilibré qu'est pour eux l'Européen. Nos impatiences mêmes les déconcertent : comme tous les Orientaux ils n'ont pas la notion du temps et ne savent pas se presser. Et donc se fâcher contre le Kourouma-ya qui traîne votre voiture pour qu'il aille plus vite est périlleux : si on élève trop la voix il vous ramènera dare-dare chez vous pour que vous puissiez soigner l'accès de démence qui vous a saisi. Ce sont ces impatiences, ces brutalités trop fréquentes qui, autant que notre absence de scrupules, notre sans-gêne vis-à-vis des indigènes, partout les ont révoltés et nous font traiter par eux de barbares dénués de raison autant que de civilisation.

*
* *

Les trois villes accouplées sur les deux rives du fleuve, Outchang, Hankéou, Hanyang, sont peut-être la plus grande agglomération de la Chine et, avant les ravages des Taï-ping, probablement de la terre. C'est le feng-choui, paraît-il, qui explique la grandeur de Hankéou. « Ce n'est pas à sa situation exceptionnelle, dit M. Monnier, « que les Chinois attribuent la prospérité de cette ville qui est au centre d'une des plus vastes et des plus fertiles vallées du monde, sur les bords d'un fleuve accessible aux plus grands navires, mais surtout à la configuration de son sol dont les rares reliefs, paraît-il, reproduiraient à miracle les trois emblèmes dont la conjonction est considérée comme indispensable pour un feng-choui de première qualité, autrement dit pour présager un heureux sort : le dragon personnifiant la force ; le serpent, emblème de la longévité ; et la tortue qui symbolise la stabilité dans la puissance. Le coteau de Hanyang forme la carapace de la tortue ; la tête serait représentée par une petite roche à fleur d'eau, au point de réunion de la rivière et du Yang-tze. Sur ce rocher a été bâtie une mignonne pagode, aujourd'hui fort dégradée, qui devait avoir pour effet d'immobiliser le précieux animal. Sur l'autre rive, la ligne sinueuse des collines, que couronnent les remparts crénelés de Outchang, ne serait autre que le dragon couché. Quant au serpent, sa tête apparaît, parfaitement reconnaissable pour les initiés, à l'extrémité d'un promontoire escarpé sur lequel, au temps des Ming, il fut jugé utile de construire une grande pagode à quatre étages dont le poids s'opposerait à la fuite du reptile. Hélas! la pagode fut, il y a dix ans, complètement détruite par un incendie, Mais, par bonheur, rien n'a été troublé dans le fengchoui ; le serpent est demeuré à son poste. »

Les génies bienfaisants ne peuvent cependant protéger Hankéou contre les montées du fleuve. Même les digues colossales qui défendent le populeux quartier européen ne tiennent pas toujours devant ses assauts, malgré leurs quinze mètres de hauteur. La menace est permanente. Elle ne semble pas troubler les Chinois qui partout acceptent avec résignation les fléaux naturels contre lesquels ils se sentent impuissants. Ils sont habitués à se laisser noyer. Il suffit de se rappeler les méfaits du Hoang-Ho, le fleuve le plus redoutable de la terre entière, pour voir que cela est à la lettre, et pour comprendre le fatalisme des Chinois. Contre ses écarts il n'y a rien à faire ; c'est par millions que l'on compte ses victimes quand il lui plaît de changer de lit. Le Nil même n'a pas eu plus d'influence sur les destinées de l'Egypte et sa pensée que le Fleuve Jaune sur celles de la Chine. La description la plus sommaire suffit à le faire voir.

Ce n'est pas son volume, si énorme soit-il, ni ses crues qui expliquent ses terrifiants ravages. Ceux-ci ont une cause permanente, les lœss, les terres friables qu'il traverse et entraîne. Aucun fleuve n'est plus capricieux parce qu'aucun ne contient proportionnellement une aussi forte quantité de matières terreuses en suspension [1]. Ce « fléau des Enfants de Han », ce « Crève-cœur de la Chine », Ni-Ho ou « fleuve incorrigible » erre librement à travers l'immense plaine basse d'alluvions de la Chine orientale, la plus vaste du monde, longue du Nord au Sud de 1.100 kilomètres, large de 300 dans le Nord, de 500 au milieu, de 600 dans le Sud. Dans cet espace, plus grand que la Grande-Bretagne, son cours se déplace brusquement à droite, à gauche, si bien que son embouchure s'est trouvée parfois d'un coup rejetée de neuf cents kilomètres du Sud au Nord. C'est comme si le Rhin à Cologne se détournait de la Hollande pour se ruer dans la Baltique par les bouches de la Vistule, en inondant tout le pays intermédiaire. Dix fois depuis vingt-cinq siècles le fleuve s'est ainsi complètement déplacé, et les inondations partielles ne se comptent pas : chacune a fait périr des millions d'hommes. Il suffit que les canaux, négligés pendant les révoltes, les invasions, se comblent, que les digues se détériorent ou soient rompues exprès, pour que tout le pays soit submergé. Les remèdes qu'appliquent les Chinois aggravent le mal ; on n'en voit d'ailleurs aucun qui puisse dompter le fleuve. Le problème est le même que pour le Mississipi. A mesure qu'on exhausse les levées formidables, le lit du fleuve s'exhausse : il finit par dépasser parfois de plusieurs mètres le niveau des campagnes environnantes, et le fleuve tout entier

---

1. 3 kilogr. 708 par mètre cube, trois ou quatre fois plus que les fleuves les plus chargés de sédiments, le Gange, le Pô ou la Durance. On a calculé que les alluvions du Fleuve Jaune suffiraient pour former dans la Mer Jaune en l'espace de vingt-trois jours une île d'un kilomètre carré et d'une épaisseur moyenne de 36 mètres.

coule en grandissante menace suspendue sur la vie des misérables riverains, jusqu'à la rupture fatale. En 1837 il creva ainsi la levée de la rive droite en amont de Kaïfoung près de Tcheng-tcheou, « et se répandit en vainqueur dans les plaines de l'envahissement ». Le gouvernement chinois admet que cette inondation a supprimé deux millions et demi de ses sujets : trois millions semble le nombre probable. L'aire de dommage a été évaluée à 3.107.830 hectares dans la seule province de Honan... « En 1890, résistance de la levée de Tcheng-tchéou, solidement réparée, mais crevaison des digues dans le bas du Chantoung en juillet: plaines couvertes de trois mètres d'eau sur un espace de 165.000 kilomètres carrés, près du tiers de la France, huit cents bourgs ravagés, des centaines de milliers d'existences détruites » (Reclus).

Et cependant ces digues vaines sont une des œuvres les plus colossales que l'homme ait construites. Elles se développent parallèlement au fleuve, à trois mille mètres des berges naturelles, hautes de vingt-deux mètres, épaisses de quarante, cinquante et même de cent vingt mètres, faites de tiges de sorgho entrelacées et d'argile maçonnée; soixante mille ouvriers y travaillent sans cesse; les espaces livrés aux eaux fécondantes sont découpés en rectangles par des levées transversales aussi fortes. Rien n'y fait. Le fleuve qui nourrit cent soixante-quinze millions de Chinois leur apporte à intervalles réguliers la famine et la mort.

Si redoutable que soit le Yang-tze par l'énormité de ses crues, il est loin d'égaler par ses ravages le Fleuve Jaune. A Hankéou, quand il devient par trop agressif, les habitants se contentent de se réfugier sur les collines et les buttes artificielles qu'ils ont construites partout, et qui lors des grandes inondations seules émergent. On ne peut s'étonner qu'ils

supportent ainsi des inondations dix fois plus fortes
que les débordements de la Seine, de la Garonne ou
du Rhône, puisque nous admettons que nos adminis-
trations, autrement outillées que la leur, sont incapables d'en empêcher le retour périodique. Et, après
tout, les avantages de la situation l'emportent sur les
inconvénients. Située au croisement des routes du
Nord et du Sud, de l'Est et de l'Ouest, cette ville
centrale est un nœud de commerce intense; à
lui seul le thé, dont c'est la métropole, y apporte
d'énormes richesses; tous les produits de la région
immense dont Hankéou est le centre y affluent : les
cotons, les soies, les peaux, les graines oléagineuses,
l'opium, le tabac. L'industrie n'est pas moins active.
Les cheminées d'usine remplacent les pagodes. Elles
couvrent Outchang et Hanyang de leurs nuages de
fumées noires. Outchang a ses filatures, Hanyang ses
hauts fourneaux et ses aciéries : elles occupent des
milliers d'ouvriers et leur importance grandit de jour
en jour. Les matières premières sont à portée. Le
coton pousse partout : le charbon gras abonde : les
gisements de minerais sont à une centaine de kilomètres en aval de Hankéou et le fleuve les apporte à
bas prix. Cette agglomération est destinée à devenir
un des centres de production les plus riches du
monde : déjà les millionnaires ne s'y comptent pas.
Rien d'ailleurs ne traduit extérieurement l'opulence
antique de la ville et des habitants. Le souci de faire
fortune semble avoir été de tout temps la seule
préoccupation de ces marchands. Ils ne vivent que
pour s'enrichir et jouir, et meurent sans rien laisser
derrière eux que leurs richesses. Les monuments de
Hankéou sont négligeables ; comme à Marseille tout
l'intérêt de la ville est dans ses rues où grouille une
population venue de partout : on y coudoie tous les
types de la Chine et même de l'Europe, pareillement

attirés par l'appât des gains faciles : c'est une foire et une usine, et non une ville.

*
* *

C'est ailleurs qu'il faut chercher les restes et les traits durables de la civilisation chinoise, dans les vieilles villes qui furent des capitales, Si-ngan-fou. Honan-fou, Tchingtou-fou, Hangtchéou, le Quinsay de Marco Polo, « nobilissime cité, sans faille la meilleure et la plus noble qui soit au monde ». Soutchéou dont on a dit « Le ciel est en haut, Soutchéou et Hangtchéou sont en bas », Kioufao, la patrie de Confucius, la Jérusalem des Chinois. Rien d'ailleurs ne subsiste nulle part qui soit comparable aux villes de l'Egypte, aux monuments élevés par la Grèce et Rome, la Perse, l'Inde : la moindre province française, italienne ou japonaise est infiniment plus riche en architectures, en restes du passé que la Chine, et parfois nous reporte à une antiquité plus haute. La raison en est simple. Les matières dont se servent les Chinois n'ont pas la durée des granits, des grès, des briques même que d'autres civilisations ont employés pour leurs palais et leurs temples. Et d'autre part, ces matières plus périssables ont été exposées à des forces de destruction plus fréquentes et plus implacables qu'ailleurs : guerres intestines atroces et persécutions religieuses, invasions périodiques de barbares, fléaux naturels qui découragent l'homme ou balaient ses œuvres. L'antiquité de la Chine est réelle : sa civilisation est réellement contemporaine de celle de l'Egypte, de Ninive et de Babylone. Mais elle s'est cristallisée dans des formes sociales, une pérennité de mœurs plutôt que de monuments. Sa suprême originalité est d'être l'héritière directe de son passé, d'avoir maintenu intact en ligne droite son héritage moral depuis plus de quarante siècles, tandis que nos civilisations à nous ne sont que les héritières indirectes et incomplètes des civilisations qui les ont précédées. Eugène Simon l'a dit excellemment : « Tandis que nos nations modernes n'ont hérité des anciens qu'en ligne collatérale, la Chine a hérité en ligne directe des générations qui l'ont formée. Chez elle les phénomènes de l'hérédité se sont manifestés régulièrement... Là est sa profonde originalité, et peut-être aussi le secret de son éternelle durée. » Seuls des bronzes, quelques stèles, quelques pierres gravées, quelques écrits nous reportent aux âges presque fabuleux de la première histoire chinoise. Mais si les monuments ont péri, leurs formes n'ont pas changé, et l'esprit qui les détermine est aujourd'hui identiquement le même qu'il y a quatre mille ans. C'est pourquoi l'impression d'antiquité que laissent les villes chinoises est indépendante de la présence de monuments très anciens : tels temples, tels tombeaux récents par leurs lignes reproduisent exactement ceux qui figurent dans les représentations les plus anciennes ; la rapide usure du climat, l'universelle négligence chinoise leur donnent au bout de peu de temps l'aspect vénérable des rares monuments vraiment antiques qui ont échappé à la destruction.

§ 5. — Pékin. — Les remparts. — La ville.
Les caravanes. — La situation de la capitale.
La Grande Muraille. — Les Monuments.
L'art des Jardins. — Le Palais d'Eté.
Impression générale.

Et c'est pourquoi Pékin, bien que rien n'y reste qui remonte aux temps de la grandeur romaine ou grecque, et qu'elle soit nommée pour la première fois en 1121 seulement avant J.-C., nous paraît presque contemporaine de Thèbes ou de Babylone. Du plus loin qu'on voie les murailles colossales qui surgissent dans la plaine comme une forteresse de géants, on se sent devant une masse œuvrée qui dépasse infiniment toutes celles que l'Europe a pu élever. L'émotion grandit à mesure que grandissent ces murailles dont chaque tour de roue du ridicule petit train haletant rapprochait ; il s'arrêtait respectueusement à distance autrefois ; et c'est à pied ou en voiture que l'on abordait la ville entièrement cachée par ses remparts.

... Mais quelle vision m'y attendait !... Lorsque j'y arrivai, les larges douves qui les baignent étaient une voie miraculeuse de fleurs roses : des millions de lotus s'y épanouissaient tous à la fois, si serrés que leur soyeuse splendeur continue, avivée par le grand vent du Nord, mettait autour de Pékin une frémissante ceinture odorante. J'avais vu au Taj Mahal, ailleurs dans l'Inde, les tapis de renoncules persanes ou d'anémones qui, le long des allées d'eau où elles se reflètent, font aux tombeaux de marbre blanc étincelant des approches enchantées : jamais nulle part pareille merveille n'avait ravi mes yeux. Une main magique avait semé là autour des noirs murs cyclopéens les fleurs sacrées comme pour isoler la ville du monde entier par un miracle de beauté infranchissable. A perte de vue s'étendaient leurs tremblantes multitudes roses, coupées de loin en loin seulement par les larges voies qui s'enfonçaient dans l'ombre des portes babyloniennes. Les murailles éternelles qui emprisonnent la ville regardaient sans joie une fois de plus s'épanouir à leurs pieds la féerie fugitive que le brûlant printemps chinois fait sortir des tristes eaux croupissantes ; elles n'en paraissaient que plus vieilles, plus mornes et plus menaçantes, et ne pouvoir oublier les durs hivers, les intolérables étés dont elles portent les cicatrices. Entre la jaune plaine poussiéreuse, comme morte, et leur désolation hautaine, cette rose merveille était toute l'allégresse, la divine jeunesse de l'immortelle vie qui s'élançait frissonnant de joie dans la lumière, enfin délivrée des obscurités muettes où les eaux et la terre et l'hiver l'avaient tenue captive. Quelle ville de rêve, quelle apparition des Mille et une Nuits allais-je donc voir surgir devant mes yeux éblouis ? Allais-je donc voir miraculeusement préservées par ces murailles les splendeurs de la capitale fabuleuse dont ces fleurs étaient les annonciatrices? — Mais non : cela n'était pas possible.... A coup sûr ce n'était qu'une vision. Cette féerie ne pouvait durer; elle semblait irréelle, une création du cerveau, un mirage qui allait s'évanouir pour ne plus laisser sous mes yeux que la morne réalité de la vétusté, du délabrement, de la décrépitude chinoise...

C'est cette réalité que j'ai retrouvée dès que j'eus traversé l'ombre fraîche des portes et l'immense épaisseur des bastions et des murs. L'on débouche, non dans une ville, mais dans des espaces vagues. Une voie royale les coupe, si large que les passants, les voitures, les ânes, les chameaux semblent y errer éparpillés sur une place plutôt qu'une route. Dès que l'on s'y aventure l'on comprend cette dispersion bizarre et ces zigzags d'insectes. A chaque instant les énormes dalles carrées, larges d'un mètre, épaisses d'un pied, qui la pavent, manquent : des fondrières, d'énormes trous béants les remplacent, pleins selon la saison d'une eau immonde ou d'une boue fétide; nulle part on ne peut avancer en ligne droite sur ces chaussées de géants uniques au monde. A droite, à gauche, des mares croupissantes, des cimetières, des champs incultes, des tertres dont l'informe désolation recouvre des temples, des palais

écroulés, et les herbes folles tout ce qui reste de
leurs jardins secrets et de leurs enceintes autrefois
sacrées. où se dressent aujourd'hui de loin en loin
des tentes sordides, des huttes misérables, tendues
de loques ; en face d'autres murs plus hauts et plus
menaçants encore, ceux de la ville tartare, dont la
rouge masse magnifique cache des désolations et
des lèpres pareilles : partout l'abandon, la ruine, la
misère, telle est la première vision de cette ville de
Marco Polo, la Khanbalik de Koubilaï Khan, étincelante de splendeurs, Versailles millénaire d'un
empire de quatre cent millions d'hommes, qui fut
une capitale avant que Rome sortît de ses marécages,
quand Athènes n'était qu'une bourgade inconnue et
que les tours de Troie étaient debout. Et les folles
évaluations de sa population remontent à l'esprit
dans le silence de ces espaces vides : au xviie siècle
le Jésuite Grimaldi lui attribuait seize millions
d'âmes, d'autres voyageurs allaient jusqu'à vingt
millions ; les plus sceptiques lui en accordaient dix,
huit, tout au moins quatre ; au xviiie siècle le père
Gaubil ramène ce chiffre à deux millions ; le Jésuite
du Halde, et plus tard Lord Macartney, à trois. Ce
n'est qu'au xixe siècle qu'on descend à un million six
cent mille, à un million deux cent mille, à un million ; et enfin à cinq cent mille. Aujourd'hui encore
on ignore le chiffre exact de la population, mais en
estimant à un demi-million le nombre des habitants
présents de la ville, à deux millions le nombre de
ceux qui l'ont habitée aux temps de sa splendeur,
on doit serrer de près la vérité. Dans son enceinte
qui mesure 33 kilomètres de tour, 8.493 mètres du
Nord au Sud, 7.000 de l'Est à l'Ouest, les quatre
cinquièmes de l'étendue de Paris, de vastes espaces
sont occupés par la ville impériale, les jardins, les
kiosques, les palais déserts : le quartier chinois n'est

empli de maisons dans son diamètre maximum que
sur une largeur de 1.600 mètres de l'Est à l'Ouest ;
plus d'un tiers de la capitale est en parcs, champs
incultes, espaces inutilisés, bâtiments en ruine. De
grandes étendues désertes où l'on se perd séparent
les quelques centres vraiment peuplés.

Pour découvrir Pékin qui se dérobe, l'on monte sur
les remparts intérieurs de la ville tartare. Alors, mais
alors seulement, on mesure l'accablante énormité de
cette forteresse et le vide qu'elle défend. A perte de
vue elle déroule la procession de ses tours et de ses
portes, les larges lignes rigides de ses colossales
murailles. Murs babyloniens, hauts de quatorze
mètres, épais de vingt à la base, de seize au
sommet, égayés autrefois, comme les murs extérieurs, de kiosques fantasques, d'oratoires, de pavillons qui s'y dressaient par centaines, revêtus de
tuiles bigarrées, ornés de cloches dorées et d'étendards de soie : à coup sûr quand surgissait soudain
d'un pli de la plaine leur masse formidable couleur de sang couronnée de l'étincelante tiare de ces
richesses, celui qui voyait la ville fabuleuse devait se
croire devant une forteresse de génies et de fées.
Aujourd'hui, à la place de ces étendards, le triste vent
mongol n'agite que quelques mélancoliques touffes
d'arbres et les panaches d'herbes folles qui poussent
sauvagement entre les larges dalles fendues, dans les
fissures de la maçonnerie que leurs racines effritent.
Lord Curzon a raison d'écrire que « leur colossale
symétrie de lignes, leurs avancements de bastions,
leurs énormes tours de garde à chaque porte en font
un spectacle unique au monde et qui, plus qu'aucune
autre relique du passé, rappelle ces prodigieuses
murailles de Babylone dont l'antiquité s'émerveilla ».
Leurs assises défient le temps. Il s'est détourné
d'elles pour ronger la ville qui les dressa et qui

semble s'être épuisée dans cet effort. Lorsque du haut des tours énormes à triple toit l'on cherche la capitale qui a su élever de pareilles masses de défense, on ne la trouve pas; c'est moins une ville que l'on voit à ses pieds que la verdure d'un parc infini où de loin en loin s'élève une pagode, un temple, un palais. Les maisons basses entourées de leurs jardins sont submergées par cette mer verdoyante : rien ne révèle leur existence, aussi secrète que celle de la « ville violette réservée » où s'écoulait parmi les eunuques, les concubines, les serviteurs innombrables, la vie mystérieuse des empereurs Fils du Ciel. Seuls ces murs disent encore la grandeur monumentale de la ville d'autrefois. A regarder ainsi Pékin, on croirait qu'ils n'en sont plus que l'armure vide. La vie débordante qu'ils protégeaient semble s'en être retirée comme la vivante pulpe se dessèche dans un noyau [1].

*
* *

Mais dès que l'on descend, on retrouve ce qui reste de cette vie diminuée et des splendeurs

1. Cette décadence de Pékin se poursuit depuis des siècles. La ville agonise depuis longtemps. Dans l'avant-propos de son « Voyage de l'Ambassade de la Compagnie des Indes Orientales Hollandaises vers l'Empereur de la Chine en 1794 et 1795 », Van Braam Houckgeest s'excuse (p. XX) en parlant de la ville chinoise de n'y pas marquer les rues et les bâtiments dans sa carte. Il dit : « Le reste du faubourg n'offre dans la réalité, qu'un espace très irrégulièrement bâti, où se trouvent des portions de champs, des intervalles vides, tellement que la moitié de cette enceinte est encore sans bâtiments, comme nous eûmes l'occasion de nous en convaincre le 13 février 1795 à notre sortie de Pé-King. »

De même l'ordure et le délabrement de Pékin, même près du palais impérial, surprennent déjà Houckgeest : « (Dans la ville impériale) nous apercevions au loin d'autres édifices qui ne le cèdent en rien à ces premiers quant à la beauté extérieure. Mais en passant nous avons vu aussi dans quelques points, et entre de grands bâtiments, de misérables bicoques et des amas d'ordure que les murs cachent mal. » (Tom. I, p. 193.)

anciennes. Partout dans les quartiers encore peuplés
la basse plèbe grouille comme une armée de rats
autour des palais écroulés, près des temples gran-
dioses, dans les rues fétides, parmi les détritus, les
immondices accumulés, la boue ou la poussière, les
fondrières ou les cloaques et les fossés où l'ordure
coule à plein ciel, et sert à arroser les chaussées[1].

Quelques voies sont, non pas mieux entretenues :
l'ordure est en Chine le « cinquième élément », et
elle est universelle, mais bordées de magasins plus
riches que les échoppes habituelles : leurs façades
sculptées par des mains de fées s'égaient d'or et de
laques rouges; les soies, les objets d'art, les marchandises précieuses s'y entassent : un peu des
richesses d'autrefois y brille encore. Sur les vastes
places dallées, la foule bigarrée s'affaire autour des
marchands, des jongleurs, des conteurs d'histoires
et des rhapsodes, parmi les tentes, les ânes, les char-
rettes, les chaises à porteurs, les énormes chameaux
à double bosse, à barbe pendante, dont la fauve laine
épaisse emmêlée balaie le sol; sous de grands para-
sols les barbiers rasent la tête, curent les oreilles et

---

1. « Théoriquement la « Cour du Nord » devrait être propre,
pimpante, puisque l'État consacre annuellement des millions
à sa toilette; mais ces millions s'évaporent en route. Tout le
monde à Pékin connaît l'histoire d'un don de 80.000 francs fait
par l'empereur à l'édilité pour réparations à la rue des Légations européennes, alors que 25.000 ou 30.000 francs auraient
amplement suffi; de fonctionnaire en fonctionnaire, et d'entrepreneur en entrepreneur, il ne restait que 80 francs à peine au
dernier adjudicataire.

« Une histoire plus curieuse encore, et non moins authen-
thique, est celle du mandarin agent-voyer qui fait remettre en
ornières et casse-cou la rue qu'un citoyen magnanime vient de
réparer à ses frais; car il ne convient pas que ce travail désin-
téressé, véritable scandale offert en exemple par une individualité sans mandat, menace effrontément de tarir une source de
concussions mandarinales. » (Reclus, *La Chine*).

parfument la natte de leurs glabres clients accroupis clignotants; les étranges femmes mandchoues parées comme des idoles y promènent leurs larges faces avivées de fard sous l'étonnante coiffure grasse en queue de pie ornée de fleurs et de bijoux tremblants; les Mongols, les Tibétains trapus, les Mandchoux barbus et moustachus « gaillards aux épaules larges, à l'encolure de taureaux, aux mâchoires saillantes, aux dents de carnivore », y bousculent « les fils de Han » efféminés, avec une rudesse de barbares.

*
* *

Dans cette ville cosmopolite et les glabres foules vêtues de soies ou de cotonnades, les peaux de mouton de ces intrus, leurs tentes et leurs chameaux, leurs chevaux bourrus, leurs faces hirsutes mettent des accents de sauvagerie, la présence menaçante d'une autre Asie, toute proche, celle de la steppe et des nomades, éternel réservoir des affamés qui périodiquement se sont déversés sur les terres riches et les civilisations amollies qui les entourent. Contre les appétits et le pullulement de ces barbares que pouvaient les défenses croulantes du vieil empire délabré, ces remparts, et la Grande Muraille déserte ? En 1899, je vis encore au pied des murs colossaux de la ville l'attirail puéril des pompes militaires chinoises. Dans la fauve poussière s'élevaient quelques tentes sordides de je ne sais quelle garde : auprès d'elles étaient accroupis quelques loqueteux munis d'arcs et de carquois; non loin, comme un symbole de l'immensité des terres qu'ils avaient à protéger, défilait l'hallucinante procession des chameaux monumentaux qui deux ans auparavant étaient partis de l'Inde et venaient seulement d'arriver après la traversée des fabuleux monts glacés et des déserts, toute l'épaisseur de l'Asie inconnue et de la formidable Chine. C'était une vision d'un autre âge. A deux pas, le chemin de fer, les poteaux télégraphiques, les fils du téléphone, les hôtels européens et les légations qui sont des îlots d'Europe, des canons et des locomotives : ici des moyens de défense et de transport, des costumes et des mœurs qui remontent aux premiers temps du monde. Ces chameaux surtout et leurs sauvages conducteurs, toute la tribu d'hommes farouches, de femmes et d'enfants au plat visage barbouillé de graisse noire, aux yeux de feu, qu'ils traînaient à leur suite, émouvaient étrangement l'imagination. Avec eux, comme à l'aube des civilisations mortes, on quittait les plaines ensoleillées de l'Inde ou de la Mésopotamie : on s'enfonçait dans les neiges éternelles et les glaciers des montagnes prodigieuses, dans les solitudes stériles infinies, l'âpre terre éternellement flagellée de vents glacés, la région terrible des sables, le « Vide » des Tartares, le long de la « Voie des Barbares », par la « Porte de Jade ». Ce qu'est la légendaire « Route de la Soie », nous le savons par les voyageurs chinois et Marco Polo. « Tantôt, écrit au vıı⁰ siècle Hiuan-ts'ang[1], on est arrêté par un fleuve de sable, tantôt par des démons et des vents brûlants. Lorsqu'on les rencontre, il n'est personne qui puisse y échapper : souvent des caravanes nombreuses s'y égarent et y périssent ». — « S'il advient, dit Marco Polo[2], qu'en chevauchant de nuit par ces déserts un voyageur s'écarte et se sépare de ses compagnons, il entend autour de lui des voix qui l'appellent par son nom et qui le conduisent ainsi dans des lieux où il se perd et meurt. D'autres fois la voix de ces esprits du désert se fait ouïr comme si vous entendiez des

1. Cité par G. Maspero, *La Chine*, p. 18.
2. Livre I, chap. XXXVI.

légions d'instruments et de tambours ». Ce sont là
les bruits des pierres qui éclatent sous l'alternance
journalière des gels et de la chaleur torride, les
strideurs des vents fous dans les fissures et les
aiguilles des gorges étroites. Partout les puissances
maléfiques de ces régions maudites guettent l'homme
pour qui la moindre défaillance, un instant d'oubli,
est un arrêt de mort. Depuis Hiuan-ts'ang et Marco
Polo rien n'a changé. Pendant des millénaires ces
caravanes ont parcouru sans changement ces espaces
sous la conduite d'hommes pareils absolument à
ceux que j'avais devant moi; leur procession fantas-
tique venait du fond des âges et du mystère; ils
étaient contemporains des Pharaons; leurs yeux
avaient vu Tyr et Sidon, les villes d'azur et d'or,
Babylone et les pompes cruelles des Chaldéens et
des Assyriens, les armées de Darius et d'Alexandre,
les chevauchées arabes, la splendeur des Mogols;
leur cortège immuable avait traversé les fabuleux
royaumes disparus dont le seul nom est un éblouis-
sement; derrière eux ils traînaient tous les souvenirs de la terre; s'ils parlaient ils nous diraient les
secrets des tombes où reposent les dynasties et les
empires.....

Un sifflement strident déchira l'air. Je me retour-
nai. Dans la gare toute proche une locomotive s'épou-
monnait sur une voie de garage; à droite luisaient
des fils télégraphiques; des ordres brefs de manœuvre
m'arrivaient en anglais...

Ces rappels à la réalité ne rendaient que plus aiguë
la sensation de l'étrangeté des énormes bêtes lai-
neuses qui défilaient toujours avec une lenteur de
rêve, dans la stupeur et la lassitude des âges et des
espaces parcourus. Par plaques, leur peau rugueuse,
grise et fendillée comme celle d'un éléphant, appa-
raissait sous leurs toisons rongées telle une matière

morte ; elles étaient si usées de misère millénaire
qu'elles semblaient appartenir à une autre période de
la planète, mieux, à une autre planète. Elles passaient
en file interminable, chacune attachée par les nasaux
à la queue de celle qui précédait : un petit âne, intelligence de cette morne masse onduleuse, trottait devant ;
à la queue de la dernière était suspendue une cloche
qui sonnait tant que la ligne continuait à se dérouler.
Si quelque part une corde se brisait, toute la masse
derrière s'immobilisait aussitôt : la cloche s'arrêtait ;
les conducteurs qui marchaient en tête étaient ainsi
prévenus que les stupides bêtes ne sentant plus l'impulsion transmise s'endormaient sur place. On rattachait la corde ; de nouveau la masse s'ébranlait
pesamment et se remettait à onduler avec lenteur
sur la terre fauve comme une immense chenille[1]...
Bien des fois je suis retourné voir d'autres caravanes
qui partaient ou arrivaient, si pareilles toujours qu'on
avait l'impression que c'était la même qui revenait
dans un cauchemar, celle-là même que j'avais vu
partir autrefois de Lahore, et qu'une malédiction
condamnait à tourner indéfiniment dans l'espace.

Ces bêtes me fascinaient. Je ne pouvais en détacher mes yeux ; elles n'étaient plus là, et je revoyais
toujours intérieurement l'ondulation de leur masse,
la fabuleuse stupidité de leurs féminins yeux
ombragés de longs cils, le morne balancement sénile
de leurs hautaines têtes lippues de douairières
sémitiques... Autour d'elles, les cocasses petits chameaux duveteux nés en route sautillaient gauche-
ment comme des joujoux de carton et de coton
cassés. Leurs mères ne les regardaient pas. Elles
allaient, elles suivaient leur morne rêve intérieur
et l'imperceptible et constante sollicitation toujours

---

1. Marco Polo signale cette habitude dans le chapitre déjà
cité, Livre I, chap. XXXVI.

pareille de la corde et du petit bourricot trottinant qui ramenait leur masse énorme et passive aux stériles espaces tant de fois parcourus... Elles iraient ainsi indéfiniment, jusqu'à la fin des temps. C'étaient des témoins anachroniques d'un autre âge que les cataclysmes qui avaient balayé leurs contemporains, le mammouth et l'auroch et les plésiosaures, avaient oubliés. Et dans leur vestuté, leur stupeur, leur morne allure de rêve, qui s'harmonisaient au paysage, à ces murailles, à toute l'étrange humanité qui m'entourait, elles faisaient obscurément penser à cette Chine qui, comme elles, est un reste d'un monde disparu, comme elles remet les pas dans les pas sous une même sollicitation passivement subie, et vit dans un songe que les autres hommes ne connaissent plus.

*
* *

Avoir fait de Pékin, plus excentrique par rapport au reste de la Chine que ne l'est Pétrograd par rapport à la Russie, le centre de l'Empire semble d'abord une gageure. On mettait ainsi la citadelle de la Chine à portée non seulement des hordes tartares, mais de la mer, et par conséquent de l'Europe et du Japon, et le centre de l'administration du pays à la distance maximum de ses provinces les plus importantes. C'est cette situation paradoxale qui explique en grande partie l'histoire chinoise, le soudain écroulement des dynasties, la fréquence et le facile succès des révoltes et des invasions, la lâcheté du lien qui rattachait les diverses parties de l'immense empire, la corruption des fonctionnaires, leur indépendance, la faiblesse foncière de cette puissance en apparence colossale qui, théoriquement, comptait plus de sujets que n'en gouverna jamais Rome. C'est que la route, qui fut la grande invention romaine, manque en

Chine. Elle n'a jamais rien possédé de comparable à ce réseau de voies qui fut le système nerveux de l'empire romain par où se faisait la rapide transmission des ordres, des armées et de la civilisation. Les canaux innombrables ne peuvent les remplacer. De vagues sentiers, quelques voies mal entretenues, parcourent seuls l'immense pays. Dans l'inextricable fouillis des « Terres Jaunes » qui furent le berceau de la race, les profonds couloirs creusés dans l'épaisseur des alluvions sont si étroits qu'une seule voiture peut y circuler à la fois : de place en place on est forcé de ménager des refuges où gens et voitures se garent quand les longs cris poussés par le conducteur préviennent qu'une voiture est déjà engagée dans l'intervalle de deux refuges. A travers pareil pays, seul le conquérant a assez d'élan pour avancer rapidement et imposer son autorité ; dès que l'énergie du pouvoir central diminue, il n'a plus, comme un cœur affaibli, la force de pousser jusqu'aux extrémités le flot de sa vie ; cette vie se ralentit partout, et graduellement se retire de la périphérie. L'autorité des empereurs ne fut fermement assise qu'aux époques d'expansion et de vitalité ascendante ; celles-ci furent courtes et périodiquement coupées par les rapides décadences orientales. C'est pourquoi les limites de la Chine impériale ont varié si étonnamment, malgré l'unité de sa civilisation et la constante poussée de sa fécondité. Les terres de colonisation, les pays vassaux reprenaient à chaque instant leur indépendance, jusqu'au jour où une nouvelle invasion, un sang nouveau, l'avènement d'une nouvelle dynastie conquérante, portaient de nouveau dans tous ces *membra disjecta* les impulsions du pouvoir central et refaisaient momentanément de la Chine, non une nation, elle ne le fut jamais, mais un empire.

Et telle est l'incohérence géographique de ce pays

trop vaste, qui n'a d'autre unité que celle que créent son isolement et ses infranchissables frontières, que nulle part on n'a pu trouver une capitale qui fût le centre logique et le siège durable de l'empire. Tour à tour on essaya d'en établir dans diverses provinces. Les plus célèbres ne purent se maintenir. Si-ngan-fou est excentrique par rapport au Nord et à l'Ouest; Nankin, par rapport à l'Ouest, Pékin, qui est à 2.500 kilomètres du Yunnan, par rapport au Sud et à l'Ouest. A vrai dire, le choix de Pékin s'explique par la menace des hordes mongoles, qui est éloignée d'une centaine de kilomètres seulement. Construite au point le plus sensible de l'empire, au plus exposé, la ville est un bastion avancé de la Chine, un bossoir contre le flot des nomades ; c'est bien une forteresse, et ses murailles, aujourd'hui vaines, l'ont longtemps préservée, plus efficacement encore que la Grande Muraille.

Et d'ailleurs cette autre merveille du monde depuis qu'elle fut tournée par Gengis Khan, a cessé depuis des siècles d'avoir une valeur stratégique. Elle reste un des spectacles les plus étonnants de la terre. « Sa longueur totale est de 3.300 kilomètres en comptant toutes les sinuosités du rempart et les murs doubles et triples construits en différents endroits considérés comme les plus vulnérables, notamment au Nord des provinces de Petchili et de Chansi. En donnant à la muraille une hauteur moyenne de huit mètres seulement, sur une largeur de six mètres, on voit que ce prodigieux travail représente un massif de maçonnerie d'environ 160 millions de mètres cubes » (Reclus). Il a fallu au grand empereur Che Hoangti des millions d'ouvriers pour l'achever il y a vingt et un siècles, en reliant les uns aux autres les murs existants : des centaines de milliers périrent à la tâche : on ne peut calculer le nombre d'existences que son entretien a dévorées. Pour assurer la perfection du « mur des dix mille li », Che Hoangti menaça de mort tout ouvrier qui laisserait dans la maçonnerie une fissure où entrerait la pointe d'un clou. Aujourd'hui encore les larges assises de briques, revêtues de parements de granit, coupées de portes monumentales où les garnisons et le commerce ont fait grandir des villes, se déroulent à l'infini dans les plaines, grimpent sur l'arête vive des montagnes sauvages, à des altitudes de deux milles mètres, contournent les précipices, bouchent jusqu'aux moindres sentiers de chèvres par où l'infiltration des barbares pourrait se faire.

Ces murailles, seul monument de la terre qui de la lune se voie sur sa face, ne sont plus qu'une vaine merveille. Mais pendant quatorze siècles, elles ont protégé la Chine et l'ont isolée du monde entier; elles sont une des forces qui ont fait et préservé sa civilisation. Elles ont rempli leur rôle. Elles peuvent s'écrouler. La race qu'elles ont si longtemps défendue peu à peu a constitué ses défenses intérieures, s'est cristallisée dans des formes morales plus résistantes que leurs granits, des traditions et une vie que nulle invasion extérieure ne pourra d'ici longtemps désagréger... On regarde longuement ces murs qui, à perte de vue, s'étendent dans la solitude pierreuse. Leurs créneaux s'animaient autrefois de toute la pompe militaire chinoise, les légions impériales aux armures fantasques, les tentes de soie et les bannières historiées des princes et des mandarins somptueux. Aujourd'hui ils sont déserts et ne défendent que le vide. La vie de la Chine s'est retirée d'eux comme la vie de Pékin de ses remparts. Dans les espaces maintenant solitaires, ils dressent mélancoliquement leur masse formidable inutile et désœuvrée, depuis la mer jusqu'aux fabuleuses montagnes qui à l'Ouest les remplacent. Elle ondule comme un dragon mort sur les crêtes stériles. Dans son abandon inexprimable et sa ruine, elle reste auguste. Nul monument humain n'est plus émouvant que cette barrière tant de fois battue par le flot des barbares et qui permit à l'étrange Chine de se former et de durer...

*
* *

En comparaison avec la Grande Muraille, qui pour l'éternité symbolise l'isolement de la Chine, les autres monuments du pays ont une signification moins profonde, s'ils l'emportent par la beauté. Ceux de Pékin, à part les remparts et quelques temples, disent surtout le luxe d'une race voluptueuse infiniment affinée. Toutes les richesses accumulées de ce vaste empire s'entassaient dans la ville tartare. Rome et Delhi, au moment de leur plus grande splendeur, n'ont pas dépassé les magnificences de la cour impériale : Versailles n'est pas plus somptueux que la « ville violette réservée », la demeure de l'empereur, avec son prodigieux déploiement de palais, de jardins, de pavillons, de portiques et de ponts de marbre, de lieux de plaisance, de lacs. Les trésors qu'elle contenait sont en partie dispersés, comme tous ceux du Palais d'Eté pillé en 1860 par les soldats européens. On sait ce que fut cette dernière résidence impériale, autre Versailles, et qui coûta plus cher à la Chine, dit-on, que le nôtre à la France. Elle ne s'est plus relevée, malgré les efforts de l'impératrice douairière, de la destruction que les gardiens chinois préposés à sa conservation ont eux-mêmes continuée ; seuls dans l'annexe de Wanchou chan demeurent intacts les monuments construits par l'empereur Kien-long, kiosques, pagodes à étage, temples, ponts, arcs de triomphe, lions de marbre, et le temple en bronze massif de huit mètres de haut, de dix-neuf mètres de tour.

Malgré tout, cè Yuang ming Yuan, le « Jardin splendide » reste un des lieux de rêve les plus délicieux de la terre. Les ravages barbares qu'il a subis, l'abandon où il est tombé après la souillure étrangère n'ont pu détruire son charme ; ils ne font qu'ajouter une mélancolie de plus à sa fine beauté mourante. Rien ne peut lui être comparé. C'était ici le chef-d'œuvre d'un art que nulle race n'a possédé comme les Orientaux. D'un bout de l'Asie à l'autre, depuis la Perse jusqu'au Japon, près des palais et des tombeaux s'ouvrent les paradis secrets que ces grands voluptueux ont ordonnés pour y rêver parmi les fleurs et les jets d'eaux, les marbres et les pavillons féeriques, leurs concubines et leurs jeunes esclaves ; afin d'y réunir les houris, les musiciens, les parfums, les oiseaux et les plantes rares, tout ce qui pouvait enchanter les yeux et leurs sens [1], l'on fouillait leurs royaumes et les pays lointains. Marco Polo nous le dit : Koubilaï Khan faisait transporter de partout par des éléphants les plus grands arbres, les plus beaux et les plus rares, avec leurs racines et toute leur terre, afin d'en orner ses jardins. Ces lieux de délices étaient pour lui, comme pour tous les despotes de l'Orient, le luxe suprême. Ils les ont voulus près de leurs tombes non moins que de leurs palais, comme si même après leur mort leur beauté les ravissait encore. Autour du sommeil éternel d'Akbar, de Chah Jehan, de leurs reines, s'épanouissent encore aujourd'hui les silencieuses merveilles que leur rêve fit éclore il y a des siècles. Plus encore que la piété de leurs successeurs, le profond amour qu'elles inspirent à

---

1. « Qu'il s'accorde tout ce que les oreilles et les yeux aiment, et tout ce que le cœur désire, afin de jouir de la vie. » (Che Houang-ti, le grand empereur, 221 Avant J.-C.).

toute lour race les entretient et les renouvelle d'année
en année ; aucune destruction n'a pu entièrement effacer les lignes qu'ils tracèrent, ni briser les
marbres qui enferment les eaux, ni empêcher les
printemps d'y faire renaître les fleurs qu'ils aimè-
rent...

Nul art plus rigoureux que le leur, ni qui soit plus
significatif. Il est tout entier classique. Il suffit de
regarder une miniature persane, un livre d'heures du
moyen âge, une estampe japonaise, une peinture chinoise pour voir que, dans ces jardins, rien n'est laissé
au hasard, qu'une stylisation inflexible y refait la
nature. Autant qu'une statue ou un tableau ce sont
des œuvres d'art où tout s'ordonne et se compose.
C'est le propre de toute civilisation achevée que
d'imprimer ainsi à toutes ses œuvres ses caractères
profonds et de refaire le monde à son image. Son
essence se retrouve pareillement dans les architectures
et les jardins, les meubles et les poèmes, les mœurs
et tout le détail de la vie de la race qui l'a peu à peu
créée. Un parc dessiné par Le Nôtre exprime la sensibilité, l'intelligence, les préférences et les refus d'une
certaine France aussi exactement qu'une tragédie de
Racine ou un opéra de Rameau, et, pour des yeux qui
savent voir, aussi complètement. Entre les mains de
pareils artistes, la terre, les eaux, les arbres, les
fleurs, toute la nature visible n'est qu'une matière
qu'ils ordonnent souverainement suivant les rythmes
de leur être pour réaliser leur rêve et exprimer une
idée : Versailles et ce « Parc splendide » du Palais
d'Eté sont à titre égal l'image d'une civilisation et non
des fragments de paysage ; leurs ordonnances sont
une satisfaction pour l'esprit autant qu'une jouissance
pour les yeux ; ils évoquent autant de pensées que de
rêves. Les races raffinées et les civilisations achevées
ont toujours préféré ces harmonies voulues aux

hasards de la nature ; les Grecs, les Romains, les Persans, les Italiens, les Français, les Hollandais des grandes époques ont mis autour de leurs monuments des jardins qui comme eux sont des architectures et comme eux sont déterminés par une logique intérieure de construction significative.

Leur goût n'en concevait pas d'autres. Ces produits stylisés ont paru froids et compassés aux romantiques. Ils leurs préféraient les « Jardins anglais ». C'est qu'une transformation profonde s'était produite dans l'esprit même de l'homme. Il n'est pas sûr que ce changement soit au profit de l'art. L'amour de la nature sauvage, le sens de la montagne et de la mer démesurées, du désert et de l'exotique, sont sans doute de fort belles choses. Mais ils sont une acquisition tardive de l'humanité ; ils n'apparaissent qu'au moment où les civilisations se défont, où leur style propre s'altère d'apports étrangers, où la sensibilité amollie et troublée de l'homme l'emporte sur sa volonté, sa raison et ses forces de réaction personnelle. Nous sommes devenus infiniment sensibles aux mélancolies de l'automne, au mystère du printemps, au charme morbide des choses finissantes et inachevées, à la puissante vie désordonnée des forces naturelles, à tout ce qui dépasse notre existence bornée et nous donne le sentiment de l'infini. Mais ce romantisme est une abdication de l'être incapable de dominer comme autrefois les choses extérieures, de leur imposer des limites, et de les refaire à son image. L'homme normal se complaît dans le familier et le réel ; tout son effort tend à le récréer autour de lui ; c'est le présent et sa vie qu'il reproduit ; les œuvres d'art de ses prédécesseurs sont pour lui comme si elles n'étaient pas ; et de l'art gothique Louis XIV et tout son siècle n'avaient cure. Seules les époques de décadence trouvent insuffisants le présent et leur vie, se réfugient dans le passé, le lointain, l'étrange, la contemplation passive de beautés qu'elles comprennent et savourent délicatement, mais sont impuissantes à créer. Il est plus facile de se laisser aller au vague rêve panthéistique qu'inspirent à un Werther les spectacles de la Nature, de s'y absorber et de s'y dissoudre, comme Shelley et l'Hindou, que de réagir et d'imposer au désordre un rythme ferme. Il est plus aisé de s'enivrer de la mélancolie de Venise ou de Versailles, des prestiges mourants de Stamboul, que de dessiner des villes ou des jardins qui les vaillent. Aux âmes faibles la Nature n'oppose pas la résistance qu'elle rencontre chez les hommes; elle se livre passivement à toutes les rêveries solitaires. Un Rousseau si contraint et timide parmi les hommes, si impuissant et malheureux dans la vie, sentait son être se dilater de bonheur, se gonfler de toutes les vertus, de toutes les puissances dès qu'il était seul en face du grand être passif; il les perdait toutes au contact de ses semblables. Son horreur de la société, son amour de la solitude, qui sont les traits caractéristiques de ses fils spirituels et de tout l'art romantique, sont des symptômes morbides. Au contraire, c'est la société, c'est l'homme et tout ce qui est à la mesure de l'homme, qui seuls intéressent les civilisations fortes et saines; l'excessif, le démesuré, le désordonné, l'indéfini, le vague du rêve, leur font horreur; pour un Latin la montagne est « horrible », la mer « hostile », une plaine « inféconde »; aux classiques les confuses rêveries des poètes romantiques, l'obscur panthéisme germanique, les effusions désordonnées de la sensibilité qui se répand sans frein paraissent des maladies. C'est l'humanité moyenne et policée, l'expression de la vitalité précise de l'homme, de sa volonté maîtresse d'elle-même, et qui visiblement se réalise dans des formes claires toutes à l'échelle de sa vie, qui, seules, les séduisent et les rassurent et leur semblent la santé.

*
* *

C'est cette mesure, cet équilibre, cette santé qui sont les caractères de ce jardin du Palais d'Eté. Versailles n'exprime pas plus nettement un âge de la France que ce « Jardin splendide » tous les âges de la Chine et les rythmes classiques de sa vie [1].

Car cet art en apparence biscornu est dans son essence aussi « raisonnable » que le nôtre. Il n'en est pas de plus volontaire ni de plus sain. Son unité est absolue. A chaque pas se révèlent le raffinement et l'étrangeté, la finesse et la grâce chinoise, le sens chinois des proportions, des volumes, des encadrements, de la richesse, du fantasque et la bizarrerie délicate. Ces pavillons, ces pagodes et ces palais déconcertent d'abord par cette bizarrerie apparente. Elle cesse vite d'étonner. Et d'abord leur exquise polychromie est pour l'œil une fête toujours nouvelle. Leurs masses rouge cinabre se couronnent de toits revêtus de tuiles d'un jaune puissant avivé de lisérés bleu paon ; les encadrements des portes et des fenêtres sont en marbre blanc uni ; des laques, des émaux verts et roses et or mettent partout sur les calmes surfaces comme des broderies délicates de soies. Cela est riant et somptueux comme une porcelaine, puissant, frais et précieux de ton comme un vieux cloisonné. Leurs architectures mêmes, qui paraissent d'abord biscornues, séduisent toujours davantage à mesure que l'on en perçoit mieux la logique intérieure si sûre, le profond sens des volumes et des surfaces

---

1. Je n'oublie pas la grande part que les Jésuites ont prise au dessin de ce parc en partie inspiré de Versailles. Mais il reste malgré tout essentiellement chinois.

et des décors appropriés qui font de chacun d'eux un objet d'art achevé aussi raffiné qu'un bibelot de vitrine. L'étrangeté est surtout dans l'inattendu des silhouettes fantasques, les vives cornes qui partout se relèvent pour rejeter dans les airs les influences néfastes du feng-choui, le scintillement des matières qui brise en mille facettes les toits, le hérissement des monstres qui partout grimacent et s'élancent. Mais rien de plus logique, de plus sobre même, malgré l'apparente complication, de plus exquisement équilibré que les lignes de construction, que les proportions toujours justes, délicates et significatives des masses. Ce n'est pas seulement la grâce bizarre, la fantaisie et la délicatesse que ces monuments expriment, mais parfois la noblesse, la majesté même, avec une émouvante grandeur. Le sens le plus subtil des appropriations s'y révèle. Tels de ces palais sont l'image même du luxe voluptueux comme tels temples de la grandeur farouche. Il n'y a peut-être pas au monde de lieu qui dans sa pureté abstraite, sa délicate austérité, puisse être comparé à la plaine aérienne de marbre blanc entourée de blanches stèles où se dresse le Temple du Ciel. Lorsqu'on y accède enfin après avoir gravi longuement les perrons monumentaux de marbre blanc, on a l'impression de sortir du monde, de monter dans la lumière vers le pur éther, le vide infini, d'être seul parmi ces candeurs et ces puretés en face du divin. — Tel autre temple par sa masse sombre, l'ombre accumulée dans ses profondeurs mystérieusement dorées, est la demeure appropriée aux dieux qui y trônent dans la stupeur de leur rêve immuable. Ce que sont les forteresses et les nécropoles de la Chine, je l'ai dit. Dédaigner l'art qui a produit de telles merveilles et de si variées, comme un ramassis d'inventions biscornues, est un non-sens.

Et pareillement toutes les ordonnances sûres et

fortes de ce parc semé de lacs, de bosquets, de tertres artificiels couronnés de pavillons, orné de portiques et d'arcs de triomphe, coupé de larges voies de marbre ou sillonné de sentiers fleuris, se déroulent et s'enchaînent comme les strophes d'un poème, les rythmes d'une symphonie. Ce jardin est composé comme une fête où processionnellement les splendeurs se suivent en se complétant. Partout l'œil ravi est sollicité par des perspectives et des volumes toujours justes et nobles. De larges terrasses, le jet vif d'une pagode, la masse reposante d'un vaste palais ou le soudain fourmillement des toits fantasques des « pavillons tourmentés », la cambrure gracieusement excessive d'un pont arqué, les souples volutes de la « Barque de marbre, » d'espace en espace viennent mettre parmi les arbres séculaires, les parterres de fleurs, l'affirmation plus nette encore de la volonté souveraine qui a réalisé ce parfait mariage de la Nature et de l'Art.

Toutes ces harmonies se fondent dans une harmonie suprême, celle du mystère. L'absolue solitude de ces lieux autrefois peuplés de mille formes éclatantes à elle seule en donnerait l'impression ; mais le mystère ici est voulu, et cet abandon ne fait que l'approfondir. Car ce parc n'est plus aujourd'hui qu'une exquise solitude hantée. Sous les charmants arcs de triomphe laqués de vert, de rouge et d'or, les élégants portiques, ne passent plus les impératrices ; les pavillons sont vides et vides les palais. On erre sous les arbres séculaires, cyprès, thuyas, sophoras, saules, cèdres, le long des lacs mélancoliques remplis de nénuphars ; une sauvage broussaille a envahi les marbres blancs brisés des larges voies, des ponts gracieux, des perrons, des parvis ; des bataillons de roses trémières ont poussé partout au hasard ; sur les tertres où sont ensevelis les restes des palais détruits flottent des herbes de cimetière ; les fourrés ont étouffé les parterres de fleurs ; une même confusion végétale a brouillé les nobles ordonnances du parc abandonné. ...Une vie sournoise l'habite encore. Les génies de la Chine semblent s'y être donné rendez-vous pour défendre ces solitudes, non seulement les pagodes et les palais, mais les bosquets mêmes, contre l'intrus qui ose troubler leur sommeil. Les arêtes des toits fantasques se hérissent de bêtes griffues et velues dont la crinière se tord comme une flamme, dont la gueule aboie et les yeux flamboient ; en comparaison les gargouilles de nos cathédrales sont bonasses et ne descendent pas des façades. Ici, partout autour de soi, de chaque bosquet, on voit surgir la grimace féroce des monstres de pierre, d'émail ou de bronze immobilisés dans des attitudes de rage et d'attaque vaines ; du haut des terrasses, des biches, des paons, des cigognes de bronze, que leur masse a préservés de la destruction ou du vol, regardent venir. Ces gardiens inquiets d'un secret que l'on ne connaîtra jamais troublent moins que les présences invisibles que l'on sent autour de soi, et qui d'un instant à l'autre apparaîtront peut-être ; le bruit d'un pas vivant, d'une voix fait tressaillir... Tout ici semble rêver et attendre... Tout s'immobilise de souvenirs secrets, comme cette colossale « Barque de Marbre » amarrée au débarcadère impérial ; parée pour quel départ ? vers quels lieux enchantés ? et pétrifiée ainsi par quel sortilège ? C'est un jardin des Mille et Une Nuits ; ce sont les palais d'une Belle au Bois dormant chinoise qui attend le baiser du Prince Charmant. Ne viendra-t-il plus jamais ?... On ne peut croire que leur attente sera éternellement vaine, que ces lieux adorables vont peu à peu disparaître, ces palais de songe aux toits d'or relevés de bleus

magiques s'écrouler peu à peu, toute cette étrange
féerie sombrer à jamais dans la nuit.

***

Et cependant cela est certain. Ces jardins, ces
sanctuaires de la volupté de despotes tout-puissants,
sont la fleur suprême des civilisations orientales toutes
pareilles à Ninive et à Babylone, à Delhi, à Bagdad,
à Kyoto, à Constantinople ; elles se sont effondrées
toutes, et les mystères de leurs lieux secrets sont à
jamais dissipés. C'est ce mystère, leur inaccessibilité
qui en étaient l'âme. C'étaient des demeures de divinités,
d'êtres surhumains séparés par une distance infranchissable de la poussière humaine qui n'existait que
pour pourvoir à leurs voluptés cachées. Aujourd'hui
le dernier de ces despotes successeurs des Pharaons
et des sultans a disparu ; le divin Mikado fils du
Soleil n'est plus qu'un souverain constitutionnel, et
la Chine fabuleuse est une république. Ils ont entraîné
avec eux dans leurs tombes leurs arts somptuaires,
et la terre ne verra plus leurs pompes. Cet art des jardins féeriques, qui fut le délassement des conquérants asiatiques et le plus cher souci de ces grands
voluptueux, ne renaîtra plus. Ses racines sont coupées. Nos démocraties futures pourront orner nos
villes de parcs et de jardins ; l'élément essentiel de la
beauté de ces merveilles leur fera défaut : le mystère. Il faut se hâter de voir ces derniers restes des
civilisations mortes. Il n'y en a pas qui en révèlent plus
complètement les raffinements. On ne sait pas quels
miracles de délicatesse ou de richesse la Chine a réa-
lisés, on ignore ce qu'elle fut, quand on n'a pas visité
ces lieux, cependant souillés et ouverts à tous les passants comme des sanctuaires violés. On les regarde et
cette destruction, et l'on se sent doublement barbare.

Car cet art que nous n'avons pas su respecter et que l'on comprend si peu est l'égal des plus exquis. Pour en créer les nobles ordonnances, il a fallu posséder le sentiment esthétique le plus puissant et le plus rigoureux. Pour en jouir, il a fallu un raffinement presque pervers des sens, dont sont seules capables les civilisations très anciennes. Ces empereurs, ces mandarins, pour affiner la sensibilité de leurs doigts fins, roulaient interminablement sous l'eau des billes d'agate et de jade, afin que leur épiderme rendu plus sensible pût mieux jouir des surfaces onctueuses des grès, des faïences et des porcelaines caressées. Ces palais que nous avons brûlés ou pillés étaient des musées d'antiquités. Les bronzes, les émaux, les pierres dures ciselées, les peintures, les livres rares, les soies incomparables s'y entassaient par milliers ; rien de l'immémorial passé de la Chine qui n'y fût préservé. Et de chacun de ces objets, ces voluptueux ne jouissaient que séparément ; ils dédaignaient l'étalage grossier des richesses qui encombrent nos maisons et nos musées. Selon l'heure et la saison ils choisissaient un seul objet rare, un unique chef-d'œuvre qu'ils contemplaient longuement parmi les fleurs, les parfums et les rites cérémonieux qui s'harmonisaient avec sa beauté... De toutes ces merveilles accumulées les soldats européens ont fait des feux de joie, des monceaux de débris, ou ont vendu à vil prix ce qu'ils n'ont pu détruire ou emporter. Des marbres et des bronzes portent encore la trace des coups de crosse barbares ; d'inestimables trésors ont péri. Ce jardin est un monument de notre sauvagerie autant que des raffinements de la Chine.

Ces traces de notre passage, se retrouvent partout à Pékin, jusque dans les temples vénérés, jusque dans le plus sacré de tous, le Temple du Ciel, souillé et dévasté par nous. « Le parc même où il se trouve était interdit aux « barbares d'occident » depuis qu'un touriste européen, homme de toutes les élégances, s'était faufilé dans ce temple pour faire des ordures sur l'autel. » (Loti, Les Derniers Jours de Pékin, p. 114). Aujourd'hui l'on y pénètre comme partout, et le touriste européen promène sa vulgarité sur les gigantesques terrasses de marbre blanc, les purs espaces candides élevés au-dessus de la terre, où le Fils du Ciel restait seul en communion avec son Dieu. Pareil est l'abandon du Temple de l'Agriculture, où l'empereur traçait avec une charrue d'ivoire et d'or les sillons sacrés destinés à recevoir les semences symboliques qui assuraient la fécondité de la terre chinoise ; pareille la mélancolie des innombrables sanctuaires qui se dressent tout autour de Pékin et que leurs dieux farouches aux bouches grimaçantes armées de défenses de sanglier, leur peuple innombrable d'idoles dorées n'ont pu préserver contre la souillure des barbares. Ces dieux se meurent parmi leurs dorures ; le mystère qui les protégeait n'est plus ; leurs splendeurs expirantes partout s'éteignent ; ils passent, comme toute la civilisation étrange qui les créa, et bientôt ne seront plus comme elle, comme Horus et Anubis, Moloch et les dieux d'Assyrie, qu'un étonnement et un souvenir. Leurs images terribles et vénérées deviennent des objets de musée et de collection. Leurs fils ne les connaîtront plus.

***

Au sortir de ces temples et de ces jardins où tous les rêves de la Chine se sont cristallisés en formes définitives, l'on songe à toutes les images recueillies dans ce pays, et qui en préparent l'intelligence.

Et alors certaines reviennent avec une insistance extraordinaire. Elles obsèdent. Elles prennent peu à peu par leur répétition et leurs confirmations renouvelées une signification plus profonde : toutes collaborent à donner de la Chine une même impression dominante, qui est celle de l'engourdissement dans le rêve. Toujours je revoyais ainsi, et revois encore comme des fantômes que rien ne peut exorciser, ces courtisanes des bateaux de fleurs trônant comme les dieux des temples dans une immobilité enchantée; les dormeurs des fumeries d'opium; les mandarins et les guerriers pétrifiés des tombeaux; les mornes murailles désertes qui gardent les villes vides ou les espaces abandonnés ; les hallucinantes caravanes suivant stupidement leur songe intérieur; ces jardins et ces temples hantés. Tous ne sont que les aspects divers d'une même réalité. Tous subissent pareillement l'oppression d'un même sortilège : la stupeur d'un même rêve millénaire les accable et se manifeste par eux. L'individu ici n'est rien par lui-même, et toutes les choses obéissent comme lui à une force inexorable qui leur donne un caractère identique. L'homme n'existe ici que pour exprimer un instant l'idée immortelle de sa race et le génie immuable de sa terre : ses œuvres portent toutes l'empreinte de cette idée et de ce génie : ensemble ils réalisent l'unité peut-être la plus absolue que la terre ait connue, car nulle influence étrangère n'est venue l'altérer. C'est cette unité qui est la marque de la Chine, si étrange qu'il n'est pas trop de toutes les descriptions et de toutes les analyses pour en faire entrevoir les caractères déconcertants.

A quoi la Chine doit-elle cette unité? Par quel miracle un peuple tout entier s'est-il maintenu à travers les siècles toujours identique à lui-même et a-t-il pu survivre sans changement à ses pareils de Chaldée, d'Egypte et de Babylonie? Qu'est-ce qui a pu ainsi conserver cette colossale momie qui prolonge jusque dans nos civilisations modernes le paradoxe de sa mort vivante? — Elle se dégage aujourd'hui des langes qui l'ont immobilisée : elle s'efforce de vivre de notre vie : pourra-t-elle sortir de sa longue ankylose d'âme? — Et quelle était donc cette âme hantée de tant de visions terribles et grotesques, fantasques et gracieuses? et cette race capable de créer ce monde où tant de contrastes se heurtent? Quelles vicissitudes d'histoire et quels hasards de destinée ont donc formé la Chine; quelles forces l'ont donc ainsi parachevée et maintenue dans sa perfection? Et quand ce revenant d'un autre âge viendra se mêler à nous, que nous apportera-t-il?

LIVRE II

LA CHINE ANCIENNE

L'Histoire. — Les Religions et la Constitution. —
L'Art.

CHAPITRE I

LES ORIGINES

Toutes les origines des peuples antiques sont enveloppées de ténèbres. Malgré les travaux de la philologie et les récentes découvertes de l'archéologie, ce que nous savons de certain sur le commencement des civilisations est peu de chose : le domaine des hypothèses est encore vaste et la fantaisie lyrique des savants s'y donne libre carrière. Cela est surtout vrai pour la Chine. Peu de pays ont des annales aussi anciennes, aussi authentiques, aussi continues : elles n'éclairent pas le problème des origines de la race, et ne remontent guère qu'à quatre mille ans. A en croire Fenollosa, qui se fonde sur les caractères de l'art chinois primitif, les influences du Pacifique l'emportent. Il croit reconnaître dans les premiers bronzes, les premiers décors chinois, des motifs identiques à ceux que l'on retrouve dans la Polynésie, le Mexique, les Amériques : les affiliations de la race sont à l'Est, dans l'Océan et non en Asie; les premiers éléments de la civilisation chinoise lui viendraient des côtes, et non de l'intérieur. Avant lui, d'Hervey de Saint-Denis a émis une hypothèse semblable. Elle est peut-être fondée. Mais il faudrait alors lui trouver une base un peu plus large. Quelques entrelacs, quelques masques stylisés n'y suffisent pas. Ces motifs d'ornementation sont la marque d'un certain stade plutôt que d'une espèce de civilisation. Ils se retrouvent à peu près pareils en Polynésie et en Irlande, dans la Nouvelle Guinée et l'ancienne, en Scandinavie et l'Alaska. Je ne pense pas cependant que les Irlandais aient pour ancêtres, même spirituels, des Papous ou des Nègres, ni les Norvégiens des Polynésiens ou des Peaux-Rouges.

D'autre part, contre cette vue s'élèvent toutes les traditions chinoises. De tout temps la Chine a cru que ses dieux, ses ancêtres et sa civilisation lui venaient de l'Occident, qui est resté pour elle la région sacrée comme l'Orient l'est pour nous. Bien des raisons nous portent à croire que les Fils de Han en sont en effet originaires. Les premiers éléments de leur histoire les montrent en effet installés dans les Terres Jaunes, à l'Ouest : ce n'est que très lentement qu'ils semblent avoir gagné en descendant les vallées fluviales la côte à travers des populations sauvages peu à peu refoulées, exterminées, asservies ou assimilées; à ces populations ils ont d'ailleurs fort bien pu emprunter les motifs de décorations auxquels Fenollosa attache tant d'importance. Ces traditions sont aujourd'hui assez généralement acceptées. On est allé plus loin. Dans un livre diffus et de valeur inégale, mais d'un intérêt puissant, un savant français installé à Londres, M. Terrien de Lacoupérie, prétend non seulement pouvoir établir le bien-fondé des légendes qui font venir les premiers Chinois du Nord-Ouest [1], mais prouver que l'origine de la civilisation chinoise est en Chaldée et non ailleurs. A l'appui de sa thèse séduisante, il apporte des faits certains et des hypothèses spécieuses. Pour les Chinois les fondateurs de leur peuple étaient les *Bak-Sing*, les Cent familles, qui constituent encore aujourd'hui la race. Pour Terrien de Lacouperie le mot *Bak* est un nom propre et représente le peuple des *Bak* qui vivait en Chaldée. Il en émigra dans la nuit des temps, en laissant tout le long de sa route vers l'Orient la trace de son passage dans des noms de villes et de pays, Bag-dad, Bag-istoun, où l'on trouva l'inscription trilingue de Darius, fils d'Hystaspas, Bak-tyari, Baktros, Bak-triane. Les *Bak* seraient les mêmes que les *Sag-gigya*, ou « hommes à tête noire », dont parlent les annales chaldéennes, et dont le nom se retrouve en Chine : les Chinois s'appellent eux-mêmes *Limin*, la « race aux cheveux noirs ». A l'époque de leur migration le desséchement de l'Asie centrale qui se poursuit depuis des millénaires était moins avancé : ce n'est que plus tard qu'il a fini par séparer si complètement les deux versants de l'Asie et refouler de plus en plus vers l'Est et l'Ouest leurs civilisations autrefois mêlées. La tribu a donc pu graduellement traverser des espaces aujourd'hui presque infranchissables. Sous ses rois qui en Susiane portaient le titre de Nakhonte, que l'on retrouverait en Chine sous la forme Naï-Hoangti, elle a enfin atteint le Kansou par la Kachgarie [2]. Et de là à travers la plaine la plus fer-

---

1. *Western Origin of the Early Chinese Civilisation*, from 2.300 B. C. to 200 A. D.. London, Asher, 1894.

2. Pour toute cette partie de la thèse de Lacouperie, voir *The Ancient History of China* de Hirth, pages 14-18 (New-York 1908). Tout en rendant justice à l'érudition du savant français, Hirth conteste absolument le bien-fondé de ces inter-

tile du monde, le Hoang-to, le pays des Terres Jaunes, le long du Hoang-ho et des vallées fluviales qui mènent au Pacifique, elle se serait répandue dans toute la Chine, du Nord au Sud, de l'Ouest à l'Est, emportant avec elle les arts et les industries de la Chaldée et de l'Iran primitifs. Un fait paraît infiniment vraisemblable, pour ne pas dire certain : c'est celui d'une immigration de colons venus de l'Ouest, qui a fort bien pu d'ailleurs trouver en Chine une civilisation indigène. Les Reclus acceptent sans hésitation les hypothèses de Terrien de Lacouperie. Ils résument très exactement les. preuves que ce sinologue a recueillies, et je ne puis mieux faire que de citer textuellement leur énumération :

« L'écriture chinoise dont on se servait à cette époque n'était autre que l'écriture cunéiforme telle qu'on la retrouve sur les monuments de Ninive et sur la haute paroi de Bisistoun. L'expression dont on fit usage dans le Royaume Fleuri pour désigner ces caractères est le terme de « griffes d'oiseau ». Les signes furent d'abord identiques, mais la différence des matériaux employés leur fit bientôt changer de forme : au lieu de graver sur la pierre, les Chinois apprirent à peindre sur des fragments de bambous, et peu à peu les lettres eurent à subir une évolution qui les transforma entièrement; mais on a constaté toute la série des transitions, aussi bien dans la forme que dans le sens des lettres.

« Les apports les plus évidents, où l'on ne saurait voir l'effet d'une simple coïncidence dans l'évolution générale, se retrouvent dans les connaissances mathématiques et astronomiques des Chinois. Les anciens

prétations des mots Bak et Naï-Hoangti et rejettent en somme toute l'hypothèse de l'origine chaldéenne de la civilisation chinoise. Son scepticisme s'appuie surtout de raisons philologiques. Il ne discute pas les autres arguments de la thèse.

Bak avaient appris des Chaldéens à préciser la longueur de l'année solaire; ils la divisèrent comme eux en douze mois et quatre saisons, auxquels ils donnèrent des noms d'un symbolisme analogue. Ils partagèrent ainsi qu'eux les mois en subdivisions de sept jours et de cinq jours, et leurs heures firent aussi quotidiennement deux fois le tour du cadran. Ils connurent également la période astronomique du nombre d'or, des dix-neuf ans, période indiquant le retour d'une coïncidence de marche entre le soleil et la lune, et que l'on crut longtemps avoir été découverte par les Grecs — mais que l'on sait maintenant être du fait des Chaldéens.

« Et que d'autres ressemblances intimes! Les Chinois observèrent les étoiles à leur passage méridien au moyen d'instruments analogues à ceux des astrologues de Chaldée, et ils professèrent les mêmes théories au sujet des planètes qu'ils symbolisèrent par les mêmes couleurs ; ils surent calculer le retour des éclipses et leurs annales astronomiques signalent une éclipse de soleil qui eut lieu il y a quatre mille cinquante ans. Les uns et les autres désignèrent par des synonymes les Pléiades, l'Etoile Polaire, la plupart des signes du Zodiaque. Ils usèrent des mêmes poids et mesures, ils eurent la même échelle de musique ; les mêmes systèmes décimal et duo-décimal, les mêmes nombres sacrés pour les calculs de magie et les cycles d'années ; enfin les mêmes points cardinaux, mais disposés d'une autre manière, comme si l'on avait fait tourner la rose des vents, le Nord se trouvant toujours placé à l'endroit où nous avons l'habitude d'indiquer l'Ouest : or, les découvertes récentes des assyriologues ont montré que diverses populations de la Mésopotamie déplaçaient de la même façon leur table des points cardinaux.

« En admettant donc, ce dont il ne convient plus

de douter, que les Bak modifièrent le peuple du Hoang-ho comme les Grecs l'Italie, et les Romains la Gaule, lesdits Bak n'apportèrent pas avec eux l'écriture et les sciences seulement, mais aussi les arts et les métiers. Ils connaissaient les métaux nobles et savaient les fondre ; ils fabriquaient des bateaux de cuir, ils harnachaient deux chevaux de front à leurs chariots de guerre, ils reproduisaient des figures sur leurs poteries et leurs vases de métal. Tout cela, ils l'apprirent aux Chinois.

« Ils leur apportèrent aussi, naturellement, des légendes que les « Fils de Han » accommodèrent à leur manière, notamment celle du déluge.

« Enfin, ils arrivèrent avec le plus précieux des grains, avec le froment nourricier. » (*La Chine*, pp. 60, 61).

Telles sont, d'après Terrien de Lacouperie, les ressemblances générales entre les deux civilisations. D'autre part, on ne peut négliger les indications fournies par le plus important des livres antiques chinois, le Chou-King. Dans le chapitre Yu-Kong on déclare que Yu, ministre des premiers empereurs historiques Yao et Chœnn, s'est dirigé de l'Ouest à l'Est en aménageant tout le pays, et la civilisation que décrit ce livre ressemble fort à la chaldéenne. Edouard Biot, de Harlez, von Richthofen acceptent l'authenticité de ce chapitre : d'après eux il vient à l'appui de l'hypothèse de l'origine non seulement occidentale, mais, par suite de ces traits communs, chaldéenne de la civilisation chinoise. Il est curieux de constater que, sans la connaître, déjà Fr. Lenormant avait déclaré que de profondes ressemblances morales existent entre les Chaldéens et les Chinois tels que nous les trouvons à l'époque historique : « Avec cette cruauté froide, cette fourberie et cette astuce qui révoltent notre esprit, cette fixité et cet engourdissement dans un état social et politique arrivé tout à coup à la maturité et qui dure trente siècles, presque sans faire aucun progrès, cette répugnance instinctive à se fusionner avec les races voisines, le Chaldéen nous apparaît comme le Chinois de l'Asie occidentale; comme ce dernier encore il possède au plus haut degré le génie commercial et industriel, et il est doué de merveilleuses aptitudes artistiques, scientifiques et littéraires [1]. »

Depuis le livre de Lacouperie, d'autres ressemblances sont venues appuyer sa thèse. Entre le code d'Hammourabi rédigé vers 2300 avant Jésus-Christ, découvert en 1902 par M. de Morgan, et le droit chinois primitif, les mœurs que nous trouvons décrites dans ses annales, les rapports sont trop nombreux pour être fortuits. Cependant ce code est en progrès sensible sur le droit chinois, et Farjenel [2] en conclut que la séparation des deux civilisations a dû se produire bien plus anciennement que ne le suppose Terrien de Lacouperie. Mais ce qui, mieux que tous les arguments, tendrait à faire admettre que la civilisation chinoise a dû se confondre autrefois avec celle de l'Occident, c'est l'identité — il n'y a pas d'autre mot — qui existe entre les rites essentiels du culte des ancêtres, toutes les cérémonies sociales des Chinois, et celles des civilisations primitives occidentales. Pareille identité ne peut être due à un hasard : une origine commune l'explique seule ; on l'admettra, je pense, quand on aura examiné les exemples que je serai amené à en donner lorsque j'analyserai la religion domestique chinoise.

1. *Histoire ancienne de l'Orient jusqu'aux guerres médiques,* 9e édition, par François Lenormant, pages 6 et 7. Paris, Lévy, 1887.

2. *Le Peuple chinois,* p. 388, Paris 1904.

Quoi qu'il en soit, quelles que soient les origines lointaines de la race, nous la trouvons avec certitude établie dans le Hoang-tou plus de vingt-cinq siècles avant l'ère chrétienne, pourvue d'une civilisation complète, rédigeant déjà ses annales et organisée déjà selon les ordonnances intérieures qui se sont renforcées plutôt qu'elles ne se sont modifiées depuis. Sans doute cette première histoire des dynasties qui précèdent les Hia (2205-1766 avant J.-C.) et des exploits du grand Hoang-ti (2704-2595 avant J.-C.) est, comme celle des premiers âges de Rome et d'Egypte, en grande partie fabuleuse. Mais qu'elle contienne une part de vérité, il est impossible d'en douter. Ces premières annales parmi des fables contiennent des réalités certaines. Elles nous montrent que dans ses lignes essentielles la civilisation décrite par le Chou-King est celle que nous trouvons à des époques vraiment historiques[1]. Elle a comme base la famille patriarcale telle qu'elle existe dans les tribus nomades : cette famille se divise peu à peu en clans, en tribus, puis en principautés, sous des chefs qni sont des pontifes. Ces principautés s'ordonnent en monarchies semi-électives qui font régner partout le régime agricole, base permanente de l'Etat chinois ; ces monarchies s'absorbent enfin dans l'empire qui garde sans changement les caractères primitifs d'une société dominée par le culte des morts et unie par le lien religieux qui fait du chef le père et le prêtre de la communanté tout entière. Sans contestation possible, la société chinoise était dès lors définitivement constituée dans des cadres qui ont peu varié depuis les premières dyna ties ; jusqu'au moment où sous le règne de Tch'öng- ang,

1. Il ne faut pas oublier que l'on attribue à Conf ius la réunion des textes qui constituent le Chou-King. Son stème s'appuierait sur eux. Mais il a pu en accuser certains t ts.

le duc de Tchéou, son oncle et régent, rédigea le Tchéou-li, qui est resté le résumé classique des rites et détermina pour toujours la forme de sa civilisation.

L'histoire de la Chine a pu se dérouler sous des nasties diverses, Hia, Chang, Tchéou (1122-249 ant J.-C.), selon la norme de tous les groupements h mains : la féodalité a pu se fonder par le morcelle ent du domaine impérial, la création d'apanages et e familles patriciennes indépendantes, disparaître pe à peu à la suite de sanglantes guerres intestines qu ramènent sous un régime de fédérations démocratiques soumises à une autocratie absolue l'unité administrative : tous ces changements extérieurs n'ont pas modifié la vie profonde du peuple chinois. L'extraordinaire persistance à travers toutes ces vicssitudes de la conception patriarcale de la famille qui confère des droits égaux à tous les Fils de Han, et à leurs chefs des devoirs constants, l'identité inébranlable à travers les âges des rites, des doctrines fixées par les livres sacrés ont été la force permanente qui a maintenu ou rétabli les formes sociales où la Chine s'est cristallisée : les invasions, l'introduction de religions nouvelles, les ambitions dynastiques n'ont jamais pu entamer la vitalité de cette cellule primitive, la famille ; toutes l'ont respectée : elle est telle aujourd'hui en Chine qu'à l'aube des temps antiques. Elle a résisté même à la volonté précise de la détruire, sauvagement poursuivie par le plus grand de ses empereurs. C'est en vain que Che-Houang-ti, le Napoléon de la Chine, vers 221 avant Jésus-Christ, décréta la destruction de tous les livres sans exception, et à la lettre extermina les lettrés dépositaires des traditions anciennes. Il put vaincre les grands feudataires, « ronger », selon l'expression de l'historien Sseu-ma-Ts'ien, « les six royaumes qui restèrent à la façon d'un ver qui ronge une feuille de mûrier » ; il ne put détruire les cultes et la mémoire des hommes, et les livres sacrés furent reconstitués.

Et cependant rarement prince n'exerça action plus profonde que lui, et la Chine garde encore son empreinte. Par l'abolition des principautés indépendantes et l'établissement de l'unité administrative absolue, il assura la démocratisation du pays : après sa mort l'anarchie a pu renaître, la féodalité momentanément reparaître : les commanderies, les divisions préfectorales qu'il avait instituées se maintinrent quand même ; et c'est en définitive son organisation administrative qui prévalut. Mais elle fut impuissante à rien changer aux croyances du peuple ; et cette administration tout entière fut bientôt de nouveau entre les mains de la caste des lettrés, qu'il voulut extirper précisément parce qu'elle était la gardienne des rites et la force d'immobilisation du pays [1].

1. Che Houang-ti fut à coup sûr un des hommes les plus extraordinaires que la Chine ait produits. Sa figure est étrangement attrayante. Si son impulsion avait été suivie, toute l'orientation de la Chine aurait pu être changée. Il a compris que son pays était paralysé par son culte du passé et l'opposition des lettrés à toute innovation. Cette opposition l'exaspérait. Les lettrés ne tarissaient pas en critiques, attaquaient chacune de ses réformes, lui reprochaient de « ne pas prendre modèle sur l'antiquité, exaltaient continuellement ce qui fut pour discréditer ce qui est ». Maspero (*La Chine*, p. 62) cite, d'après le grand historien Sseu-ma-Ts'ien, le discours que lui tint un de ses conseillers. Je voudrais en donner quelques passages, car rien ne fait mieux voir l'esprit de ces lettrés qui ont joué dans l'histoire de la Chine un rôle prépondérant. « Maintenant Votre Majesté a accompli pour la première fois une grande œuvre : elle a fondé une gloire qui durera pendant dix mille générations : c'est assurément ce que les Lettrés stupides sont incapables de comprendre... Les maîtres Lettrés ne prennent pas modèle sur le présent, mais étudient l'antiquité

On ne saurait trop insister sur l'antiquité et la fixité
de ces formes religieuses et sociales : elles seules
importent. Ni les réformes administratives, ni les
bouleversements politiques, ni les invasions, ni les
religions nouvelles n'influent en rien sur elles. Et
c'est pourquoi il est inutile comme il serait étranger
au plan de ce livre de raconter les annales des diverses
dynasties qui se sont succédé depuis les Tchéou jusqu'aux T'ang. Un même caractère les domine, qu'elles
partagent d'ailleurs avec toutes les histoires orientales : fondées par des aventuriers énergiques, parfois barbares, elles s'écroulent toutes avec rapidité,
minées par le luxe amollissant des cours d'Orient.
Leur histoire est celle de nos rois barbares, des derniers Mérovingiens, des derniers Carolingiens ; les
successeurs des grands empereurs finissent en rois
fainéants, en énervés usés de débauche ; ils vivent
parmi les eunuques et leurs dix mille concubines qui
guettent le passage de leur char traîné par des mou-
tons qu'elles attirent en leur tendant du sel. Ils périssent assassinés ou s'éteignent châtrés après avoir

afin de dénigrer l'époque actuelle : ils jettent le doute et le
trouble parmi les têtes noires (les Chinois)... Dans leurs
propos ils parlent de l'antiquité afin de dénigrer le temps présent », etc., etc... Grand politique, c'est ainsi pour des raisons
politiques que Che Houang-ti persécuta les Lettrés et voulut
rompre avec les traditions. Il voyait en eux des ennemis de
l'Etat, des éléments de désordre, et dans les Livres sacrés des
organes de l'esprit de routine. Jamais tentative plus radicale
pour rompre avec le passé et pour anéantir l'esprit d'opposition
au progrès ne fut poussée plus loin. Il est certain qu'une masse
énorme de littérature a péri et que la caste des Lettrés fut
entièrement exterminée. Mais l'ordre ancien avait des racines
trop profondes, il exprimait trop complètement l'esprit du pays
pour ne pas repousser. La réforme de Che Houang-ti a complètement échoué. La Chine est retombée sous la paralysante
domination des Lettrés et des livres sacrés. Et le nom du grand
réformateur a été voué par les Lettrés à l'exécration éternelle
du pays.

subi tous les affronts des barbares qui les remplacent: tels d'entre eux sont contraints de rincer les verres et de servir les plats dans les banquets où les Huns s'entr'égorgent et les tuent. Après le grand empereur Che Houang-ti (246-202 avant J.-C), qui renversa la dynastie des Tchéou (1122-246 avant J.-C.), ces dynasties se succèdent avec rapidité: dans l'espace de huit siècles, on en compte seize (de 202 avant J.-C. à 618 après J.-C.) ; seules les deux dynasties, Han d'abord (202 avant J.-C. — 221 après J.-C.), et les T'ang (618-908 après J.-C.) qui, les uns et les autres portèrent quelque temps au plus haut point la civilisation de la Chine, se maintinrent puissants pendant plusieurs générations: les Song (960-1127) finirent comme leurs prédécesseurs; les Yuen (1280-1368) ne durèrent pas un siècle ; les Ming (1368-1644) à peine trois; on sait combien fut rapide la décadence de la dynastie mandchoue (1644-1912), dont le grand rayonnement ne compte qu'un peu plus de cent ans, sous les empereurs Kang-hi et Kien-long.

CHAPITRE II

CARACTÈRES GÉNÉRAUX DE L'HISTOIRE ET DE LA CIVILISATION CHINOISE. — CARACTÈRES PROPRES

Je l'ai déjà dit, la succession des dynasties, le détail des règnes, les récits d'invasions et de soulèvements intérieurs ne nous concernent pas. Seuls les caractères généraux de l'histoire chinoise doivent nous arrêter, dans la mesure où ils éclairent la civilisation et les destinées du pays. Je m'en tiendrai donc à l'essentiel de ces caractères, aux époques de formation, aux grands courants spirituels qui ont collaboré à faire la Chine.

§ 1. — Caractères généraux de l'histoire et de la civilisation chinoise.

Une première constatation se dégage pareillement de l'histoire de toutes les monarchies orientales : les moments culminants de leur puissance suivent des invasions. Qu'il s'agisse de l'Egypte ou de l'Inde, de la Perse ou de la Chine, chaque fondation d'empire, chaque période d'expansion coïncide avec l'infusion d'un sang nouveau et l'apparition de quelque grand chef barbare ou sorti des rangs d'une tribu nouvelle, nomade ou montagnarde ; contre leur énergie intacte, les populations sédentaires amollies et les rois énervés par le luxe de leurs cours ne peuvent tenir. A leur tour, les envahisseurs en se civilisant perdent avec leur rudesse leurs vertus guerrières ; tôt ou tard ils s'assimilent aux vaincus, sinon par l'effet du mélange des sangs, toujours durement quoique vainement prohibé, tout au moins par l'effet du climat et des habitudes nouvelles. La fin des dynasties étrangères est toujours pareille : elles succombent aux révoltes de l'élément indigène conduit par quelque brigand heureux ou à une invasion nouvelle de leur race restée barbare. Les fils des plus farouches chefs perdent encore plus vite que leurs sujets leur énergie ; ils ne résistent pas aux influences amollissantes de la vie des cours orientales ; ils s'éteignent rongés par les deux plaies de l'Orient, les eunuques et le harem, balayés de bonne heure par leurs compagnons d'armes moins entamés qu'eux, ou à la longue par des soulèvements nationaux. Leur empire se défait ; leur impuissance amène l'anarchie. Puis le même cycle recommence ; la main dure du barbare revient mettre de l'ordre dans l'anarchie ; une poignée de conquérants refait l'unité du pays en l'exploitant à son profit ; à leur tour, ils subissent le sort commun : vingt fois dans l'histoire de la Chine ce morne rythme s'est renouvelé. Inaccessible au Sud, à l'Est, à l'Ouest, c'est du Nord que la Chine reçoit l'éternel assaut, de cette sauvage Mongolie, de la terre des nomades, qui n'a cessé depuis l'aube des temps de déverser son trop-plein sur les pays voisins, toute l'Asie et jusqu'en Europe. Ces Huns qui, dès le règne de Huang-ti (2704 avant J.-C.) apparaissent sous le nom de Huan-yü sont d'ailleurs de race parente : ils ne sont, pour employer l'expression d'Okakura Kakuzō, que des Chinois nomades comme les Chinois sont des Tartares sédentaires ; sous des noms divers : Huns, Oïgours, Mongols, Tartares, Toungouses, Mandchous, ils viennent périodiquement secouer durement leurs frères amollis. Et partout où ils passent, dans l'Inde, en Perse, en Asie Mineure, en Europe, leur énergie ne crée pas seulement de brillants et passagers empires militaires ; leur luxe stimule les arts et toute la vie de leurs sujets. Les pays qu'ils soumettent connaissent, sous les règnes fastueux de leurs fils vite civilisés, de brèves périodes de haute culture. Ils commencent par détruire sauvagement et sans compréhension aucune. Ils finissent non seulement en laissant partout, en Perse, dans l'Inde, en Asie Mineure, à Constantinople, de merveilleux monuments de leur grandeur et les plus beaux tombeaux que l'on connaisse, mais en faisant monter au plus haut point dont il est capable le génie de leurs peuples conquis et comme galvanisés par eux.

Et telle est aussi la loi des civilisations orientales : sans un apport de sang nouveau, sans le stimulant d'une influence étrangère, elles déclinent vite et retombent au niveau imposé, semble-t-il, inexorablement par les conditions du climat et les mystérieuses puissances du sol. Chacun des pays orientaux semble avoir ainsi une limite fixe de civilisation qu'il ne peut que momentanément dépasser sous une excitation étrangère, un étiage auquel il revient toujours après chaque onde d'invasion, chaque torrent spirituel. Sans doute, il en est de même dans une certaine mesure pour toutes les civilisations et tous les cerveaux. La race la plus douée, le plus grand génie ont aussi leurs limites : le plus génial joueur de billard ou d'échecs a en lui, dès sa naissance, un terme fixé à ses exploits. Mais en Asie, les limites de développement sont plus prochaines et plus nettes. L'Orient n'a jamais connu cette continuité dans le progrès, tout au moins intellectuel et matériel, qui, malgré les époques de décadence, les arrêts momentanés, caractérise l'Occident. Il s'élève moins haut s'il tombe moins bas que nous pendant nos périodes de barbarie.

Nulle part cette loi des civilisations orientales n'est plus visible qu'en Chine si ce n'est dans l'Inde, où les rapides décadences succèdent aux périodes de splendeur, où derrière l'éclat passager des dynasties persiste toujours sourdement une norme d'existence, un degré de civilisation invariable qui finit toujours par rétablir son règne ; cette norme ramène fatalement les vainqueurs mêmes aux antiques rythmes de la terre vaincue et les plie aux rites des dieux indigènes. Dans les brûlantes plaines de l'Inde, la magnifique énergie de l'Aryen montagnard, la sauvage ardeur du Tartare fondent comme neige ; nulle règle de caste, nul mépris des peuples soumis, nul souci de garder intacte la pureté de leur sang héroïque ne peuvent prévaloir contre le feu dévorant du soleil et les molles vapeurs énervantes. Quelques générations, et ces conquérants se dissolvent en langueurs, en rêveries, en lâchetés pareilles à celles des Dasyus et des Hindous méprisés. Leur fougue guerrière d'optimistes enivrés d'action aboutit pareillement aux mollesses du corps et aux énervements de la volonté des races inférieures, aux hallucinations, aux pessimismes, aux folles métaphysiques, aux rêves monstrueux qui sont les émanations éternelles de ce sol. Très vite ils tombent au culte des dieux négateurs de tout effort, conseilleurs de tous les abandons qui sont les fils de ce ciel et de cette terre.

C'est cette limite inexorable imposée par les conditions permanentes de la vie, cette fixité absolue des lois naturelles, déterminant le développement de l'homme aussi rigoureusement que la faune ou la flore de ces pays en apparence privilégiés et si riches en vie, qui sans doute expliquent en grande partie l'extraordinaire fixité des civilisations orientales, leur précoce maturité, leur immobilité foncière. Car toutes sans exception possèdent ce caractère de soudaine perfection immobile : elles naissent parfaites ; leur âge achevé est le plus ancien, et c'est vers lui qu'elles se retournent toujours, c'est lui qui domine leur vie ; aux grandes périodes, elles retrouvent leur passé plutôt qu'elles n'innovent, et jusqu'au bout en gardent le paralysant culte religieux. Sur la masse permanente d'un peuple oriental, sur sa vie profonde, les invasions, les religions mêmes coulent sans les pénétrer, sans les modifier ; c'est le pays tout au contraire qui, avec rapidité, transforme les envahisseurs et les croyances nouvelles. Et c'est ainsi que le turbulent Aryen finit en Brahme inerte et visionnaire, le Musulman fanatique en polythéiste fétichiste, et que le Bouddhisme primitif devient en Birmanie, au Tibet, en Chine, au Japon, autant de religions différentes. Et telle est la puissance de ces influences qu'il suffit de quelques années pour tout transformer. Partout, dans l'Inde, on trébuche sur les monuments abandonnés des civilisations mortes ; aucune n'a pu préserver plus d'un siècle sa pureté première ; toutes s'altèrent comme l'âme de leurs créateurs et finissent pareillement dans les hallucinants pullulements hindous ; autour de leurs restes pousse la jungle sauvage et les sauvages superstitions anciennes ; et les rites qu'accomplit aujourd'hui, comme à l'aube des temps, le descendant des conquérants aux pieds des palais, des mosquées et des tombeaux de ses ancêtres sont ceux de la race vaincue.

Mais le sort de la Chine diffère en ceci de celui des autres pays de l'Asie : c'est que les invasions qu'elle a subies ne lui ont pas apporté de sang véritablement étranger, mais des molécules plus énergiques de son propre sang. Ces invasions sont invariablement venues du Nord. C'est un renforcement périodique de son sang et de ses caractères primitifs qu'elle a reçu, et non des apports étrangers et les impulsions d'un autre idéal ; nulle civilisation plus haute, plus complexe que la sienne avant l'envahissement de l'Occident n'est venue jamais troubler la certitude de sa perfection. Elle se sentait, et elle était, infiniment supérieure aux pays qui l'entouraient : éprise uniquement des arts de la paix, la force guerrière de ses voisins n'a jamais paru à la Chine une supériorité vraie, et, pendant des millénaires, elle n'en a jamais connu d'autre. Son incommensurable orgueil et son immobilité s'expliquent donc encore par là : elle n'a reçu de partout que des confirmations de son génie propre et de sa supériorité ; et ce fait est capital. Elle se croyait, et elle était, le centre de son monde, et la plus haute expression de l'humanité de son Asie. Aucune civilisation n'est venue par un prestige supérieur ébranler les assises parfaites de la sienne. Une seule, l'indienne, et uniquement par une seule de ses religions, le bouddhisme, momentanément a profondément modifié, non la constitution sociale de la Chine, elle est restée intacte, mais l'âme chinoise, et l'a élevée à des hauteurs spirituelles où elle n'a pu se maintenir que pendant quelques brèves années. Elle n'a plus jamais retrouvé la première ardeur mystique de la jeune foi qui a inspiré les profondes visions béatifiques de Long-men, les élévations d'âme des poètes, des peintres et des sculpteurs T'ang, ces images, ces poèmes, ces stèles, ces peintures qui sont ce que l'homme a jamais conçu de plus spirituel, et la réalisation la plus émouvante du divin qui soit sortie de ses mains. Cet art suprême n'a pas connu de lendemains. L'esprit profondément positif de la Chine s'est vite détourné de ces rêves surhumains. Il en a vite perdu la compréhension et jusqu'au souvenir. La grande illumination hindoue, les sublimes spéculations de Lao-Tze et la poésie visionnaire qui en était sortie se sont évanouies comme un fantôme devant les instincts profonds de la race redevenue maîtresse d'elle-même. Ces visions et cette métaphysique et cette poésie finissent en pratiques de magie basse, en formules vides, en plats bavardages, et en superstitions dégradantes. Entre cette Chine de Long-men et des T'ang illuminée par l'esprit de l'Inde et la Chine des dynasties postérieures, même les plus illustres, il y a autant de différence qu'entre le Japon de Nara et celui des Tokugawa, ou, pour prendre des comparaisons européennes, entre l'âge de Fra Angelico et celui des Carraches, entre l'esprit de Saint-François d'Assise et celui des Jésuites, entre notre treizième siècle et notre dix-huitième.

§ 2. — Caractères particuliers.

Ces caractères sont communs à l'histoire de toutes les monarchies orientales et à toutes les civilisations asiatiques, le Japon seul excepté, qui en tout fait exception. Il y en a d'autres qui sont propres à la Chine. A un degré non moindre ils expliquent son passé, préparent l'intelligence de sa situation présente, et détermineront en grande partie son avenir.

Le plus important de ces caractères est l'absence d'unité du pays. Sa civilisation sans doute est une, et a comme véhicule l'unité, non de langue, mais d'écriture. C'est cette unité immédiatement visible qui trop longtemps a fait considérer, à tort, ce pays comme un tout homogène. En réalité il n'en est pas de plus profondément et de plus continûment incohérent. La Chine ne possède ni unité géographique, ni unité ethnique, ni unité historique, ni unité politique, ni unité sociale. Elle n'a jamais été un Etat cohérent, ni constitué une nation. L'unité territoriale même est dans son histoire une précaire exception.

Géographiquement en effet la Chine n'a pas plus d'unité que n'en avait l'empire romain. Entre ses différents éléments — Chine du Nord, Chine de la vallée du Yang-tze, Chine coloniale; pays vassaux, Tibet, Mongolie, Mandchourie, Corée — nuls liens naturels, nuls caractères communs. A l'intérieur de la barrière de montagnes, de déserts, de mers qui seule lui crée une unité factice en en faisant un morceau isolé de la planète, elle présente une diversité énorme de climats, de structure, de terrains, de productions, de régions naturelles séparées.

Entre ces diverses régions les obstacles naturels sont d'ailleurs tels — chaînes de montagnes abruptes, plateaux dénudés, marécages, forêts, dépôts de loess sillonnés de rares couloirs étroits, fouillis inextricable de montagnes et de vallées au Sud et à l'Ouest — que, sauf dans les plaines d'alluvions, les communications sont partout difficiles et précaires. Leur absence ou leur imperfection maintiennent l'autre diversité naturelle de la Chine, celle des races. L'unité ethnique manque autant que l'unité géographique. Tous les Chinois semblent d'abord pareils : très vite l'œil distingue parmi eux des types entièrement différents. Entre le Chinois du Nord et celui de Canton, entre celui des Terres Jaunes et le Chinois de la vallée du Yang-tze, le paysan du Setchouen et les coolies du Fokien, où chercher le véritable type chinois? Physiquement ils diffèrent entre eux autant que le Hollandais du Napolitain, l'Allemand du Grec, et comme origine probablement plus fortement encore. Les langues mêmes qu'ils parlent sont différentes. Partout, sauf dans certaines régions délimitées, la race chinoise primitive est fortement métissée de races indigènes ou d'invasion ; ce n'est que très lentement que les Fils de Han ont pénétré les pays sauvages au Sud du Yang-tze, les régions maritimes ; de tout temps le Nord a subi l'invasion ou l'infiltration des nomades ; des populations d'origine peut-être commune ont acquis par suite de ce métissage et des différences de climat, d'habitat, de conditions de vie, par suite aussi de cet isolement intérieur qui autant que l'isolement extérieur est la marque de la Chine, une extrême diversité physique et morale.

Pas davantage ce pays n'a connu l'unité historique ni territoriale. Je l'ai déjà dit, ses annales d'abord sont pleines de luttes pour l'hégémonie entre les diverses principautés qui tour à tour l'emportent[1], et toujours du récit d'invasions et de soulèvements périodiques, de dynasties qui périodiquement s'écroulent dans l'anarchie. Nulle histoire plus morcelée : c'est tantôt une race, une province, tel chef de bande, tantôt tels autres qui dominent : aucun ne peut durer et assurer la continuité de sa suprématie ; le centre du pays se déplace sans cesse, les capitales succèdent aux capitales, à l'Ouest, au Nord, au centre, à l'Est ; le pays au Sud des Montagnes Bleues garde toujours une indépendance partielle ou complète. L'unité territoriale fut enfin constituée pendant quelques brèves années par Che Houang-ti, puis de nouveau dissoute à sa mort ; rétablie par les premiers Hans et après une période d'affreuse anarchie refaite par les Hans orientaux ; dissoute encore ; de nouveau momentanément refaite par le premier empereur Tsin (265 après J.-C.). Puis le même morne rythme reprend : successivement les Huns, les Toungouses, les Tibétains, puis

---

1. Voir dans Hirth, *Ancient History of China*, déjà cité, l'histoire de ces principautés et consulter la carte qu'il en donne.

de nouveau les Toungouses, règnent sur le pays morcelé jusqu'à l'avènement des Souei (589), qui refont l'unité de la Chine. Les T'ang (618) leur succèdent, et la Chine connaît une période d'extraordinaire éclat. Elle dure peu. L'unité se défait sous les Cinq Dynasties, se rétablit par les Song pour se perdre de nouveau sous les Kin au Nord, les Song au Sud, se refait une fois de plus par les Mongols, puis, après l'intervalle obligé d'anarchie, par les Ming ; s'émiette de nouveau sous eux, et ne se reconstitue que sous la domination étrangère des Mandchous.

L'état naturel de cette instable Chine est donc, semble-t-il, la dissociation et non l'unité. Elle a connu plus de siècles de domination étrangère ou morcelée que de cohésion impériale proprement chinoise, et les périodes de décomposition l'emportent de beaucoup sur les années de gouvernement centralisé stable.

Elle n'a pas davantage connu l'unité politique et sociale. Elle n'a jamais été à proprement parler un *État*. Elle n'est qu'une fédération très lâche d'innombrables petites démocraties autonomes, les familles, soumises à un empereur autocrate mais sans pouvoir effectif sur elles, pontife ou pape plutôt que souverain. Les organes qui ailleurs ont formé des États, — grands chefs féodaux, noblesse héréditaire territoriale, — ont été balayés par l'empereur Che Houang-ti et l'empereur Wou ; l'un, tel Guillaume le Conquérant [1], substitue partout ses gouverneurs militaires,

1. Il est curieux de voir en effet que d'après Sseu-ma-tsien, Houang-ti a tenu exactement le même raisonnement que Guillaume et, par un coup de génie semblable, — l'institution de chargés de pouvoir ne dépendant que de lui, investis de droits de justice et d'administration aux dépens des seigneurs féodaux, — le premier ruiné les assises mêmes de la féodalité : « Tout bon gouvernement exclut la multiplicité des maîtres. Si j'érigeais des principautés et des royaumes pour les donner en

ses administrateurs, ses surintendants révocables à plaisir, aux nobles héréditaires ; l'autre, de plus, morcelle les apanages reconstitués jusqu'à les faire disparaître en obligeant les nobles à diviser leurs terres également entre tous leurs fils. A partir d'eux il y a encore moins de noblesse féodale qu'après Richelieu en France. Les titres nobiliaires deviennent purement honorifiques, une sorte de décoration parfois posthume ou accordée aux ancêtres d'un homme éminent, et non à ses descendants ; ils ne confèrent aucun pouvoir et s'éteignent automatiquement au bout d'un nombre de générations fixe. C'est le mérite et les examens, non la naissance, qui conduisent aux postes d'autorité, et les lettrés remplacent les nobles.

Cette réforme était plus apparente que réelle. Elle ne changeait rien aux institutions fondamentales chinoises. Toutes celles qui l'ont suivie laissèrent, comme elle, subsister la faiblesse originelle de l'empire, l'autonomie effective des circonscriptions, qu'elles fussent féodales ou administratives ; pas plus que les invasions, les révoltes ou les religions nouvelles, elles n'entament les prérogatives de l'éternelle cellule constitutive de la vie chinoise : la famille, qui s'administre elle-même. Et tout l'empire n'est qu'une

apanages à ceux de mes parents ou de mes sujets fidèles qui méritent des récompenses ou des distinctions, je travaillerais à coup sûr à la destruction de ma maison et à la perte de ceux que j'élèverais ainsi. Toutes les guerres qui ont désolé l'empire n'ont-elles pas été suscitées, fomentées et poussées jusqu'où elles pouvaient aller par les princes feudataires qui en partageaient entre eux l'étendue et qui en possédaient quelques portions à titre de souveraineté ? » — « Il ne laissa plus en fief un seul pied de terre, dit le même historien : il renversa et détruisit les remparts des citadelles de la féodalité... il enleva comme de mauvaises herbes les hommes hardis et les tyrans ; il n'avait d'autre souci que d'assurer le calme à dix mille générations. » Cité par Maspero, *La Chine*, p. 45.

famille formée par l'agrégat de familles progressi-vement plus vastes, villages, bourgs, villes, sous-préfectures, préfectures, provinces, s'administrant elles-mêmes d'après les mêmes principes exactement que la famille primitive, et comme elle autonome. G. Maspero résume excellemment (*La Chine*, pp. 55 et suivantes) cette organisation : « La sous-préfecture, la préfecture, la province, sont, au regard de l'empereur, autant de familles autonomes, autant de communautés dont le chef seul est responsable à l'égard du supérieur, mais à qui échoit par contre tous les droits et les devoirs d'un père à l'égard de ses enfants. On voit dès lors se dessiner très nettement le caractère distinctif du monde social chinois, le principe de la vaste fédération qui le constitue ; un particularisme très net. Chacun dans sa sphère a ses devoirs et ses droits très marqués qu'il ne saurait éluder ni modifier ; le père dans la famille, le notable dans la commune, le sous-préfet, le préfet et le gouverneur dans la sous-préfecture, la préfecture et la province ; l'empereur dans l'empire. Chacun dispose à l'égard des membres de la communauté dont il est le chef des droits et des devoirs du chef de famille à l'égard des membres de sa famille. Chacun est responsable du bien et du mal qui échoit à la communauté dont il a la charge ; l'Empereur devant le Souverain d'en haut, le gouverneur devant l'Empereur, le préfet devant le gouverneur, le sous-préfet devant le préfet, les notables devant ce dernier, et le chef de famille devant les notables. Par contre, son activité ne s'exerce que dans la sphère de ces droits et de ces devoirs ; le reste ne le concerne point. Et là est le secret de cette indifférence des Chinois aux questions politiques et nationales. Gouverner, administrer, c'est affaire à qui en a charge ; s'en mêler sans mandat, c'est manquer gravement aux rites. » — « Celui qui n'a pas d'office dans le gouvernement, a dit le Sage (Confucius) n'a point à y voir ni à juger les plans de ce gouvernement. »

Entre les divers anneaux de cette chaîne qui va de la famille à l'empereur, nuls liens que de dépendance rectiligne, de certains devoirs communs envers le chef suprême. Lorsque celui-ci est fort, il peut en contrôler et en exiger l'accomplissement ; il peut coordonner les forces de ces groupements vers des fins générales ; dès que ce contrôle se relâche ou que le pouvoir suprême s'affaiblit, chaque communauté reprend son indépendance et cesse de collaborer à l'intérêt commun ; le sentiment de l'interdépendance et de la coopération, bref, le patriotisme et le sens national, n'existent pas. — D'autre part, rien de plus imparfait que le système financier et militaire ; de fonctionnaire en fonctionnaire mal rétribués, à demi indépendants, qui ont dû souvent acheter leur charge et qui ne songent qu'à s'enrichir, les impôts s'évaporent ; ce qui en parvient à Pékin se gaspille entre les mains des eunuques et des favoris. Quant à l'armée, dans ce pays profondément pacifique le métier de soldat est le plus méprisé de tous. Sans doute chaque communauté doit fournir en temps de guerre des hommes, et en tout temps chaque unité fédérale pourvoir à sa sécurité et à sa défense. Mais ces troupes fédérales sont distinctes de celles de l'empire ; les unes et les autres sont mal payées, mal équipées, mal exercées, imparfaitement encadrées par des officiers sans instruction et sans prestige. La Chine n'a jamais possédé de budget national ni d'armée forte ; elle n'a jamais eu une organisation financière et militaire qui lui permette de résister efficacement aux invasions et aux révoltes. Elle n'est pas une nation pourvue d'organes de vie collective et de défense. Elle n'est qu'un agglomérat inorganique de groupements autonomes à demi-indépendants, sans cohésion et sans force réelle. Elle tend spontanément vers l'anarchie et partant l'impuissance. Elle reste la proie permanente de toute force agressive organisée, et la supériorité morale même de sa civilisation pacifique et familiale est une infériorité politique.

C'est le second trait fondamental de l'histoire chinoise. Je l'ai déjà marqué. Il subsiste toujours et fait de la Chine l'éternel « homme malade » d'Extrême-Orient. Autour de son impuissance les convoitises sont plus âprement éveillées qu'autour de la Turquie, car la proie est plus belle et plus faible ; un cercle d'appétits la guette et se resserre autour d'elle. La curée n'a été retardée que par les jalousies mutuelles des puissances, l'écroulement de l'Europe dans cette guerre, l'hostilité grandissante des Etats-Unis à tout accaparement étranger, et surtout japonais. L'énormité du danger pourra peut-être créer ce qui jusqu'ici a manqué à la Chine ; une conscience nationale ; l'épuisement de l'Europe lui donner, si les Etats-Unis écartent le Japon, un répit suffisant pour qu'elle puisse s'ordonner et, comme le Japon, se pourvoir d'organes de défense. Mais toute son histoire passée enseigne qu'en elle les forces de dissociation sont endémiques et l'emportent sur les forces qui tendent vers l'unité.

Bien plus, la grande force centrale qui dans le passé a formé sa civilisation et l'a maintenue identique à elle-même à travers cinquante siècles est aujourd'hui dans le monde moderne sa suprême faiblesse et la dernière, la plus puissante cause de désintégration : c'est son culte du passé. Cette cristallisation dans des formes périmées constitue un des traits que la Chine partage sans doute avec d'autres civilisations orientales. Mais chez elle ce trait est encore plus marqué qu'en Chaldée, en Egypte, dans l'Inde, immobiles comme elle, mais où la religion au moins a évolué. Rien de semblable en Chine. Dans ce pays positif uniquement séculier les métaphysiques, la religion et les prêtres n'ont jamais joué aucun rôle ; à leur place la Chine a produit une tradition et une caste que l'on ne trouve que chez elle, celle des Lettrés. C'est elle qui constitue sa dernière et suprême originalité. Elle résume en elle toute la Chine. Elle est mêlée inextricablement à toute sa vie, depuis son administration qu'elle détient et ses rites codifiés par l'homme qui fut la conscience de sa race, Confucius, rites dont les Lettrés sont les gardiens farouches ; jusqu'à son étrange écriture qui, elle aussi, a été une force d'isolement, de stérilisation et d'immobilisation. Analyser la nature et l'action de cette caste unique dans l'histoire, ce serait décrire l'essentiel de la civilisation et de la psychologie de la race qui l'a enfantée. On ne peut le faire ici ; la nature de cette institution apparaîtra plus tard.

CHAPITRE III.

LES RELIGIONS — LA CONSTITUTION

Tels sont, brièvement, les caractères essentiels de l'histoire chinoise. Pour achever d'éclairer le passé de la Chine et ses réactions présentes, il reste à décrire sommairement les époques de sa formation, les influences spirituelles qu'elle a subies, et, avant tout, les croyances fondamentales qui, de tout temps, ont régi sa vie.

§ 1. — La Religion domestique.

On dit communément que tout Chinois a trois religions, le Confucianisme, le Bouddhisme, le Taoïsme. En réalité il n'en aurait aucune s'il ne pratiquait que celles-là. Ce sont des doctrines ou des pratiques magiques, non des religions. Sa religion véritable est infiniment plus ancienne que toutes les trois. Elle remonte à l'aube des civilisations : le Confucianisme, qui semble parfois se confondre avec elle, n'en est que le prolongement laïque. Cette religion est, brièvement, le culte des morts.

Très exactement, la Chine a conservé intact jusqu'à nos jours l'ensemble des croyances et des rites de la religion domestique qui semble avoir été l'héritage commun des premières civilisations, et que, pour la Grèce et Rome, Fustel de Coulanges a décrite dans la « Cité Antique ». La croyance à la survivance d'une ombre après la mort en est le trait essentiel. Pour nourrir, apaiser, concilier cette ombre, il faut lui rendre un culte immortel comme elle. Si le culte vient à manquer, l'ombre affamée et irritée devient une puissance malfaisante, redoutable à tous, mais surtout à ses descendants impies s'il en existe encore. Chacun a donc le devoir qui fait un avec son intérêt de rendre aux ombres toutes puissantes de ses ancêtres ce culte et de se perpétuer, afin qu'à son tour son ombre le reçoive et n'erre pas misérablement pour l'éternité. Toutes les générations d'une même famille sont donc solidaires, et également intéressées au maintien éternel du culte : la famille n'est donc pas formée par les vivants seuls, mais par l'ensemble des morts, des vivants et des vivants futurs de même souche. L'unité religieuse et sociale n'est donc pas l'individu périssable et passager, mais la famille immortelle et permanente. L'individu par lui-même n'existe pas, n'a aucun droit, n'a que des devoirs ; il n'est qu'un chaînon dans une chaîne infinie dans le passé et dans l'avenir. C'est cette pérennité de la famille qui assure pour le bien de tous la perpétuité du culte, et son intérêt comme sa piété l'exécution exacte des rites.

Elle seule peut les assurer. Il n'y a ni prêtres ni temples dans la communauté primitive : chaque chef de famille en était le prêtre plus sûr que tout étranger : l'autel était l'essentiel de la demeure et suivait partout la famille. Seuls les mâles, détenteurs du principe de la vie, peuvent rendre aux ancêtres le culte obligé. La femme n'est qu'un moyen de perpétuer la famille, « simple réceptacle de la vie supérieure » disent les textes chinois. Fille elle est subordonnée au père, épouse à son mari, veuve à son fils. Par le mariage elle sort de sa famille naturelle, s'absorbe dans celle de son mari : elle devient presque une étrangère pour les siens : la parenté par les femmes se dit *wai-tsin*, parenté étrangère : les enfants de la fille s'appellent *wai-tcheng-tzeu*, nés étrangers. — Puisqu'elle est inapte à accomplir les rites qui assurent avec le bonheur des morts leur bienveillance envers les vivants et sont donc non seulement un devoir filial sacré mais une nécessité sociale, il est indispensable d'avoir un fils : d'où l'obligation du mariage imposée à tous et que nul ne peut retarder, la femme au delà de la vingtième année, l'homme au delà de la trentaine ; et le droit au concubinat si l'épouse légitime est stérile ; et le devoir d'adopter un fils si aucun fils ne naît [1]. Car il importe infiniment non seulement à la famille mais à la communauté, mais à l'Etat même, que chaque famille subsiste afin que son représentant accomplisse les rites, concilie ainsi les ombres toutes puissantes, qui sans eux et les offrandes, erreraient éternellement affamées et malveillantes. Le bonheur, le bien-être, la sécurité de tous en dépendent, car tous les malheurs, tous les fléaux sont des preuves que quelque part les rites sacrés ont été négligés et les ombres irritées. Tous les Chinois sont donc également intéressés au maintien des rites : tous sont ainsi solidaires les uns des autres. Toute la Chine et toute la vie de chaque Chinois sont ainsi dans la dépendance des morts. Nul ne vit que par eux: on leur doit tout : chaque moment de la vie doit être un acte de grâce ou de conciliation envers eux. « Ne faites pas un pas, ne dites pas une parole, dit Confucius, qui soit contraire aux rites ».

Or, ces rites sont innombrables et leur minutie est

1. D'où la fécondité extraordinaire de la Chine et la continuité de la famille. C'est la communauté du culte et non du sang qui constitue la famille.

infinie. Il faut les connaître tous pour concilier ces ombres toutes puissantes et qui exigent pour rester bienveillantes des offrandes de nourriture et de boisson, des sacrifices, autrefois même l'immolation de leurs serviteurs, de leurs femmes, de leurs bêtes pour les assister dans l'autre monde [1]. Ces rites et les formules sacrées qui les accompagnent ont été révélées par le ciel au premier ancêtre commun : ils sont d'ailleurs d'ordre magique et contraignent les ombres : leur efficacité a été établie par une longue expérience. Il faut donc les apprendre tous exactement et les accomplir avec rigueur. Le moindre changement dans les formules, les gestes obligés, le moindre oubli, la moindre négligence, les rendraient inopérants et, de plus, attireraient sur le coupable la colère du ciel et des morts. Vouloir rien y changer serait donc aussi périlleux que sacrilège ; et nul ne l'a jamais osé. Ces rites et ces formules se retrouvent identiques dans les premiers monuments de la race : ils remontent infiniment plus haut, puisque nous les retrouvons exactement pareils, jusque dans les moindres détails, dans les cultes romains et grecs : ils sont tels identiquement aujourd'hui qu'alors. Des millénaires ont coulé, des civilisations se sont élevées et ont disparu, les ancêtres des Chinois ont passé de la vie nomade à la vie sédentaire, du régime communiste au régime de la propriété, vingt-cinq dynasties historiques se sont succédé, les invasions, les révoltes ont tout ravagé, sans qu'un iota du culte qui régit la Chine ait été modifié [2].

1. On en brûle encore aujourd'hui le jour des funérailles des représentations en papier. Plus anciennement on modelait des figurines qu'on enterrait avec la mort, comme en Egypte. Marco Polo rapporte cette habitude.

2. Pour le détail des rites, voir Farjenel, *Le Peuple Chinois*, Paris, 1904. Il les décrit minutieusement d'après le Kia-Li, le I-Li, le Tchéou-Li et autres textes chinois anciens. Les citations sont nombreuses et du plus haut intérêt.

Or, si l'on se rappelle que dans les civilisations antiques le temporel fait un avec le spirituel, que le droit tout entier, les institutions, toutes les relations sociales, les principes de gouvernement[1] dérivent du culte, qu'il ordonne la vie tout entière, en comprendra mieux l'immutabilité de la Chine. Puisque les cultes ont subsisté, rien n'a pu changer. La disposition même de la maison réglée par les rites où ils s'accomplissent n'a pas bougé. Le palais chinois est le mégaron homérique, l'ordonnance de la maison grecque se retrouve exactement en Chine aujourd'hui[2].

Depuis sa naissance jusqu'à sa mort le Chinois est pris dans le réseau de ces rites tyranniques; d'un bout à l'autre de la Chine et de l'histoire chinoise il les subit : ils dictent, règlent, répriment, punissent, récompensent tous les actes de sa vie. La famille est un tribunal, le père un magistrat : il a en théorie sur les siens droit de vie et de mort[3] : il exerce dans toute sa force la « patria potestas » des Romains, avec toutes ses conséquences religieuses et civiles. La famille est tout, l'individu n'est rien. Le jour où il en

---

1. Confucius dit : « Celui qui comprendrait les rites du sacrifice au suprême Seigneur et aux ancêtres à l'automne... gouvernerait le royaume aussi facilement qu'on regardé dans la paume de la main ». Et ailleurs : « Tout l'édifice du gouvernement repose sur l'observation des devoirs imposés par la piété filiale ».

2. Pour se rendre compte de l'identité absolue des rites grecs et romains avec les rites chinois, on n'a qu'à comparer la description qu'en donnent les livres sacrés rédigés onze siècles avant l'ère chrétienne, et qui les règlent encore, avec celle que donnent nos dictionnaires d'antiquité classique des trois principales cérémonies de la vie : la prise de la toge virile, le mariage, la mort. Tout y est pareil, jusqu'à la couleur du voile qui enveloppe la tête couronnée de fleurs de la fiancée, jusqu'au rythme qui règle les divers moments du mariage : la *traditio*, la *deductio in domum*, la *confarreatio*.

3. Ce droit s'exerce souvent encore.

sort, où on l'en chasse, il n'est plus qu'un misérable
sans droits, sans attaches, un mort vivant. L'excom-
munication est moins terrible, la perte des droits
civiques peu de chose en comparaison, car cette
exclusion est l'une et l'autre à la fois, et plus encore.

Ce culte est donc la base de toute la civilisation
chinoise. Le jour où il sera ébranlé, cette civilisation
croulera tout entière comme la civilisation antique
quand ses croyances ont sombré. La ruine de ce culte
entrainera avec elle toutes les institutions que ce culte
a créées. Et comme tout en Chine est, on l'a vu, soli-
daire, la plus petite modification apportée aux mœurs,
à la structure sociale, aux habitudes mêmes, est une
atteinte à son intégrité. Les Chinois le sentent bien ;
et c'est ce sentiment qui explique leur conservatisme
passionné. Il remplace chez eux le patriotisme absent:
c'en est la forme chinoise, puisque ce qu'ils défendent
en repoussant tout changement comme un ennemi
de leur pays, c'est l'essence même de la Chine, l'âme
de sa civilisation, le principe qui l'a faite et maintenue
identique à elle-même à travers toutes les vicissitudes
de son histoire. Ce conservatisme avec ses diverses
manifestations, le misonéisme, la xénophobie, la haine
des missionnaires, est donc moins aveugle qu'on ne
pense et plus justifié. Car cette civilisation a fait ses
preuves. Elle a assuré à des milliards d'hommes le
pain du corps et le pain de l'esprit. Elle a été une
école de vertu et de beauté morale, de bonté, de douceur et de sagesse. Elle a donné à la Chine une
somme de bonheur et à sa vie une stabilité et une
harmonie qu'aucune autre civilisation n'a dépassées,
ni même diraient les Chinois et certains de leurs panégyristes, tel Eugène Simon, égalées. Religion tout
humaine, sans métaphysique, sans mystique, sans
église, ni prêtres autres que le père de famille, sans

autre Dieu que l'humanité, sans ciel ni enfer, trouvant sur la terre et dans la vie son principe, ses fins, ses sanctions et ses récompenses, elle est à coup sûr parmi les solutions que l'homme a données au problème de l'existence, non pas certes la plus haute, mais la plus exactement appropriée à sa condition, celle qui, par sa solidité que prouve sa durée, lui a procuré la plus grande somme de bienfaits. Elle est ainsi un des faits les plus considérables de l'histoire. Il n'en est pas de plus digne de tous les respects, ni qui mérite davantage d'être étudiée et méditée.

Son existence et ses principes ont or été en Chine de tout temps. Mais certaines époques l'ont formulée, codifiée, commentée : certaines influences spirituelles personnelles ou générales l'ont pénétrée ou se sont développées parallèlement. Leur action s'est fait sentir dans la vie, l'évolution, l'art de la Chine.

§ 2. — Le Tchéouli.

L'époque capitale est celle où le Tchéouli a été rédigé. On l'attribue au duc de Tchéou, frère de Wouwang et régent de Tch'ong Wang (mort en 1105 av. J.-C.). Il est douteux que cet homme d'État ait pu tout seul constituer cet immense recueil de statuts, de principes de gouvernement, de rites, de prescriptions de toute sorte. Mais il est vraisemblable que la tradition qui le lui attribue est en partie fondée, et qu'il a réuni les documents essentiels de l'ancienne civilisation chinoise que l'expérience de ses successeurs est venue commenter et compléter. A coup sûr, aucun livre, pas même la Bible, n'a eu une influence comparable à celle qu'a exercée le Tchéou-li[1].

1. Voir dans Hirth, *History of Ancient China*, l'analyse du Tchéouli; et pour le texte lui-même le monumental ouvrage d'Ed. Biot en deux volumes : *Le Tchéouli*, Paris, 1851.

C'est lui qui a réglé et fixé pour toujours jusqu'aux moindres détails de la vie chinoise : on peut voir avec quelle minutie par les citations que j'en ai données au sujet de l'engrais humain. C'est lui qui a codifié pour toujours cette religion de la Terre et du Travail qui est le trait caractéristique de cette race agricole. C'est lui qui a formulé une fois pour toutes les rites rigides et les cérémonies invariables qui règlent la vie journalière de l'Empereur, des administrateurs, de tout homme et de toute femme, leurs vêtements, leurs postures, leurs gestes, leurs discours, dans tous les moments de la vie publique et privée. Ed. Biot le fait remarquer avec justesse ; on dirait que le but de ce cérémonial minutieux est de fonder l'immutabilité du gouvernement du pays sur l'immutabilité physique et morale des individus en les privant de toute action spontanée, si futile fût-elle. C'est le Tchéouli qui a établi pour toujours l'ordre d'importance des différentes section de la communauté : d'abord, en tête, les agriculteurs producteurs de grains ; puis les jardiniers qui s'occupent de cultures maraîchères et d'arbres fruitiers : puis les bûcherons et ceux qui exploitent les forêts ; puis ceux qui font l'élève ; puis les artisans ; puis les marchands ; puis les épouses qui travaillent le chanvre et la soie et font les vêtements ; puis les domestiques ; et enfin, tout en bas, les vagabonds, ceux qui n'ont pas de métier fixe.

L'ordre hiérarchique de tous les organes de l'Etat, et notamment des différents ministères, fut réglé avec la même rigueur. Il y en avait six : et nul jusqu'au dernier empereur en 1898 sous la pression des puissances européennes n'a osé pendant trois mille ans modifier ce chiffre ni leur préséance. C'est alors, et alors seulement, qu'un ministère des affaires étrangères fut ajouté aux autres et élevé au rang suprême, malgré toutes les protestations contre ce sacrilège

imposé par la nécessité. L'action de ces divers ministères fut déterminée jusque dans le moindre détail.
Ils ne s'occupaient pas seulement de gouverner et
d'administrer le pays; aucun moment de la vie des
habitants, si minime fût-il, qui ne fut minutieusement réglé et soumis par eux à des rites fixes ; les
occupations, les métiers, toute la vie civile et religieuse, les affaires de famille, les mœurs, tous les
devoirs, toutes les habitudes étaient soumis non seulement à leur réglementation, mais à leur constante
surveillance et ingérance. C'est ce caractère religieux
et rituel des métiers mêmes qui explique que certains
fussent l'apanage de certaines familles, transmis par
elles comme un rite compliqué et secret, si bien que
les secrets de métier périssaient avec telle famille
exterminée, comme par exemple la fabrication des
laques de Foutchéou sous la révolte des Taï-ping.

§ 3. — Le Confucianisme.

Gouvernement, institutions, croyances, mœurs,
habitudes, toute la Chine revit dans cette immense
encyclopédie qui est une loi infiniment plus détaillée,
plus minutieuse, et plus rigoureuse que la loi mo-
saïque ou aucun recueil imaginé par l'homme ailleurs.
Cette loi, dépourvue cependant de toute sanction divine, n'a subi ensuite que des modifications superficielles. Elle est restée la base immuable de la vie chinoise. Les autres époques n'ont fait que développer
les principes qu'elle pose, ou en commenter les appli-
cations. Confucius lui-même n'a rien innové. L'essence de sa doctrine est le respect du passé, l'observation stricte des rites qu'il a formulés, la croyance
à la sagesse des ancêtres. Sa vie et son enseignement
n'étaient qu'un commentaire et qu'une justification

des règles morales établies par eux. L'époque où il a vécu (551-479 avant J.-C.) est sans doute la deuxième grande époque de la Chine, celle où les règles qui dominent sa vie ont pris leur forme définitive. Mais il n'a fait que clarifier la pensée des ancêtres et la mettre à la portée de tous. Il a simplement par son exemple et la lumineuse simplicité des formules où il a enfermé cette sagesse enseigné à bien vivre et fourni à ses compatriotes un manuel d'instruction civique et morale commode et court. Il ne fut que la voix et la conscience plus nettes de la Chine qui existait avant lui. Surtout, par une ironie du sort, il est devenu après la destruction des livres par l'Houang-ti à laquelle seuls ses manuels ont pu survivre la voix même de ce passé qu'Houang-ti voulait à jamais effacer, et qui est devenu le Dieu de la Chine. Il fut l'incomparable instituteur laïque de sa race. Celui qui a pu, à l'égal d'un Dieu, se faire écouter d'elle fut certes un homme de génie. Mais il le fut uniquement par le bon sens, la mesure en toutes choses, l'humaine raison et le sens social ; et jamais inspiration ne fut plus dénuée de mystère ni croyance — on ne peut appeler cela religion — moins trouble. Car — et c'est le trait caractéristique de ce Moïse chinois, ce conducteur de peuple — sa doctrine est toute humaine, sa méthode purement intellectuelle, ses conceptions uniquement sociales ; et la vertu suprême pour lui était, non pas l'adoration mystique de quelque divinité incompréhensible, mais l'amour de son semblable, la charité. Nulle métaphysique, nul mysticisme. La vie de l'homme sur la terre était pour lui toute la vie : c'est à l'homme et non à quelque dieu lointain et mystérieux qu'il consacre l'homme ; il ne connaissait pas d'autre religion que celle de l'humanité ; l'harmonie de la vie était pour lui la seule fin de la vie. — « Ne connaissant pas encore la vie, comment parlerais-je de la mort ? », disait-il. — « Défiez-vous des religions. » — « L'homme n'a pas à se préoccuper de l'au delà ; il n'a pas à adorer ni à prier un dieu. » — « Ma vie est ma prière », répétait-il. « Vivez bien et ne demandez rien. Bien vivre est la prière du sage. Celui qui vit bien n'a à craindre ni le ciel, ni les hommes, ni sa propre conscience. Le bonheur ou le malheur suivent les bonnes ou les mauvaises actions. »

Sans doute on donnerait une idée inexacte de l'essence de la doctrine confucéenne en se contentant de citer ces paroles du Sage et en la rabaissant à une simple morale réaliste. Elle fut plus et mieux que cela. Elle fut l'application à la vie de l'humaine raison, et l'affirmation que la raison est encore, dans les choses de l'âme comme dans celles de l'esprit, le guide qui risque le moins d'égarer. Par là Confucius est de la lignée de Socrate, d'Aristote, d'Epicure et de Sénèque ; il rejoint Descartes par Montaigne, Gœthe et Auguste Comte par Locke, Montesquieu et Voltaire. Mais il eut aussi la sensibilité la plus fine, toute la charité. C'est lui qui le premier a dit : « Ne faites pas aux autres ce que vous ne voulez pas qu'on vous fasse. Faites aux autres ce que vous voudriez qu'on vous fît. » — « Entre les quatre mers[1] tous les hommes sont frères ».

On ne peut citer toutes les paroles du Sage des Sages. Toutes rendent le même son plein et juste. Toutes ont la même noble sagesse, la même indulgente humanité. Ses disciples avaient raison de dire : « La doctrine du maître consiste uniquement à posséder la droiture du cœur et à aimer son prochain comme soi-même[2] ». Et quelle mesure et quelle mo-

1. Dans tout l'univers.
2. *Lun-Yu*, chap. IV, § 16.

destie dans le ton! Il disait : « Le sage ne s'afflige pas de n'être pas connu des hommes. Il s'afflige de ne pas connaître les hommes. » Et encore : « Le sage ne rejette pas une bonne parole parce qu'elle a été dite par un méchant. » — « Ai-je de la science? Je n'ai pas de science. Mais quand l'homme le plus humble m'interroge, fût-il très ignorant, je discute la question sans rien omettre. » La finesse psychologique de ce moraliste averti égalait son universelle bienveillance : « Il est plus difficile de se garder de l'amertume dans la pauvreté que de l'arrogance dans la richesse. » Nulle intelligence plus haute que son génial bon sens. C'est lui qui le premier a dit : « Ce que l'on sait, savoir qu'on le sait ; ce que l'on ne sait pas, savoir qu'on ne le sait pas ; c'est savoir véritablement. » Socrate n'a point dit de parole aussi profonde. Encore aujourd'hui combien sommes-nous à l'avoir comprise? Et combien de temps faudra-t-il encore à l'humanité pour appliquer la maxime que ce Chinois énonça il y a vingt-cinq siècles?

La science vraie pour lui est celle du perfectionnement moral. Le sage doit le rechercher, non dans une révélation divine, mais par le commerce des hommes, non par la méditation, mais par l'étude de ses semblables, car cette perfection est tout humaine et l'homme n'est pleinement homme qu'en la réalisant. « La prudence éclairée, la bienveillance universelle pour les hommes, la force d'âme sont les trois vertus universellement capitales; elles sont la porte par laquelle on doit entrer dans la voie droite. *Il faut que l'homme atteigne la perfection pour accomplir sa propre loi.* » Epictète ni Marc Aurèle n'ont pas mieux senti la dignité humaine et la liberté de l'âme : « On peut enlever de force un général à son armée, on ne peut pas enlever à un homme la décision de pratiquer la vertu. »

Nul égoïsme, nul orgueil, nulle sécheresse dans cette recherche de la perfection, nulle dureté. Elle est pleine d'indulgence et de mesure souriante. Elle est fine et noble. Elle est le geste instinctif d'une âme bien née, d'un galant homme et d'un homme de goût, affable et sociable. Cette religion n'a jamais connu l'ascète solitaire, le saint qui se retire rudement du monde et méprise la vie. Pour Confucius la misanthropie est faiblesse, et ce mépris sottise. L'homme doit vivre avec ses semblables et collaborer en frère à leur perfection. Il ne doit pas leur tenir rigueur de leurs imperfections. Le sage même naît imparfait, et le demeure toujours en quelque chose. Il ne doit pas se targuer de son savoir, ni de posséder une doctrine nouvelle. Il n'y a pas de doctrine nouvelle, mais l'exemple vivant des hommes sages et justes de tous les temps. « Je ne naquis pas doué de la science, disait Confucius. Je suis un homme qui a aimé les anciens et qui a fait tous ses efforts pour acquérir leurs connaissances[1] ». « Il était complètement exempt de quatre choses », disent ses disciples : « il était sans amour-propre, sans préjugés, sans égoïsme, et sans obstination[2]. » On pourrait ajouter qu'il se tenait dans la vie sans espoir vain, sans regrets et sans crainte, à égale distance de toutes les chimères[3], harmonieusement. « Rendez le bien pour le mal », avait dit Lao-Tze. — « Que rendrez-vous pour le bien? » répondit Confucius. « Rendez le bien pour le bien et la justice pour l'injustice. » Cette parfaite mesure, ce sens si juste de la vérité sociale animent toutes ses paroles comme ils inspiraient tous ses actes. Il ne se prétendait pas supérieur aux

1. *Lun-Yu*, chap. V, § 19.
2. id. chap. IX, § 4.
3. C'est le sens du deuxième livre classique, le Tchoun-Young, « L'invariabilité dans le milieu. »

faiblesses humaines. Il ne réprimait point les élans de sa sensibilité. Il aimait le vin, les femmes — sans excès, car l'excès en toutes choses lui faisait horreur, — les belles choses anciennes, la musique qui était sa passion et son seul lien avec le mysticisme, la poésie, toutes les finesses du cœur et des sens. Il était parfaitement civilisé, sans aucune sécheresse. Nul n'a mieux parlé de l'amitié que lui. Il dit de son disciple préferé Yen : « Il ne m'invitait pas à parler; il était content de tout ce que je disais. » Et quand Confucius dit à Yen qu'il croyait avoir été massacré par des brigands : « Je vous ai cru mort. » — Yen répondit : — « Vous vivant, pourrais-je m'exposer à la mort? » Et tant d'autres mots exquis dont le parfum a traversé les siècles.

C'était un homme et un sage dans toute la force du terme. Il ne se croyait dispensé d'aucun des devoirs de l'homme. Il préférait encore l'action à l'enseignement, car l'homme doit se mêler des choses humaines, car l'exemple est plus efficace que la parole, et dans l'Etat chacun doit jouer son rôle. Il ne pouvait souffrir la paresse : « Ceux qui ne font que boire et manger pendant toute la journée sans employer leur intelligence à quelque objet digne d'elle font pitié. N'y a-t-il pas le métier de bateleur? Qu'ils le pratiquent! Ils seront des sages en comparaison. » Dans le 31ᵉ chapitre du deuxième livre classique, il définit l'homme parfait : « Il doit connaître parfaitement les lois primitives des êtres vivants, avoir l'âme grande, magnanime, affable et douce, afin de pouvoir répandre des bienfaits avec profusion; élevée, ferme, imperturbable et constante, afin de faire régner la justice et l'équité : être simple, honnête, grave, droit et juste et ainsi s'attirer le respect et la vénération; être revêtu des ornements de l'esprit et des talents que procure l'étude assidue, et de

ces lumières que donne une exacte investigation des
choses les plus cachées, des principes les plus subtils : si bien qu'en toute chose il distingue le vrai du
faux, le bien du mal. » — « La bienséance à l'égal de la
justice, la science des devoirs à l'égal de l'humanité
sont les vertus célestes. » Ce sont celles qu'il pra-
tiqua, et par son exemple autant que par ses paroles
enseigna à la Chine.

Confucius l'a répété coup sur coup : cet enseignement n'avait rien de nouveau, de mystérieux ni de
caché. « Je commente, j'éclaircis les anciens ouvrages,
je n'en compose pas de nouveaux [1]. » — « Vous, mes
disciples, croyez-vous que j'aie pour vous des doctrines cachées? Je n'ai point de doctrines cachées
pour vous. Je n'ai rien fait que je ne vous l'aie com-
muniqué, ô mes disciples [2]. » En effet, Confucius n'a
été que la conscience très claire du passé de sa race.
Il n'a été qu'un compilateur, un auteur de manuels où
il a enfermé l'essence des annales et des odes, des
rites et de la musique ancienne. Pour lui, comme
pour toute la Chine, toute lumière, toute sagesse,
viennent des ancêtres : l'humanité est plus riche de
morts que de vivants, et ce sont eux qui revivent en
nous et déterminent tous nos actes. Puisque le passé
domine le présent, c'est sa voix souveraine qu'il faut
en toutes choses écouter et vénérer. Il a été pour son
pays cette voix claire et impérieuse. Il a maintenu
devant ses yeux le sens vivant des rites qui s'effaçait,
et la réalité de la survivance immortelle des ancêtres : « Il faut sacrifier aux ancêtres comme s'ils
étaient présents, il faut adorer les esprits et les
génies comme s'ils étaient présents [3] ». Il sentait avec
force que les rites « n'étaient pas des gestes vains,

1. *Lun-Yu*, chap. VII, § 1.
2. id. id. § 23.
3. *Lun-Yu*, chap. III, § 12.

ni des formes vides. Il en pénétrait le sens, en restituait l'âme. Le deuil n'est que la forme sensible de la
douleur. Il exprime la force avec laquelle les Anciens
sentaient la douleur et la force avec laquelle nous
devons la sentir à notre tour... Les rites sont les
beaux vases où s'enferme et se transmet la plus subtile et la plus précieuse des essences : le sentiment...
Les rites sont la forme sensible, complète et pompeuse des devoirs [1] ».

Et de même il acceptait tout de l'antique religion domestique. La piété filiale qu'elle impose était
pour lui la base de la société ; entre tous les
hommes vivants ou morts, tous solidaires, un lien
sacré de respect et de dépendance mutuelle existait. Aux morts on doit la vénération et le culte,
aux vivants la bienveillance et la courtoisie. La politesse n'est pas une vaine étiquette extérieure : elle
est un devoir de respect humain en même temps que
le geste instinctif d'une âme consciente de son humanité. La parfaite tenue de l'âme maîtresse d'elle-
même transparaît au dehors dans cette courtoisie,
dans cette parfaite tenue du corps, du visage toujours souriant et déférent, des paroles toujours
mesurées et affables. Cette tenue constante exige
autant d'empire sur soi-même et de courage qu'elle
met de douceur et d'aménité dans les relations entre
les hommes.

Il y a du stoïque et de l'épicurien dans cet homme
fin et noble. C'est un aristocrate de l'intelligence qui
a su faire aimer les hommes et la vertu comme il les
aimait lui-même. Qu'une race tout entière, un quart
de l'humanité l'ait choisi comme guide et pendant
vingt-cinq siècles suivi docilement, voilà qui touche

1. P.-L. Couchoud, *Sages et Poètes d'Asie*. Voir dans ce livre
infiniment intelligent et sensible l'étude sur Confucius.

au miracle. Son influence par l'extension et la durée
dépasse toutes les influences personnelles que l'humanité a jamais connues ailleurs. Elle constitue le phénomène le plus extraordinaire de l'histoire. Car cette
religion est la seule qui soit purement laïque. A
cette philosophie, je l'ai déjà dit, ne se mêle aucun
élément mystique ni trouble. Elle ne s'adresse qu'à
la raison et au sens social de l'homme. Aucune mystérieuse absurdité, nulles terreurs n'ont donné à ce
culte la face auguste et terrible des religions qui
ailleurs ont dominé les hommes. Elle ne s'impose par
aucune menace. Elle ne fait à l'homme aucune promesse surnaturelle. Elle ne connaît ni sanctions ni
récompenses. Elle est simplement la religion virile et
franche, mieux, le culte tout humain de l'humanité.
Ses croyants lui viennent par libre choix de leur
raison convaincue et de leur cœur consentant.
Comme toutes les religions, elle n'est vivante que
dans le cœur et le cerveau de ceux qui la retrouvent
en eux-mêmes. Comme toutes les religions, elle s'est
ossifiée à la longue, a dégénéré parfois en formules
vides, en pratiques mécaniques, a été vidée de toute
vie par ceux qui sans la comprendre faisaient métier
de la prêcher et de la commenter, et l'exploitaient
pour leur profit. Mais dans son essence elle n'a
jamais cessé d'être appliquée avec fidélité et de
répandre ses bienfaits.

Elle n'a pas apporté à la Chine que des bienfaits.
Et je ne parle pas de l'influence stérilisante des
Lettrés, ni de ses déformations, mais de son essence.
Si elle a fait la cohésion et la grandeur de la Chine,
elle l'a détournée du tourment de l'infini, du sens du
mystère, de tout ce qui dépasse la raison et le bon
sens. Au Japon, le Confucianisme n'a été que bienfaisant, parce que le Shintoïsme et le Bouddhisme

vivants ont maintenu quand même devant ce culte pratique et positif la survivance des cultes mystiques qui donnent satisfaction aux parties délicates obscures et hautes de l'âme et de la sensibilité, aux élans du cœur que la raison ne connait pas. Rien de semblable en Chine. La sublime métaphysique de Lao-Tze, les adorables effusions du Bouddhisme dans ce pays positif et sous la clarté crue du Confucianisme n'ont pu subsister : elles sont devenues le secret vite perdu d'une aristocratie intellectuelle ou un bas fétichisme de foule ignare. Il a manqué à la Chine du Nord et à son grand fils Confucius ce que la Chine du Sud par Lao-Tze et l'Inde par le Bouddhisme auraient pu leur donner : le sens de l'invisible, de l'ineffable, du divin, en même temps que de ce monde et de l'humanité. Mais alors ils n'auraient plus été la Chine, ni le Sage des Sages.

§ 4. — Lao Tze : Le Taoïsme.

Et puisque j'ai nommé Lao-Tze, je voudrais essayer d'en faire comprendre, si imparfaitement que ce fût, l'obscure doctrine, car si elle est restée sans action sur la société chinoise, elle a profondément marqué de son esprit l'art et la poésie de certaines époques et pénétré la vie du peuple. Ce que la Chine a produit de plus haut lui est dû autant qu'au bouddhisme. Confucius lui-même, d'après la légende, aurait entrevu la sublimité de cette doctrine après l'entretien qu'il eut avec Lao-Tze. Il l'appelait le « Dragon ». Il disait de lui : « Je sais que les poissons nagent, je sais que les oiseaux volent. Mais le pouvoir du Dragon, je ne puis le mesurer. » En réalité, il est peu probable que Confucius ait jamais vu Lao-Tze, ou du moins le légendaire Lao-Tze, car il semble qu'il y ait eu deux philosophes de ce nom dont le plus jeune était l'aîné de Confucius. Nous ignorons tout de lui, le lieu et la date de sa naissance et de sa mort. On prétendait que prévoyant un cataclysme il s'était brusquement évanoui dans l'Ouest. Il était certainement originaire du Sud ; et certains traits de sa philosophie décèleraient des influences hindoues. La tradition voulait que sa mère l'eût porté si longtemps dans son sein — quatre-vingts ans — qu'il est venu au monde tout chenu et muni d'une longue barbe blanche : symboliquement on l'appelait : « l'enfant vieillard », car il alliait à l'extrême sagesse la naïveté, les intuitions mystérieuses de l'enfance. Plus tard l'étranger a vu un peu en lui le symbole de la Chine elle-même, vieillote et puérile. Le livre même qui prétend exposer sa doctrine est certainement d'un bout à l'autre un faux tardif [1]. Et cependant la doctrine elle-même est d'importance capitale : elle a inspiré des générations de poètes et d'artistes ; elle a survécu dans des formules traditionnelles commentées par un des esprits les plus hauts et peut-être le plus grand philosophe que la Chine ait produit : Tchouang-Tze (ɪvᵉ siècle avant J.-C.). Et, si obscure soit-elle, à la lumière des autres mystiques elle s'éclaire. Je crois, peut-être à tort, le comprendre. J'en donnerai de toute façon mon interprétation, puisque les autres font défaut.

Et d'abord pour Lao-Tze l'univers tout entier est pénétré par un principe immanent tout-puissant qu'il appelle *Tao*. Ce mot veut dire *La Voie*. Mais on nous apprend aussitôt que « la Voie où l'on peut marcher n'est pas la Voie éternelle ». Nulle part on ne définit

1. Voir dans H. A. Giles, *China and the Chinese*. New-York, 1902, pp. 143-173, la discussion sans réplique de l'authenticité du Tao-Te-King.

ce que c'est que cette Voie. On dit simplement qu'elle ne saurait être exprimée par des mots : ailleurs on nous dit que « ceux qui savent ce qu'elle est ne le disent pas : ceux qui le disent ne le savent pas ». — Comment alors la connaître ? Lao-Tze répond : « Sans sortir de sa maison on peut connaître le monde entier : sans regarder par la fenêtre, on peut voir la Voie ». — « Sans avoir bougé, tu connaîtras : sans avoir regardé, tu verras : sans avoir rien fait, tu atteindras. »

Mais la partie centrale de la doctrine est ce que l'on pourrait appeler la doctrine de l'Inaction. « La vertu parfaite, dit Lao-Tze, ne fait rien. Et c'est pourquoi elle fait tout. » — « Ce sont les choses les moins dures qui ont raison des plus dures : ce qui n'a pas de substance passe là où il n'y a pas de fissure ». — « Laisse les choses suivre leur cours naturel et ne t'en mêle pas. » — « Seul celui qui ne fait rien par amour de la vie estime la vie à sa vraie valeur. » — Ailleurs il dit que si la Voie prévaut, « on emploiera les chevaux pour le travail de la terre, sinon pour la guerre ». Beaucoup de ces maximes ne sont que des préceptes de morale : « Exaltez-vous et vous serez rabaissés : rabaissez-vous et vous serez exaltés ». — « Celui qui sait se borner est le vrai riche ». — « Le vrai puissant est celui qui se domine lui-même. » — « Aux bons je serai bon : aux méchants je serai bon, afin qu'ils deviennent bons. »

Par Tchouang-Tze nous verrons plus clair dans cette métaphysique.

Il nous dit que l'homme naît dans le Tao comme les poissons dans l'eau, car le Tao pénètre et enveloppe tout. Mais on ne peut entendre le Tao : le Tao qu'on entend n'est pas le Tao : on ne peut voir le Tao : le Tao qu'on voit n'est pas le Tao. On ne peut dire le Tao : dit, ce n'est pas le Tao. Il n'a point de forme, et donne sa forme à toutes choses. Il ne peut avoir de nom, puisque tout nom suppose une forme. Il n'a point de substance. Il est incommunicable. « Si le Tao pouvait être donné, il n'y a pas d'homme qui ne s'empresserait de le donner à son roi ou à ses parents. Si on pouvait le communiquer ou le donner, tout homme voudrait le communiquer à son frère ou le donner à son enfant. Mais cela est impossible. Car, à moins qu'il n'existe un don intérieur, le Tao ne demeurera pas ; et s'il n'y a pas la correction extérieure, le Tao n'agira pas [1] ». Avant l'univers le Tao fut. « C'est le Tao qui crée les choses, mais n'est pas lui-même une chose. Rien ne peut créer le Tao ; cependant tout contient le Tao et continue à le produire sans fin. » — « C'est par l'absence de toute pensée, par l'absence de toute méditation, que le Tao peut être connu. » — « En se reposant dans le Néant, en s'accordant au Néant, on peut approcher le Tao. En ne suivant rien, en ne poursuivant rien, on peut atteindre le Tao. » — « Repose-toi dans l'inaction, dit Tchouang-Tze, et le monde de lui-même te sera bon. Dépouille-toi de ton enveloppe comme le serpent de sa peau. Crache l'intelligence de ta bouche. Cesse de percevoir les différences. Fonds-toi dans l'infini. Libère ton esprit, libère ton âme. Sois vide, sois néant ! » Il nous enseigne pratiquement comment atteindre cette perfection :

« Qu'est-ce que l'homme pur ? Les hommes purs d'autrefois ne calculaient pas, ils n'essayaient pas d'atteindre des résultats. Ils ne faisaient point de projets. Et donc, lorsqu'ils réussissaient, ils n'éprouvaient pas de joie, et lorsqu'ils ne réussissaient pas, ils n'éprouvaient pas de regrets. Et ainsi ils escaladaient des précipices sans crainte, traversaient

1. C'est en partie de cette dernière phrase que sont sorties les pratiques magiques du Taoïsme décadent.

l'eau sans se mouiller, le feu sans se brûler. Les hommes purs d'autrefois dormaient sans rêves, et se réveillaient dans la sérénité. Ils mangeaient sans faire attention à leur nourriture; ils respiraient profondément. Car les purs tirent leur respiration du fond de leur être : les hommes vulgaires de la gorge seulement. » C'est un état d'extase qu'atteint l'homme parfait : — « Un ivrogne qui tombe d'une charrette pourra souffrir, il ne se tuera pas. Ses os sont ceux de tout le monde, mais son accident l'atteint autrement. Son esprit est en état de sûreté. Il n'a pas conscience d'être dans une charrette, il n'a pas conscience d'en tomber. La conception de la mort, de la vie, de la crainte, etc., ne peut pénétrer son cœur. Et donc il ne souffre pas du contact avec des existences objectives. Si le vin donne cette sûreté, combien davantage la donnera le Tao »!

Parvenu à cet état l'homme conçoit son unité avec l'univers et l'infini. Dans cet infini, il n'y a ni dimensions, ni écoulement de temps, ni séparation, ni différence :

« Il n'y a rien sous la voûte du ciel qui dépasse en grandeur un brin d'herbe à l'automne. La plus vaste montagne est une petite chose. L'univers et moi nous sommes nés ensemble : et tout ce qu'il contient est un ». On croirait entendre un Pascal oriental. Et plus loin un Hegel :

« A la lumière du Tao, l'affirmatif et le négatif se confondent : l'objectif fait un avec le subjectif. Et lorsque l'objectif et le subjectif se montrent sans leurs corrélatifs[1], c'est là que passe l'axe même du Tao. Et quand cet axe passe à travers le point central où tous les infinis se rencontrent, le positif et le négatif l'un et l'autre se fondent en une unité infinie[2] ». Lorsque

---

1. C'est-à-dire quand l'être cesse de s'opposer au non-être.
2. C'est l'identité des contradictoires.

l'homme atteint cette région d'où il domine les apparences et les contradictions de la vie terrestre, il devient parfait, un pur esprit. Tchouang-tze nous dit alors :

« L'océan pourrait être tout entier consumé de chaleur, il n'aurait pas chaud. La voie lactée pourrait être gelée comme une dalle de glace, il n'aurait pas froid. Si les puissantes montagnes étaient fondues par la foudre et la mer immense soulevée en ses profondeurs, il ne tremblerait pas. Si cela arrivait, il monterait sur les nuées et chassant devant lui le soleil et la lune, il passerait au delà des limites de ce monde externe jusqu'où la mort et la vie ne peuvent remporter de victoire sur l'homme. » Car l'homme parfait, tel le sage Hindou, est celui qui s'est libéré des apparences, de la vie individuelle, de l'existence objective. Lao-Tze, dès le début du Tao Te King le dit : « Celui qui s'affranchit des passions (de l'être) connaît l'essence immatérielle du Tao (*le noumène*). Celui qui ne s'en est pas affranchi connaît les formes matérielles du Tao » (*les phénomènes*). Il est devenu un avec le principe éternel et immuable. Il s'est résorbé dans l'Un. — Ailleurs Lao-tze dit que vivre, c'est émerger, mourir, se replonger : c'est de l'Infini qu'il émerge, dans l'Infini qu'il se replonge. « Comment », demande Tchouang-Tze, « s'assurer que l'amour de la vie n'est pas une erreur et une illusion ? Comment savoir si celui qui craint de mourir n'est pas comme un enfant qui s'est égaré et ne peut retrouver le chemin de la maison ? Ceux qui rêvent d'un banquet se réveillent dans la lamentation et la tristesse. Ceux qui rêvent de lamentation et de tristesse se réveillent pour prendre part à la chasse joyeuse. Tant qu'ils rêvent, ils ne savent pas qu'ils rêvent. Il y en a qui s'efforcent d'interpréter leur rêve, et ce n'est qu'en se réveillant qu'ils découvrent qu'ils ont rêvé. Un jour arrivera le grand réveil, et alors nous saurons que cette vie n'est qu'un grand rêve. Les sots se croient éveillés et se flattent de savoir qu'ils sont véritablement des princes ou des paysans. Confucius et vous, vous êtes des rêves — je ne suis moi-même qu'un rêve. » Ce sentiment que rien n'est réel, que tout est apparence, est exprimé coup sur coup par Tchouang-tze. — Ailleurs il dit : « Je rêve et me vois papillon. Je me réveille et me vois homme. Quel est le songe? L'homme? Le papillon? Peut-être ni l'un ni l'autre. Je dis réveil. Devrais-je dire métamorphose? »

Ce n'est donc pas dans ce monde illusoire et instable que l'homme pourra se reposer :

« Ne te soucie ni du temps, ni du bien, ni du mal. Mais, t'évadant dans la région de l'infini, trouves-y ton repos éternel. »

Il semble qu'on puisse, au moyen de ces citations, commencer à entrevoir l'essence de la doctrine.

Et d'abord le Tao ne serait-il pas le principe spirituel de toutes choses, sans forme ni substance, infini, un, le même dans l'univers et l'esprit de l'homme, car l'univers est un, et tout est esprit, esprit et matière sont identiques; et qui ne saurait par conséquent être exprimé ni par les phénomènes limités, ni par aucune parole ? Car il est ineffable et incommunicable par toute Voie qui n'est pas sa Voie. Il est le principe de toute énergie, mais l'énergie n'est pas lui, elle n'est qu'une de ses manifestations. Il est le principe éternel de toute vie, mais aucune vie ne l'exprime et tous les corps, toutes les formes matérielles n'en sont que le changeant vêtement momentané. La parabole taoïste du « Vrai Cheval » exprime cette vérité: Un roi de Chine voulut avoir le plus beau cheval du monde; il appela les experts en chevaux et leur ordonna de le découvrir. Après de longues recherches, l'un d'eux revint et lui dit qu'une certaine jument baie dans telle pâture de tel pays était le cheval parfait. Sur quoi, le roi envoya des vassaux chargés de trésors le chercher. Mais lorsqu'ils arrivèrent au champ décrit par l'expert, ils y trouvèrent non pas une jument baie, mais un étalon noir. Ils le ramenèrent, et tous les experts éblouis le déclarèrent le modèle absolument parfait du cheval. Il l'était en effet. Car, pour qui sait voir, le cheval parfait est reconnaissable à un signe supérieur aux traits secondaires du sexe ou de la couleur ou toute autre apparence extérieure : la forme, les formes, les êtres ne sont que des incidents sans réalité et sans durée ; la vie réelle se cache sous eux, et toutes les vies réunies ne l'exprimeraient pas, car elle est ce qui produit, non ce qui est. Platon dirait qu'elle est l'idée éternelle dont les choses ne sont que des représentations partielles et imparfaites, et Weismann qu'elle est contenue dans la cellule germinative et non dans les cellules somatiques, seules visibles.

Ailleurs nous lisons : « Le vent, flûte de la nature, en soufflant dans les arbres et sur les eaux chante maintes mélodies. De même le Tao, la grande doctrine, s'exprime à travers des esprits et des âges différents, et demeure toujours le même. » Car son essence est une et se retrouve dans toutes les choses, identique, malgré leurs différences ; elle est derrière toutes les manifestations de l'être, depuis les religions, les arts, les philosophies, les civilisations, jusqu'aux moindres apparences visibles variées, et en voie de changement perpétuel.

Pour rendre l'idée plus claire, transposons-la dans un autre domaine : le Tao est comme l'inspiration, le génie qui, à travers les âges ou les moments de la vie d'un artiste se manifeste dans des œuvres dont aucune n'est la réplique d'aucune autre, bien que toutes sortent d'une même personnalité, d'une même aspiration vers la beauté, d'un même principe créateur; il est donc aussi incommunicable qu'est la personnalité, le génie ou l'inspiration même. Ceux qui imitent ne reproduisent qu'une forme morte qu'aucun principe vivant n'anime plus; il ne voient que la chose produite, non l'esprit insaisissable qui produit. Or, on ne crée pas la vie; elle est : on ne commande pas à l'esprit; il souffle où il veut. Ceux qui croient pouvoir enseigner l'inspiration, le génie, et mettre en formules la beauté, la vertu, la vérité, et imposer du dehors ce qui ne peut naître que de l'intérieur, sont des aveugles que l'illumination de l'esprit, la révélation du Tao n'a jamais éclairés. Chacun doit découvrir en soi sa vérité, sa beauté, sa vertu ; et pas plus que le génie, le salut de l'âme ne s'achète ni ne s'enseigne. Chaque chose est unique, si l'essence de toutes choses est une. Tout est en voie de changement perpétuel et de perpétuelle création. Et donc « la Voie que d'autres ont suivie et que l'on peut suivre n'est pas la Voie éternelle », et « les mots ne peuvent l'exprimer. » En effet, l'essence de toute chose est ineffable et incommunicable; on ne peut définir la vie ni donner le génie : « Ceux qui savent ne disent pas ; ceux qui disent ne savent pas. »

La seconde partie de cette philosophie, la doctrine mystique de l'inaction et de l'absorption dans la Nature, l'identification de l'esprit de l'homme avec le Tao, ou l'esprit universel, peut s'éclairer par la comparaison avec la réaction contre la conception mécanistique de l'univers de notre xviiie siècle, le machinisme et la fureur d'action matérielle du xixe siècle commençant. Une onde de mysticisme a traversé alors l'Occident. Le panthéisme renaît. L'homme découvre le Nature et retrouve le sens du mystère. Des mystiques tels que Swedenborg et Blake surgissent; des idéalistes tels que Wordsworth, Coleridge, Shelley et toute la floraison de philosophie allemande transcendantale par Schelling, Fichte, Hegel; l'Inde découverte inspire Schopenhauer; et les métaphysiques orientales trouvent en Europe un terrain psychologique préparé.

Parmi tous ces philosophes et ces poètes, nul mieux que Wordsworth ne peut conduire à l'intelligence du Laoïsme, de la doctrine de l'inaction féconde, de la communion avec la Nature. Le rapprochement de ces deux noms pourra surprendre; il n'en est pas de plus légitime. Les ressemblances entre le sage Laoïste et le poète anglais sont aussi saisissantes que nombreuses; telles paroles de l'un semblent sortir de la bouche de l'autre; leur conception de la vie et leur philosophie de la Nature est la même. C'est dans la Nature qu'ils se réfugient l'un et l'autre loin des villes et des hommes pour écouter dans la solitude sa voix que la rumeur de la vie couvre, sans autre ambition, sans autre but que de se pénétrer de son enseignement silencieux, d'entrer en communion avec sa vie éternelle et l'âme universelle dont leur âme n'est qu'une émanation. Qu'on en juge: voici comment s'exprime un poète du xe siècle après J.-C., Ssu-K'ung-T'u :

> Suivant les instincts de notre être
> Jouissons du Naturel sans empêchement,
> Riches de ce que nos pas rencontrent,
> Et espérant un jour rencontrer l'Infini.
> Construisons-nous une hutte sous les pins,
> Et là, tête nue, méditons la poésie,
> Ne nous souciant que des aubes et des couchants
> Mais non pas de la succession des saisons.
> Et alors, puisque là est le Bonheur
> Pourquoi rechercher l'Action?
> Si de nous-mêmes nous pouvons en arriver là
> Ne doit-on pas dire que nous avons atteint le but?

Ces vers ne résument-ils pas toute la poésie de Wordsworth, toute la vie du poète? Comme le Sage chinois, il s'en allait vers la Nature, loin des hommes, sous l'impulsion du souffle intérieur, tel un solitaire nuage porté par le vent sans but, et qui erre au-dessus de la terre et de ses misères. Comme le sage, c'est sans la chercher qu'il rencontre l'adorable vision des narcisses innombrables que le printemps a semés au bord du lac étincelant, palpitants de joie sous le soleil et la brise; son âme se remplit toute de leur vie élémentaire; il emporte en lui leur dansante allégresse ; par elles il a participé un instant, sans le savoir, sans l'avoir recherché, à l'universelle vie, et acquis sans effort une divine richesse insoupçonnée, et telle que les hommes ne peuvent acquérir dans les villes, car toujours devant cet œil intérieur qui fait tout le bonheur de la solitude palpitera la joie immortelle de ces fleurs [1]. — Ailleurs, c'est la voix de la moissonneuse solitaire, plus émouvante et plus mystérieuse que celle du rossignol perdu dans les ténèbres, que celle du coucou qui fait jaillir de la terre les fleurs et passer sur la face du monde le sourire ineffable du printemps. — Elle chante dans une langue inconnue on ne sait quelles choses anciennes, malheureuses et lointaines, quelles batailles livrées autrefois ; et sa mélodie mélancolique qui jaillit comme des larmes évoque par son seul rythme des tristesses, des pertes, des douleurs familières. Car le fond de toutes les chansons populaires est le même et la destinée humaine est partout pareille, et n'a pas besoin de paroles pour se faire comprendre ; cette moissonneuse gaélique ne voit pas le poète ; lui ne la reverra jamais ; un hasard seul a fait un instant se croiser leurs deux existences séparées. Mais dans le cœur du poète, cette musique ne mourra plus ;

1. The Daffodils.

par elle il a vécu un moment de la vie de cette étrangère, de la vie profonde du passé humain, de toute la vie de l'homme sur cette terre [1].

Ce n'est que dans la solitude que ces voix de la Nature et de l'Humanité se font entendre. Ce n'est que seul en face de lui-même que l'homme prend conscience de cette vie secrète qui est sa vraie vie et la vie des choses; l'action ne lui en laisse pas le temps et ne lui en fournit pas l'occasion; étourdi par le bruit de cette autre vie vaine qui est celle des hommes absorbés par la poursuite de la jouissance, des distractions, des richesses, des fins matérielles, détourné de la Sagesse par la foi vaine dans la Science, il ne peut percevoir ces voix, car elles ne s'élèvent que dans le silence et la solitude, à leur heure; elles sont une révélation du divin, et nulle science ne peut les expliquer ni les créer. Comme Pascal, comme les Sages chinois, Wordsworth pense que toute la misère de l'homme vient de ce qu'il ne peut « rester en chambre », c'est-à-dire seul en face de lui-même, se passer du monde, de ses vanités et de ses recherches vaines. C'est le monde qui tarit en nous cette source divine. Qu'on relise le sonnet de Wordsworth :

« Le Monde nous prend trop : depuis l'aube jusqu'au soir, — Amassant ou dépensant, nous gaspillons les puissances qui sont en nous. — Nous ne voyons que peu dans la Nature qui soit à nous; — Nous avons donné nos cœurs comme un cadeau méprisable. — Cette mer qui dévoile son sein devant la lune, — Ces vents qui à toute heure voudraient souffler avec rage, — Et qui maintenant sont repliés comme des fleurs endormies, — Pour toutes ces choses, pour tout, nous ne sommes plus à l'unisson, — Tout cela ne nous émeut pas. — Ah! Dieu tout-

1. The Solitary Reaper.

puissant ! j'aimerais plutôt — N'être qu'un païen nourri du lait de quelque religion périmée — Si seulement je pouvais de cette prairie délicieuse — Voir des lueurs qui me consoleraient de mon abandon — Apercevoir Protée s'élevant des vagues — Ou entendre le vieux Triton souffler dans sa conque torse. »

C'est parce que le monde et la poursuite des biens terrestres et la vaine science matérielle dessèchent ainsi en nous cette divine sensibilité que nous ne savons plus vivre de cette vie intérieure qui est la seule vraie et nous révèle le sens de l'existence, et trouve partout le bonheur. Le bonheur est dans la contemplation, non dans l'action ; il est en nous, non dans les choses ; elles ne peuvent nous le donner si notre âme et notre cœur ne le possèdent déjà [1]. C'est d'ailleurs que leur vient la joie profonde, de la source éternelle de toute vie, de toute beauté. De cette Source l'enfant est plus près que l'adolescent, l'adolescent que l'homme fait, car sur celui-ci pèsent « les habitudes du monde plus lourdes que les gelées qui glacent jusqu'aux sources de la vie ». Pour Wordsworth le centre rayonnant d'où émane l'âme est celui-là même que décrit Lao-tzo : « Elle vient de Dieu, qui est sa demeure » : cette âme, « étoile de notre vie, a connu d'autres couchants avant d'illuminer nos pas » et longtemps « traîne derrière elle des gloires d'aube ». — « Notre naissance n'est qu'un sommeil et qu'un oubli » : toutes les illuminations qui nous visitent dans nos moments de vie profonde ne sont que des lueurs de cette grande lumière dont nous sortons, et dont par moments le souvenir nous revient pour nous révéler dans notre esprit l'esprit

1. « Sans sortir de sa maison on peut connaître le monde entier : sans regarder par la fenêtre, on peut voir sa voie ». — « Sans avoir bougé, tu connaîtras ; sans avoir regardé, tu verras ; sans avoir rien fait, tu atteindras. »

même de l'univers. Le monde, le commerce des hommes qui ne vivent que dans les choses matérielles, de basses préoccupations personnelles, les explications bornées de la science, obscurcissent en nous cette lumière que perçoit l'âme pure de l'enfant, l'âme du Sage pareille à celle de l'enfant : pour lui la « lueur visionnaire, la splendeur qui rayonne de la Nature, le rêve céleste » de nos jeunes années ne s'éteignent point entièrement. Dans ces moments de vision claire nous sentons que notre âme est l'âme même de la Nature, que notre esprit se confond avec celui de l'Univers, que leur essence est identique[1]. — « Et j'ai senti une présence qui me trouble de la joie de pensées très hautes, la sublime conscience de quelque chose qui profondément se mêle à tout, et dont la demeure est la lumière des soleils couchants et l'océan arrondi et l'air vivant et le bleu firmament et l'âme de l'homme, un mouvement et un esprit qui animent tout être pensant, tout objet de toute pensée, et roulent à travers tout[2]. »

Devant cette présence, les apparences perdent toute réalité et toute subsance : entre le Grand Tout et son être le poète ne perçoit plus la séparation et l'opposition : Wordsworth nous dit que par moments rien ne lui paraissait réel, qu'il devait se cramponner à un arbre, à un objet matériel pour s'assurer de son existence. La terre tout entière devient alors on ne sait quel lieu féérique immatériel, « la demeure qui convient aux esprits » qui font passer sur la face du monde l'éblouissant mystère du printemps, la beauté sacrée des aubes et des couchants, et sèment autour de nos pas la joie divine des fleurs, toutes les radieuses apparitions qui nous révèlent l'immortelle vie. C'est dans cette vie que l'homme se réfugie hors du

1. Ode on the Intimations of Immortality.
2. Tintern Abbey.

monde pour y puiser la paix, la joie, la force, et retrouver hors de l'existence matérielle sans réalité l'existence spirituelle et sa vraie nature, une avec Dieu. La science de l'homme « qui ferait de la botanique sur la tombe de sa mère » passe à côté de ces révélations, comme ses analyses sont impuissantes à créer ce qui fait la beauté de la fleur. L'action qui donne à l'homme la richesse et la puissance matérielles, appauvrit son âme et sa vie, qui seules importent : elles le détournent de vivre en lui procurant les moyens de l'existence.

Que l'on lise maintenant les strophes de Ssu K'ung-T'u en se souvenant du sonnet que j'ai cité, de tous ces poèmes :

La dépense des forces conduit à la décrépitude du corps;
L'existence spirituelle donne la plénitude d'âme;
Retournons au Néant et rentrons dans l'Absolu,
Amassant la force pour avoir l'Energie.
Lourds de principes éternels,
A travers le vide immense,
Où les sombres nuées s'amoncellent menaçantes
Et sans fin les vents tourbillonnent,
Par delà la limite des conceptions,
Gagnons le Centre;
Et là tenons-nous fermes sans violence
Nourris d'une source de force inépuisable.

C'est vers ce Centre que l'homme parfait est emporté par tout l'élan de son esprit :

Vois! l'immortel porté par la spiritualité
Une fleur de lotus à la main
S'évade vers le Temps éternel
Par les sentiers invisibles de toutes les régions de l'Espace.

Et pour devenir parfait :

Qu'il purifie son cœur,
Et n'aime que le limpide, le pur,
Semblable à une claire source au printemps,
Pleine de reflets merveilleux :
Et qu'il tende toujours vers le vrai et le pur :
Glissant le long d'un rayon de lune qu'il retourne au Spirituel.

Surtout que l'on regarde maintenant les peintures chinoises qui représentent la vie de ces solitaires. Elle est celle de Wordsworth. Les différences de race, de religion, de circonstances extérieures sont peu de chose en comparaison avec les ressemblances spirituelles. Comme lui, ils sont tout entiers absorbés par la Nature. Comme lui, ils vivent dans la contemplation de puissances et de présences plus hautes que nous. Ils sont assis sur quelque promontoire ou rocher déchiqueté, sous les pins ou les bambous, la tête penchée sur l'onde ou les fleurs, les mains inutiles croisées sous la robe aux calmes plis, les yeux levés en extase vers le ciel, les nuages, la lune, le lent vol des cigognes ou la fuite éperdue des oies sauvages. Les bruits du monde expirent au bord de leur rêve. Ils sont seuls devant la face de leur Dieu. Autour d'eux se déroulent à l'infini les paysages, légers comme des fumées, immatériels comme les rêves qu'ils éveillent. Les montagnes sans poids, vagues comme les vapeurs qui montent, tel un encens sacré, des profondeurs des vallées, semblent, comme elles, des songes visibles : elles ne sont plus, comme elles, que de divins fantômes surgis du centre immuable de toutes choses et chargés de la paix éternelle de la Terre... Cette paix descend en nous. Elle habite notre âme comme celle de ces visionnaires et la possède toute. La matière sublimée n'est plus qu'esprit. Leur identité nous est révélée, et ils ne font qu'un avec notre âme.

Il a fallu pour exprimer ainsi ce qui semblerait inexprimable, l'apparition de l'essence même du monde, cet art, le plus spirituel, le plus dépouillé de tous. Seul le rythme des lignes, les subtiles dégradations de lumière qui marquent la fuite indéfinie des plans, seuls les éléments abstraits du paysage sont rendus par les fins lavis d'encre de Chine : nulle

couleur, à peine assez de matière fluide pour ombrer
la soie fine : nulle imitation du réel : c'est « la vie
de l'esprit par le rythme des choses », pour emprunter au grand peintre taoïste du vi⁰ siècle, Hsieh-ho,
le premier de ses canons d'art ; et dans un sens plus
profond que n'imaginait Amiel, ces paysages sont
des états d'âme.

Ailleurs nulle figure humaine n'assiste au rêve de
la Terre. Les brumes montent avec lenteur des
vallées, traînent en écharpes sur les ondulations des
collines vagues et vaporeuses comme elles : parfois
comme une incarnation de l'esprit des solitudes un
héron médite, la tête enfoncée dans son corps, une
patte repliée sous l'aile, à peine rattaché à la terre
par l'autre, si ramassé en lui-même, si engourdi par
l'aube froide et la mélancolie des lieux déserts qu'il
n'est plus qu'un repliement résigné.

Ailleurs encore la vision s'anime. Sur l'étroit rec-
tangle de soie, l'éternelle Energie passe en ondes
visibles. C'est le Sennin, le mystérieux sorcier des
montagnes et des souffles, l'ascète farouche qui rêve
sur un pic, immobile sous l'assaut du vent sauvage
qui tord sa robe. Son esprit est plus libre et plus
sauvage encore que le vent : ses yeux brûlants,
indifférents à la tempête, sont fixés sur la source de
toute vie : il y plonge : l'exultation de la force infinie
le soulève et l'emporte dans l'espace sans bornes,
par les sentiers invisibles de l'air et de sa volonté.
Parfois on le voit chevauchant sur le dos des cigognes,
vers les lieux secrets où se réunissent ses frères mystérieux : autour de sa course s'amassent les nuées,
roulent les tourbillons de l'orage, se hérissent les
pics assaillis d'éclairs.

Ailleurs, c'est le symbole même de la force, du
mouvement et du changement universels, de la

liberté souveraine de l'esprit et de la vie, le Dragon, qui déploie dans les nuages de la tempête et la bataille des éléments les écailles étincelantes de son corps infini que nul ne peut jamais voir en entier.

Telles sont les visions de ces solitaires, telle l'âme de cet art.

— Calmes extases infinies, secrètes communions avec la vie du Grand Etre éternel, enivrements, apaisements, qui vous a jamais éprouvés et rendus comme ces vieux maîtres chinois? — Vous n'êtes pas pour eux comme pour nous de brèves apparitions vite oubliées, mais des présences familières. Vous n'illuminez pas un instant le cerveau d'un poète : vous hantez à demeure la conscience de toute une race, de toute l'Asie...

Notre abandon au rêve ne peut être comparé à ces abandons. Nous ne savons pas comme l'Orient tout oublier pour nous perdre dans cette vie, nous y absorber pour y participer à sa force, à sa paix, à son éternité. Entre elle et nous se dresse la barrière infranchissable de la personnalité, qui pour l'Oriental n'est qu'illusion et pour nous réalité. Et pour lui donc, éternellement, entre nous et l'existence véritable se tend un voile que nos yeux ne perceront jamais : éternellement nous resterons ignorants des seules réalités vraies, inconscients des présences divines qu'en tout temps ses yeux contemplent. Notre vie tout entière n'est qu'erreur et aveuglement : son principe même est faux : et, partant, toutes ses œuvres, et avant tout notre art, qui au lieu d'être une libération de l'être, une révélation du divin et de l'ineffable dans toutes les choses, l'expression de l'âme par la recherche de l'âme de la Nature, n'est qu'asservissement à la matière et basse imitation du réel. Okakura est le porte-parole de sa race lorsqu'il dit : « En contemplant les peintures murales d'Ajanta, celles d'Horiuji, nous ne pouvons que regretter la perte du style pictural des Grecs, ce style qui était le leur avant que l'école d'Apelle n'y ait introduit le procédé théâtral du clair-obscur et l'imitation de la Nature ». Notre art réaliste fait horreur à ces idéalistes. Il ne rend que l'apparence, non l'esprit, l'extérieur insignifiant des choses, non leur âme et les énergies cachées qui apparentent leur essence à notre essence.

*
* *

Ce sens du mystère et de l'universel est l'apport taoïste à l'âme chinoise, autrement sèche et prosaïque. Mais ce n'est que dans l'art que ces principes les plus hauts du Taoïsme ont laissé une empreinte durable. Très vite, il a dégénéré en pratiques de magie, en recettes de sorcellerie. Le positif esprit chinois a vite transformé ces rêveries en réalités utilitaires. Le principe de l'unité de toutes choses s'est traduit par la recherche de la pierre philosophale ; celui de l'immortalité par l'absorption dans la vie universelle s'est transformé en recherche de l'élixir de longue vie : dès le deuxième siècle avant Jésus-Christ d'innombrables charlatans étaient entretenus par les empereurs pour transmuer les métaux vils en or et chercher partout le breuvage d'immortalité. Des traditions japonaises prétendent même que de nombreuses familles au Japon descendent de ces émissaires, qui, n'ayant rien trouvé, n'osaient plus rentrer en Chine et s'installèrent dans le pays. Aujourd'hui les prêtres du culte taoïste ne sont guère que des géomanciens, des devins et des diseurs de bonne aventure, dont l'occupation consiste surtout à exploiter la crédulité de leurs compatriotes. De la métaphysique et de la poésie taoïste ancienne, rien ne subsiste plus, que l'universel amour de la Nature et des fleurs.

§ 5. — Le Bouddhisme. Le culte de la Nature. Les sociétés secrètes.

Un sort pareil a atteint le Bouddhisme. La profonde métaphysique hindoue, la sublime morale ascétique du Maitre, sa doctrine de renoncement et d'universelle charité qui transforma l'Inde, tout l'Extrême-Orient, et si longtemps leur enseigna la beauté et la douceur, n'est plus en Chine qu'un moyen commode de concilier le *feng-choui*, et de traiter avec les démons et les esprits. L'histoire de sa lente dégradation est étrange. Apanage des nobles, de quelques hauts esprits seulement dans les moments qui ont suivi son introduction vers 65 après Jésus-Christ, le Bouddhisme primitif a trouvé tout d'abord dans la métaphysique parente de Lao-tze et l'idéalisme taoïste un terrain psychologique tout favorable à son développement. Mais d'autre part, il était en désaccord avec la religion domestique de la race chinoise, le culte des ancêtres, l'esprit confucianiste ; les Lettrés qui d'abord l'avaient considéré comme une simple curiosité inoffensive, finirent par s'en alarmer. Ils n'osèrent cependant pas tout d'abord attaquer de front la foi des empereurs et des impératrices qui avaient embrassé la nouvelle foi. Ses progrès furent d'ailleurs lents : ce n'est que vers le v⁰ siècle après Jésus-Christ qu'il prit profondément racine ; c'est surtout sous les T'ang que le Bouddhisme rayonna dans toute sa pureté et répandit tous ses bienfaits. Il fut quelque temps pour la Cour de Loyang ce qu'il fut pour celle de Nara au Japon, en même temps que le plus puissant inspirateur de bonté et d'amour, le créateur de la plus haute beauté

que ces pays aient connue. Toute l'ardeur, toute la
délicatesse hindoues, la sobriété grecque, toute la
majesté chinoise respirent dans les images que le temps
nous a laissées de cette période de foi, les sculptures
de Long-men, les statues soi-disant coréennes que le
Japon a conservées. Sur la Chine passa alors la divine
lumière qui la transfigura et fit d'elle l'égale de cette
mystérieuse Inde dont l'image surhumaine rayonne
encore dans l'ombre des grottes d'Ajanta.

Mais la surnaturelle lueur s'éteignit vite : à la foi
candide, à l'élan mystique des vi^e, viie siècles suc-
céda un formalisme de religion hiérarchisée et un
culte qui n'était plus la pure effusion de l'âme individuelle touchée par la grâce. En se répandant et en
se fixant, le Bouddhisme se banalisa : la pratique
plus générale de certaines de ses doctrines devenait
un danger pour les Taoïstes, les Lettrés et l'ordre
établi. Dès qu'il commença à pénétrer dans le peuple,
les Lettrés le combattirent avec violence comme des-
tructeur de tous les principes confucéens. Il l'était,
en effet, autant que le Christianisme des croyances
antiques, et fut persécuté pour les mêmes raisons. Il
recommandait le célibat, le mépris des biens de ce
monde illusoire et du travail, la mendicité, l'entrée
en religion ; il ne reconnaissait d'autre autorité que
celle de son Dieu : il tendait à la formation dans ce
monde chinois laborieux et soumis d'un peuple de
parasites et d'anarchistes « frelons imposteurs, pil-
leurs de la ruche de l'abeille » qui refusaient impôts,
corvées, toutes les obligations sociales et rituelles, et
ruinaient les bases sacrées de la famille.

Il dut le salut à un compromis. La doctrine de
l'école de Yogatcharya qui admettait le culte des ancêtres, le tantrikisme qui fournissait des formules
magiques pour concilier les influences malveillantes
vinrent opportunément lui donner une forme qui le

rapprochait à la fois de la religion domestique et du Taoïsme ; elle le mettait à la portée de toutes les intelligences et en accord avec les habitudes du peuple : dépouillé de sa noblesse et de tous ses caractères primitifs, il fut toléré d'autant mieux qu'il tombait plus bas. Aujourd'hui c'est à peine si l'on distingue le Taoïste du Bouddhiste : une même bassesse dissimule les traits de leurs philosophies, inspiratrices de tant de beautés autrefois.

Et par cette fatalité qui pèse sur toutes les manifestations de la vie en Chine, l'un et l'autre sont devenus, comme le Confucianisme, des forces d'immobilisation, et leurs moines autant que les Lettrés, des adversaires acharnés de toute innovation. Détenteurs des formules qui révèlent la volonté des esprits, ils sont les maîtres de leurs crédules compatriotes qui n'osent accomplir l'acte le plus simple sans les consulter. Et leur avis est toujours en faveur du maintien des superstitions, des croyances, des rites, des habitudes qui assurent leur pouvoir. Toute religion est conservatrice, méfiante des innovations. Chez le Bouddhiste et le Taoïste, la haine de la nouveauté est devenue une manie. Tout acte qui n'est pas en accord avec les habitudes anciennes par là seul est déclaré néfaste ; et nul par conséquent n'osera sans trembler l'accomplir. En réalité Bouddhistes et Taoïstes ne sont plus en Chine que les prêtres de la religion la plus ancienne de l'homme, celle qui partout subsiste à l'état latent ou visible sous les cultes avoués : l'animisme, le fétichisme, avec toutes les superstitions qui l'accompagnent.

Ainsi le caractère commun de toutes ces religions est celui de la Chine même : l'absence de centralisation et de cohésion. Bouddhisme, Taoïsme, Confucianisme sont également dépourvus d'organisation, de cadres et de chefs. Ce ne sont pas des Églises, à peine des confréries. Ce même particularisme se retrouve dans le dernier culte chinois, celui que l'on offre aux esprits topiques, aux montagnes, aux cours d'eau, au Ciel et à la Terre. Seul le chef de chaque communauté, de chaque division territoriale, de chaque province a le droit d'accomplir les rites suprêmes, ceux qu'exige le culte du Ciel et de la Terre. Une seule dérogation à cette dernière règle a été commise, en 771 avant Jésus-Christ, par le duc Siang, ancêtre de l'empereur Houang-ti. Le scandale fut tel que nul n'osa jamais recommencer. « Les historiens n'ont cessé depuis de qualifier sévèrement cette usurpation sacrilège. Les rites disent : le Fils du Ciel sacrifie au Ciel et à la Terre ; les Seigneurs sacrifient aux montagnes illustres et aux grands cours d'eau qui sont sur leur territoire respectif [1] ». Il en est donc pour les cultes comme pour l'administration : chaque unité a le sien qui ne regarde qu'elle, et les autres ne la concernent pas. La religion même sépare donc au lieu de réunir : elle vient ajouter encore sa force d'incohérence à toutes les autres forces qui travaillent contre l'unité du pays. Même la caste la plus puissante de la Chine, les Lettrés, n'a pas d'organisation qui puisse relier ses membres en faisceau, ni esprit qui puisse la porter à l'action collective. Gardiens des rites et des traditions, par tradition ils sont soumis, et l'éducation uniquement livresque qu'ils reçoivent en fait des rhéteurs qui, lorsqu'ils ont parlé, croient avoir agi, et sont incapables de toute autre action.

C'est sans doute en partie parce que cette coordination entre les différents organismes ou groupes qui existent dans le pays fait à ce point défaut que la

1. Maspero, p. 56.

Chine est la terre classique des sociétés secrètes, et que l'on corrige vivement les insuffisances de l'administration, de la justice, par les émeutes périodiques et les boycottages. Car le boycottage est une invention chinoise, et nulle part il ne se pratique d'une manière plus parfaite ni plus efficace qu'en Chine. Qu'il y ait un déni de justice, une irrégularité par trop forte — car le Chinois est patient et respectueux des autorités et ne se révolte qu'à la dernière extrémité — et voilà brusquement tout un quartier, toute une division du pays qui refuse l'impôt et fait la grève. Et tel est le sens de la solidarité entre différents membres d'une corporation ou d'une confrérie que Giles, qui cite de nombreux et curieux exemples de ces émeutes et de ces grèves[1], déclare qu'il est sans exemple que la consigne donnée ait été violée : en Chine il n'y a pas, si j'ose m'exprimer ainsi, de jaunes, ni de traîtres ; la discipline est absolue. Lorsqu'une de ces manifestations se déclanche, il n'y a qu'à céder ou à tout massacrer, si l'on en a les moyens. Les révoltes, les émeutes, les grèves sont, elles aussi, fort congrûment réglées par la tradition et les rites : dans ce pays où le passé est en tout le modèle du présent, c'est avec ordre et selon de vénérables précédents que l'on organise le désordre. La révolte des Turbans Jaunes en 184 après Jésus-Christ, est restée à cet égard le parfait modèle que toutes les révoltes, jusqu'à celle des T'aï-P'ing et celle des Boxeurs ont soigneusement imité. Toute innovation comme toute rébellion ne peut espérer réussir qu'en se déclarant conforme à quelque tradition ancienne. Lorsqu'on renverse une dynastie, que l'on détrône un empereur, ou que l'on tente une réforme, on trouve toujours quelque excellente raison pour prouver que l'on respecte l'esprit du passé, et

1. *China and the Chinese.*

que l'on ne détruit ce qui est que parce que l'on
veut rétablir ce qui fut, et par conséquent devrait
toujours être.

Et c'est ainsi que les époques de formation ou de
réforme, la période Han qui rendit au Confucianisme
et aux Lettrés tout leur empire aboli par Che Houang-ti,
la période des T'ang qui vit s'organiser le Bouddhisme
et fixa les canons de l'art, celle des Song qui osèrent
discuter les livres sacrés et combattre les Lettrés[1]
prétendirent toutes restaurer la pureté des doctrines
primitives, et nullement en modifier l'essence. L'art
et le luxe même qui connurent un tel éclat sous les
Song, tous les raffinements qui se développèrent dans
les Paradis de Soutchéou et de Hangtchéou, et de là
passèrent au Japon des Ashikaga, n'étaient au fond
que le prolongement logique des principes anciens et
la parfaite fleur de la Chine primitive. L'empereur
Hiu-tsung, qui résume en lui toutes les perfections de
ces raffinements, était avant tout un collectionneur
et un critique de l'art ancien, un dilettante délicat.
Pour lui l'essence de la Chine était contenue dans son
art; et c'est avec une ferveur religieuse qu'il en réunissait les restes, faisait dresser des catalogues, multipliait les critiques et les commentaires, certifiait
par son sceau apposé sur la soie des peintures leur
authenticité. Ses collections inestimables furent
détruites ou dispersées par les Mongols; les ravages
périodiques que la Chine a subis ont balayé les plus
précieux trésors de son passé; c'est au Japon aujour-
d'hui qu'il faut surtout chercher le peu qui nous reste
de l'immense production de cette Chine qui fut la plus
grande créatrice de beauté, la plus profonde source
de doctrines esthétiques que l'Asie ait connue.

1. Je reviendrai plus loin sur l'esprit de la dynastie Song que
manifeste si puissamment son art, et qui donne à cette période
de l'histoire chinoise un caractère à part.

CHAPITRE IV

L'ART

––––––––

Cet art unique est l'expression complète de l'âme de la Chine ; on ne peut ni en donner ici une idée adéquate ni se résigner à le passer sous silence. Je m'en tiendrai à l'essentiel, aux principes qui l'inspirent, à ses caractères propres, aux indications qu'il nous fournit sur l'esprit de la civilisation qu'il incarne, sans vouloir m'arrêter à l'inutile énumération des écoles et des noms qui l'ont illustré.

§ 1. — Importance de l'art chinois. Éléments nouveaux d'étude. — Les principes fondamentaux.

Une première vérité doit d'abord être dite avec netteté ; l'art de la Chine est un des plus hauts sommets de l'art humain. Cette affirmation ne fait plus scandale. Ce que nous étions si peu nombreux à proclamer il y a vingt ans est universellement reconnu aujourd'hui par tout esprit sensible à la beauté et qui a pu approcher les chefs-d'œuvre de cet art. Notre longue méconnaissance de cette supériorité est excusable. Longtemps nous n'avons connu de l'art chinois que la porcelaine, et encore seulement dans des spécimens inférieurs ; pour nous elle le résumait presque tout entier. Nous ne connaissions ni la poterie incomparable dont de si beaux exemples se trouvent aujourd'hui dans quelques rares collections d'Europe, de plus nombreuses collections américaines, ni surtout la peinture chinoise qui est le suprême art chinois, ni la sculpture primitive ; encore aujourd'hui, ce n'est qu'en Chine, au Japon ou aux Etats-Unis que l'on peut en étudier les vrais monuments. Est-il étonnant que nous nous soyons si lourdement trompés sur la valeur de cet art, sur les principes qui l'inspirent, sur l'importance relative des époques et des artistes, puisque les documents indispensables faisaient défaut? Nous n'avions guère que ceux que d'aimables mondains, diplomates ou « globe-trotters », nous rapportaient ; ils étaient conformes à leur goût, et c'est tout dire. Ce n'est que depuis quelques années qu'il nous a été donné de voir quelques rares œuvres vraiment capitales. Les études sur les sculptures du royaume de Gandhara, les découvertes que l'on a faites dans le Khotan et le Turfan, des fouilles récentes nous ont enfin permis de retrouver, sinon la genèse, tout au moins les affiliations de cette grande sculpture chinoise totalement ignorée jusqu'à ces dernières décades. D'autre part, les trésors de la peinture primitive et ancienne chinoise conservées au Japon ou réunies par des collectionneurs éclairés tels que MM. Fenollosa et Freer aux Etats-Unis, Morrison à Londres, la vaste réunion d'œuvres que possède le musée de Boston, nous fournissent aujourd'hui des éléments d'étude certains, et les merveilleuses publications d'art au Japon [1] des moyens de comparaison autorisée. Avec la multiplication de ces éléments et des études telles que celles

1. La *Kokka* et les *Select Relics*.

de MM. Fenollosa, Hirth, Binyon[1], toutes les idées courantes sur l'art de la Chine et du Japon ont été balayées. Nous savons aujourd'hui que les grandes époques sont les époques primitives, les grands maîtres des artistes dont nous ignorions jusqu'aux noms et dont l'Europe ne possédait aucune œuvre ; les œuvres que nous admirions si fort ont toujours été considérées comme négligeables par les connaisseurs orientaux.

Surtout nous commençons à comprendre que les principes fondamentaux de l'art extrème-oriental diffèrent profondément de ceux qui inspirent le nôtre, et que tous les jugements que nous portions autrefois sur cet art partaient d'un point de vue entièrement faux. Les historiens, les critiques européens lui appliquaient les idées de l'Occident, louaient ou blâmaient selon que les œuvres se rapprochaient ou s'éloignaient de nos canons ; les descriptions étaient des apologies ; on essayait d'excuser les artistes d'avoir ignoré ou oublié dans leurs œuvres la perspective, le clair-obscur, que sais-je encore ? — toutes choses que les maîtres orientaux avaient délibérément écartées comme contraires à l'esprit de leur esthétique. L'incompréhension était totale. On en pourrait citer d'amusants exemples. Elle s'aggravait de l'ignorance de la psychologie de ces races, de leurs croyances, de leur philosophie, de tous les dessous de rêve, de toutes les associations d'idées, de tout le symbolisme qui constitue dans cet art, comme dans le nôtre d'autres entièrement différents, le fonds spirituel invisible qui lui donne son sens et sa puissance d'évocation. Ainsi dissocié de tout ce qui l'avait créé et lui donnait son originalité

1. Le livre de M. Binyon, *Painting in the Far East*, surtout a une valeur particulière. Il est d'un poète et d'un penseur en même temps que d'un critique averti et pénétrant.

propre, l'art extrême-oriental n'était pas compris, et n'éclairait pas la civilisation de ces races si profondément esthétiques dont il est cependant la plus haute expression. Et d'autre part on saisissait mal ce que nul Occidental ne pourra jamais sentir pleinement, la technique particulière de cette peinture qui a influé sur l'exécution de toutes les œuvres d'art en donnant à la ligne une importance capitale.

La première condition de toute intelligence de cet art est donc la compréhension nette des principes qui l'ont inspiré, et qui tiennent à la psychologie même de la race. On en a déjà entrevu le principe fondamental. L'art chinois ne tend pas, comme le nôtre, à la représentation exacte et complète de la réalité; encore moins à l'imitation de la nature, et jamais au trompe-l'œil cher à tant d'Occidentaux. C'est de parti pris et non par impuissance qu'il néglige tout ce dont l'absence dans ses œuvres nous déconcerte. Là-dessus nous avons les témoignages répétés de toutes les époques et l'affirmation renouvelée des plus grands artistes. Il n'y a pas de plus lourde erreur que de supposer que ces vieux maîtres étaient des ignorants impuissants livrés à leur seul instinct. Nulle part jamais art n'a été plus conscient de ses fins, ni doctrines esthétiques plus nettement formulées. Les artistes extrême-orientaux sont des collectionneurs, des poètes, des philosophes, des critiques, des théoriciens qui ont profondément étudié tout le passé, toute l'évolution de leur art, et réfléchi aux principes qu'ils appliquaient; les traités de peinture, les catalogues, les discussions esthétiques que nous possédons se chiffrent par centaines; les traductions trop peu nombreuses encore de quelques-unes de ces œuvres jettent sur les doctrines des maîtres un flot de lumière. Qu'on lise seulement les extraits de l' « Essai sur la Peinture » du grand Kuo-Hsi des Song [1], mort en 1088, que donne Fenollosa (p. 161 de la traduction française de l'*Art en Chine et au Japon*, Hachette). On verra que pour lui l'esprit est tout ; c'est en toute chose l'esprit invisible des choses qu'il faut dégager et exprimer, et non la réalité visible : « Les anciens Sages disaient qu'un poème est une peinture sans forme visible, et qu'une peinture est une poésie qui a pris forme. Ces paroles sont sans cesse en moi. » Et plus anciennement encore, au VI⁰ siècle, un autre artiste chinois, Hsieh-Ho, nous dit que tout l'effort du peintre doit tendre à rendre « la vie de l'esprit par le rythme des choses. » C'est cette réalité profonde, l'essence qui crée, non la chose créée, l'âme et non la forme extérieure, que l'artiste doit rendre. Tout est subordonné à cette préoccupation essentielle ; les conventions qui permettent d'y atteindre sont simplement autres que celles que nous employons pour d'autres fins. Elles ne sont pas moins logiques ni moins légitimes, si le point de vue est admis [2].

Une autre différence fondamentale entre l'art de l'Occident et celui de l'Orient, et qui dérive de la même attitude psychologique, est dans ce que l'on pourrait appeler le déplacement du centre d'intérêt. Celui-ci n'est pas comme chez nous dans la personnalité humaine, dans le drame humain, dans l'action, mais hors de l'homme, dans la Nature, dans le monde métaphysique qui est derrière elle, dans la contemplation. Ce n'est pas le détail des formes et la connaissance scientifique des choses qui préoccupent l'artiste oriental ; la musculature des corps, la

1. En japonais Kakki.
2. Voir l'intéressante étude de R. Petrucci « Les Caractéristiques de la Peinture Japonaise ». Revue de l'Université de Bruxelles, janvier-février 1907.

structure anatomique, les jeux mystérieux des ombres et de la lumière, par exemple, ne l'intéressent pas ; les aventures individuelles, l'anecdote, le drame, les sujets de genre qui, dans notre art, jouent un si grand rôle, sont pour lui sans portée. Pour l'Oriental, l'homme n'est pas le centre du monde ; il n'est qu'un détail dans le Grand Tout ; la vie de l'Univers dépasse infiniment sa vie, et ce sont des échos, des lueurs, des apparitions de cette vie plus vaste qui hantent l'esprit du peintre chinois. Le sens de la personnalité, l'opposition entre le moi et non-moi, qui chez nous dominent, n'existent pas pour lui. Et c'est pourquoi la supériorité de l'art oriental est dans l'expression des profonds sentiments métaphysiques et religieux, dans la représentation des aspects de la Nature et dans l'art du paysage ; la supériorité du nôtre avant tout dans le drame humain, la représentation de la vie individuelle concrète et particulière, l'analyse scientifique et psychologique plutôt que la synthèse intuitive et la vision. Les deux grandes influences spirituelles qui ont si profondément pénétré la Chine et le Japon, le Taoïsme et le Bouddhisme, ont convergé ici pour spiritualiser l'art. Le Taoïsme apporte le sens de l'immatériel et de l'invisible, de la vie secrète des choses, et comme l'esprit des eaux, des nuages, des montagnes, des sources, des brumes, de la lumière et de la nuit ; le Bouddhisme le profond sentiment que tout dans le monde n'est qu'apparence et qu'illusion, est symbole et songe, et la vision des splendeurs calmes qui éternellement subsistent derrière les apparences vaines.

§ 2. — Le Bouddisme et le sentiment religieux dans l'art primitif chinois. — Ses transformations en Chine.

Le Bouddhisme surtout a saturé à tel point toute la vie morale de l'Extrême-Orient, il s'est si intimement mêlé à toute la sensibilité de l'homme, que son influence a survécu à toute croyance religieuse effective, et constitue encore aujourd'hui l'atmosphère qui baigne et illumine tout. On ne peut comprendre l'art religieux ni même séculier de la Chine et du Japon sans en posséder la doctrine. Car le sentiment religieux que révèlent les sculptures chinoises, les grandes peintures primitives, ne ressemble pas au sentiment religieux qui a inspiré nos mythes et notre art, dressé nos églises, et illuminé notre vie. Pour en saisir l'essence, il faut oublier un instant les dieux aryens semblables aux hommes; les dieux de l'Asie sont d'une autre lignée. Ses extases ne sont pas les extases chrétiennes nées de l'aspiration infinie du pauvre cœur humain qui nie passionnément la possibilité de son anéantissement dans l'obscurité muette de la mort, ardemment affirme l'immortalité personnelle, s'élance vers un Paradis de splendeurs et d'amour. Ces dieux et ces extases et ce Paradis ne sont, pour le Bouddhiste, que le rêve d'un rêve; c'est le désir de la Vie, créateur de ce monde illusoire, racine de tout mal, le désir que maudissait le Bouddha, qui les crée.

Car le Paradis véritable n'est pas un prolongement de la vie, mais la cessation de toute existence. L'existence est un mal, le monde une illusion, l'un et l'autre sont de vains reflets qui se jouent un instant à la surface de la grande noirceur calme qui les enveloppe. Le repos et la réalité sont ailleurs. Ce sont eux que le Bouddhiste sent partout et qu'il s'efforce de faire sentir.

Derrière l'écoulement des apparences, cette réalité stable lui apparaît : derrière l'agitation de la vie lumineuse et fugitive, le repos, l'immobilité, l'obscurité du Néant d'où tout sort, où tout retombe, qui seul persiste. Sa pensée s'abîme dans la contemplation infinie de l'essence de ce Néant et de cette Réalité. Par cette contemplation elle découvre que leur essence est une, qu'ils sont un : l'illusion tombe, le monde s'évanouit : le Sage reconnaît que rien n'est réel, que tout est vide. Cette connaissance le conduit au renoncement : par le renoncement, il s'affranchit du désir et de la douleur, du monde et de la vie. Son âme cesse d'être individuelle : elle s'absorbe dans le Tout indéterminé. Elle devient une avec la Pensée éternelle. La religieuse Asie seule a su exprimer dans son art ces méditations, revêtir ces abstractions de formes augustes ou terrifiantes, parce que seule elle a pénétré, par l'émotion comme par le raisonnement, jusqu'au monde métaphysique qui est le support de notre monde, jusqu'à l'Etre dont on ne peut dire que : Il Est.

Au seuil de cette réalité, devant cet Etre, intermédiaires entre l'homme et la divinité, rêvent les Bodhisattvas, affranchis de toute haine, de tout amour, de tout désir. Ils ont traversé des millions d'existences individuelles : bientôt ils vont s'absorber dans l'existence suprême : encore une naissance, et ils rentreront pour toujours dans l'indéterminé; ils atteindront le Nirvana. Déjà leur paix ne peut être troublée par le tumulte de la vie qui flambe, s'éteint et se rallume incessamment dans l'impassible Nuit. Leur calme rêve ne connaît plus la terre. Les ardeurs et les misères humaines n'agitent plus leur cœur. Leur pensée n'est point une méditation de la mort ou de la vie. Leur extase est contemplation pure. Elle ne voit pas l'être multiple, changeant et périssable, mais la Réalité une, éternelle, identique à leur propre essence [1]. Et c'est pourquoi, dans les œuvres qui les

1. « Que le Bodhisattva considère toute chose comme étant de la nature de l'espace, comme éternellement semblable à l'espace, sans essence particulière, sans substance. » (Suddharma Pundarika.)

représentent, leurs figures respirent la paix des choses inanimées, et que leurs fronts ont le rayonnement des sommets qui le soir semblent regarder, par delà la vie, un monde de splendeurs calmes. L'émotion que nous ressentons devant les paysages et ces figures est de même ordre. Leur beauté est celle des grands êtres permanents, et leur rêve est le même. Eternels, indifférents comme les montagnes et comme la mer, ils sont un symbole de la pérennité et de l'impersonnalité de la Nature : ils sont la Nature même ; nous reconnaissons en eux sa présence sereine.

Tels sont les êtres et les sentiments que représente l'art religieux primitif de la Chine et du Japon ; telle est l'extase de ses prêtres et la beauté propre des images qu'elle nous donne. Une grandeur impersonnelle en est le caractère profond. Le génie même de l'Orient y apparaît. Lui seul a senti ainsi le fatal, le mystérieux, le surhumain, l'impersonnel. A côté d'une rangée morne de divinités égyptiennes, du vivant fourmillement d'une architecture hindoue, de la splendeur enchantée d'une peinture bouddhique, de l'intense rayonnement de vie intérieure de ces sculptures, notre art mystique semble sans profondeur. Nos extases sont humaines, nos dieux des hommes glorifiés. Les êtres éternels dont l'Egyptien, l'Hindou, le Bouddhiste adorent avec stupeur l'inexorable mystère, ne nous apparaissent que sous le froid aspect des Lois fatales. Ils n'émeuvent notre imagination que par notre intelligence. Ils sont l'objet de nos philosophies, de notre science, mais point de nos religions. Ils sont des conceptions de nos cerveaux, non des ébranlements de notre âme. Ils ne nous enivrent pas de l'épouvante obscure, de l'horreur sacrée, de l'exaltation visionnaire familières aux races proprement mystiques. Courbées sous la terreur religieuse,

ces races n'ont point osé interroger leur dieux ; elles
n'ont pu s'élever jamais jusqu'à la conception de la
science, jusqu'à l'étude libératrice des lois fixes du
monde. Mais, en revanche, pour elles la nature a
conservé son sens religieux, l'empire infini de ses
prestiges. Elles seules ont su faire des dieux des
images dignes. Elles seules, dans leurs incantations,
dans leurs prières, dans leurs arts, ont trouvé les
accents magnifiques et graves qui conviennent à la
divinité. Ecrasées par la grandeur inhumaine du
monde, elles se sont prosternées aux pieds de l'Isis
éternelle, qui pour elles a soulevé son voile et montré
sa face auguste. C'est en vain que l'homme essaie
aujourd'hui de retrouver ces émotions de l'humanité
primitive devant l'insondable univers. Trop de courses,
de cultures et de siècles l'en séparent à jamais. En
vain un Gustave Moreau demandera à ces statues, à
ces peintures, le secret de leurs prestiges, à la Judée
et à l'Inde des symboles et des architectures, des
légendes et le scintillant mystère des bijoux : l'irra-
diation profonde ne transfigure pas ses visions éru-
dites : elles restent glacées. La moindre œuvre de la
grande époque bouddhique est plus émouvante, contient un sens plus profond du solennel, du mystérieux,
de l'hiératique.

Mais cette métaphysique et cet art hindous, même
au moment de leur introduction et de leur première
pureté relative subissent en pénétrant en Chine et de
là au Japon, de profondes modifications. Les stupeurs
et les accablements de l'Inde ne pèsent pas sur ces
terres. Cette métaphysique et cet art s'y humanisent,
se sécularisent, pourrais-je dire. Ils gardent longtemps le souvenir de leurs origines : la grande illumination hindoue les transfigure toujours : l'idéal
ascétique longtemps persiste. Mais ce qui fait le fond

de l'art indien, le sentiment que la Nature, dans son inépuisable et indifférente fécondité, est sans pitié, sans raison, sans rapports avec notre vie, disparaît. Le Chinois et le Japonais sentent encore sa grandeur impersonnelle. Ils sentent non moins profondément ce que l'Inde n'a jamais éprouvé, sa beauté, son harmonie, ses relations avec la vie humaine. Sans doute l'homme n'atteint la pleine liberté de son âme qu'en cessant d'être homme, en s'absorbant par la méditation et la discipline ascétique dans la vie du Grand Tout. Mais il n'est plus comme l'Hindou le jouet et l'esclave des forces naturelles. Il en perçoit la beauté non moins que la cruauté, leur bienfaisance non moins que leur redoutable puissance. Il reste sensible au mystère ; mais ce mystère ne l'écrase pas. Ce que cet art perd en profondeur métaphysique, il le regagne en profondeur humaine.

Et c'est ainsi que tout cet art primitif inspiré par l'Inde est cependant chinois ou japonais dans son essence. Ce que l'Inde apporte à ces races mesurées, à ces civilisations si humaines, est le sens de la grandeur auguste et de l'émotion religieuse. C'est l'apport étranger que la nature profonde de ces pays, leurs instincts spontanés, élimineront peu à peu. C'est cette rare et fugitive alliance de deux tendances, qui sembleraient devoir s'exclure l'une l'autre, qui fait le caractère unique de cet art primitif, et lui donne un charme qui égale sa majesté.

Et c'est ainsi que ces premières œuvres s'illuminent de je ne sais quelle douceur humaine, d'une inexprimable candeur grave et d'une subtile et riante jeunesse. La Chine n'a plus retrouvé le mélange de noblesse et d'adorable fraîcheur qui les caractérise. Une joie fine allège ces visions et les rend humaines. La foi qu'elles expriment comme les formes qu'elles prennent sont bien hindoues d'origine. Mais l'esprit qui les anime n'a rien d'hindou. Si l'on veut mesurer l'abîme qui sépare cet art du pur art hindou, que l'on regarde les quelques œuvres directement inspirées par l'Inde, telles par exemple que les fresques du temple d'Horiuji au Japon. Elles sont uniques de grandeur et de rêve. Par la profondeur, la lassitude, la gravité voluptueuse de leurs figures surhumaines qui trônent parmi les fumées, les fleurs et les abîmes d'un ciel mystérieux, ces fresques sont purement hindoues : le riant éther du Japon, la paix de la Chine seraient irrespirables pour ces divinités. Ces présences mélancoliques sont d'une autre terre, chargée de fatalité; leur demeure est aux temples d'Ajanta; on les y retrouve absolument; une âme hindoue les a rêvées, une main hindoue peut-être les a tracées sur les murs d'Horiuji.

On ne saurait trop marquer cette différence fondamentale entre l'art hindou et l'art extrême-oriental. Sans doute on ne peut exagérer l'importante des influences hindoues sur la Chine et le Japon, ni leur continuité. Ces pays se tournent encore aujourd'hui avec vénération vers l'initiatrice à la vie spirituelle et l'idéal hindou de renoncement et de sacrifice. L'affirmation hindoue : que la civilisation vraie est celle des sentiments, que la vie intérieure seule importe, domine encore leur conception des fins de l'existence. Mais ils ont fait subir au Bouddhisme et à cette métaphysique, en les mêlant à leur vie, une transformation presque aussi profonde que l'Europe à la doctrine orientale du Christ. Ils les ont conciliés avec les exigences de la vie active et mis à l'unisson de leur nature.

§ 3. — La Sculpture.

C'est sur les merveilleuses stèles des T'ang, conservées au musée de Boston, et celles qui commencent à arriver en Europe, que l'on peut le mieux voir affleurer à travers les influences étrangères le caractère proprement chinois de cet art. Une intense vitalité les anime; elle circule comme une flamme légère à travers tout, et brûle littéralement dans les lions, les anges aux crinières et aux draperies agitées; on y retrouve l'extraordinaire vivacité des personnages des sculptures Han, qui sont les plus anciens monuments sculptés de la Chine, et purement chinois. Dans ces processions interminables, malgré l'identité des costumes et des mouvements rituels, il n'y a pas deux figures qui se ressemblent; chacun vit de sa vie personnelle, et tous ont la même aristocratie fine, la même grâce, la même joie noble, la même ferveur riante. Un monde incomparable revit sous nos yeux dans l'ordre, la décence, la sobre magnificence de son raffinement. Par cette vive alliance de la noblesse et de l'allégresse, de la ferveur religieuse et de la joie, par sa finesse et sa grandeur délicate, cet art bouddhiste chinois visionnaire et humain n'a d'égal que l'art exquis du Japon primitif qu'il a inspiré.

Moins purement nationale par la technique, la grande sculpture monumentale chinoise des époques T'sin, Leang, Wei, Souei et T'ang (IIIe au IXe siècle après J.-C.), garde davantage les traces de la grâce gréco-bactrienne et de la suavité hindoue : elle a dans ses chefs-d'œuvre une noblesse, une dignité et une intensité de vie intérieure qui font d'elle, je l'ai déjà dit (pp. 114, 115; p. 161), le plus haut sommet de l'émotion esthétique et morale qu'ait atteint l'Asie. Il faut, hélas, me croire sur parole, puisque aucun exemple capital de cet art n'existe encore dans nos musées européens, et de très rares spécimens seulement dans les collections particulières. Grâce au vandalisme cupide des grands marchands il est vraisemblable que des

exemples nombreux de cet art vont bientôt affluer :
leurs émissaires scient à Long-Men les têtes des statues les plus belles, font traîner à travers les sables
les statues qu'il est possible de détacher du roc :
c'est tout meurtris par cette barbarie que ces dieux
nous arrivent. L'indifférence chinoise, qui parque
dans les grottes des troupes, comme nous le fîmes
dans le Palais des Papes à Avignon, sert d'excuse à
ces forfaits. Et bientôt l'incomparable ensemble de
Long-Men qui a résisté à tant d'invasions barbares et
survécu à tous les affronts succombera devant la
cupidité des mercantis d'art.

Quelques chefs-d'œuvre de ces époques, en bois,
en terre cuite, en bronze, subsistent au Japon : la
plupart des sculptures dites coréennes, et qui sont
les plus belles que possède le Japon, sont d'authentiques œuvres chinoises, ou si profondément pénétrées
d'influences chinoises qu'elles ne s'en distinguent
guère [1]. Je n'en nommerai que quelques-unes dont la
représentation existe dans les traités sur l'art d'Extrême-Orient ou les « Select Relics » : les cinq
Kokuzō, en bois, apportées au Japon en 847 par
Yennsozu, prêtre d'Omi, conservées au Temple Toji
à Kyoto : l'adorable Kwannon en contemplation de
l'Académie des Beaux-Arts de Kyoto, qui est un
incomparable chef-d'œuvre : et surtout l'extraordinaire Kwannon en bronze du monastère de Chuguji,
près d'Horiuji que l'on attribue, à tort, à Shotokou
Taishi, pure merveille de spiritualité dit avec raison
Fenollosa « dont la sublime beauté réside dans le
visage empreint de tant d'amour, de douceur, d'une
tendresse si poignante, dont les yeux se ferment sur

---

1. Pour l'analyse de certaines de ces œuvres et de la tech-
nique qu'elles manifestent, voir mes articles de la *Gazette des
Beaux-Arts* de 1901 sur l'Exposition du Japon à l'Exposition
Universelle de 1900.

le rêve intérieur ». Mais plus belle encore à mon avis, et digne d'être comparée aux plus grands chefs-d'œuvre de tous les temps, est la Kwannon dite coréenne du pavillon Yumedono de Horiuji, peut-être l'image la plus émouvante que l'homme ait conçue et qui unit, dit Fenollosa « la beauté grecque antique à la beauté des primitives statues gothiques de nos cathédrales ». A elle seule cette statue suffirait à justifier tous les éloges que j'ai accordés à la sculpture chinoise. Et tel des Bouddhas ou des Boddhisatvas de Long-Men n'a pas une intensité de rêve intérieur moindre, moins d'émouvante beauté.

Lorsque j'aurai l'occasion de parler de cet art japonais, il sera encore plus facile de déterminer avec précision la part des influences étrangères et la part d'originalité propre que l'on y trouve, car la réaction du Japon, les transformations de sentiments qu'il a fait subir au Bouddhisme et à la technique, sont encore plus nettes.

§ 4. — La peinture primitive.

La matière a préservé d'assez nombreux monuments de la sculpture chinoise primitive. La peinture a souffert davantage. Les invasions, les révoltes, les incendies n'en ont laissé subsister que de bien rares spécimens authentiques. Les plus importants sont ceux que le Japon conserve dans ses temples et qu'il est allé chercher en Chine aux époques primitives, et encore aux xie, xiie siècles, et de nouveau au xve quand Sesshiu voyagea en Chine et revint chargé de chefs-d'œuvre. Quelques-uns ont été préservés par un hasard singulier, tel l'étonnant portrait de Shotokou Taishi et de ses enfants, qui est de la main même du prince coréen Asa (621), ou la plus ancienne peinture chinoise que nous possédions, le rouleau du grand peintre et poète Ku-Kai-chih, recouvert de sceaux impériaux, conservé au musée britannique, et qui est un pur chef-d'œuvre (vers 364 après J.-C.). La maîtrise dont témoigne cette dernière peinture est telle, la société qu'elle représente est d'une culture si fine, si achevée, qu'elles ne peuvent être que le produit d'une longue évolution esthétique et d'une civilisation parvenue à un extrême raffinement. Elle nous fournit d'autre part la preuve que cet art est indigène en Chine. Elle ne porte aucune trace d'une influence extérieure quelconque ; inspiration, types, facture, tout est uniquement chinois. Mais il faut descendre jusqu'à Wang-wei [1] au commencement du VIIIe siècle, à Wu Tao-tze [2], au commencement du IXe, les deux plus grands maîtres de l'époque T'ang, pour trouver, sinon des œuvres certaines de leur main, tout au moins des copies si anciennes et si belles qu'elles nous permettent d'entrevoir la force et la noblesse incomparables de leur art [3]. L'essence en est, qu'il s'agisse de figures ou de paysages, celle-là même que Hsieh-Ho a définie dans son traité d'esthétique, le mouvement vital de l'esprit exprimé par le rythme des choses. Tout ce qui caractérisera la peinture chinoise des époques postérieures s'y trouve déjà avec une perfection d'exécution que la Chine ne surpassera jamais, et une grandeur qu'elle ne connaîtra plus. D'un élève de Wang-Wei, Han-Kan, le musée britannique possède une œuvre presque cer-

1. En japonais Omakitsu.
2. En japonais Godoshi.
3. On peut voir des reproductions des principales œuvres attribuées à Wang Wei et Wu Tao-tze dans les ouvrages de MM. Fenollosa et Binyon et les *Select Relics*. Certaines, telle la Kwannon debout de la collection Freer, surtout le Monju du temple Tofukuji à Kyoto, de Wang-wei, sont parmi les plus émouvants chefs-d'œuvre de la peinture universelle.

tainement authentique, un Rishi enfant chevauchant une chèvre gigantesque autour de laquelle gambadent de petites chèvres extraordinaires de vérité et de vie. On y retrouve la fougueuse animation, l'étonnant mélange de spiritualité et de joie naïve qui caractérise l'art T'ang et un sens subtil du mystère. Qui a vu les clairs yeux aigus, si malicieux et si candides du jeune Rishi ne peut plus les oublier.

Mais dès la fin du ix° siècle, la décadence de cet art et de cette société est manifeste. Après la période confuse des Cinq Dynasties, avec les Song (960) commence une ère nouvelle de libération et d'invention où l'on trouve, surtout sous la dynastie des Song du Sud et au moment de la splendeur de Hangtchéou, des influences spirituelles qui dérivent du Laoïsme et de la riante nature de la vallée du Yang-tze plutôt que de l'austère grandeur du Nord et de la ferveur religieuse bouddhique. L'influence de l'Inde n'est plus qu'un lointain rayonnement. Les traditions des T'ang inspirent encore cet art, car tout art en Chine est traditionnel. Mais il reste peut-être le développement le plus purement chinois que la Chine ait connu.

§ 4. — L'Art des Song.

Cette civilisation de Hangtchéou fut un des moments parfaits de l'humanité. Marco Polo nous l'a décrite en termes inoubliables. Il nous parle de cette ville de Quinsay (Hangtchéou), la plus belle et la plus somptueuse de la terre — et nous savons ce qu'était alors sa Venise natale, et quelles autres villes il a vues — de son enceinte immense, de ses douze mille ponts de pierre, des marchands princiers qui y vivaient finement et délicatement comme des rois, parmi leurs femmes, créatures langoureuses et raffinées, du lac de cristal, dont le tour de trente milles, était couvert de palais, de monastères, de temples, et dont les deux îles étaient parées chacune d'une vaste maison royalement meublée, construites exprès pour l'usage de tout citoyen qui désirait recevoir ses amis, donner des fêtes ou célébrer un mariage, et où parfois cent réceptions séparées se donnaient dans chacune à la fois ; de sa police innombrable ; des trois cents bains publics où l'eau chaude coulait toujours ; des dix marchés débordants de poisson frais, de viandes, de légumes, de fruits magnifiques ; de la foule des bateaux et des maisons flottantes amarrées sur le lac et les canaux, pareils à des palais dorés tout sculptés et peints ; des voitures peintes qui sans cesse circulaient dans les rues. Les habitants ne portaient pas d'armes, n'en avaient pas dans leurs maisons ; jamais on n'entendait le bruit d'une discussion ou d'une querelle. Ils étaient doux, hospitaliers, amènes pour l'étranger comme pour leurs compatriotes, et leur courtoisie était exquise. Les jardins de l'empereur étaient « délectables », pleins d'arbres fruitiers, d'ombre et de fraîches fontaines. Les vastes salles du palais étaient ornées partout de belles peintures sur fonds d'or représentant des oiseaux et des bêtes, des guerriers et de belles dames, et maintes histoires merveilleuses. Les poètes, les philosophes, les artistes ne se comptaient pas. Les courtisanes, dont le nombre était tel que Marco Polo n'ose pas le dire, de peur de n'être pas cru, étaient parées de tous les attraits de l'esprit comme du luxe, si subtiles, si belles et si enivrantes qu'elles faisaient de Quinsay un Paradis après lequel tous soupiraient. C'est ce mot de Paradis dont coup sur coup Marco Polo se sert en en parlant. C'en fut un en effet que cette Venise adorable qui fut une merveille de raffinement aux plus sombres jours de notre Moyen Age. Des pages de Marco Polo, de celles du frère Odéric s'élève un parfum de fine volupté et de luxe délicat. Cette civilisation infiniment affinée fut aussi douce, aussi humaine qu'elle était belle et somptueuse ; tous y avaient également leur part.

Elle fut deux fois ruinée par la sinistre invasion des Mongols et s'effaça comme un rêve. Que pouvaient y comprendre ces rudes Tartares dont l'effarement fut si grand en voyant les populeuses campagnes chinoises, toute la savante culture, que Gengis Khan s'écria : « Ce n'est pas un pays ! Exterminons tous les Chinois, puis laissons pousser l'herbe. Alors nos chevaux pourront paître. »

Le premier épanouissement Song eut son point culminant dans cet étonnant empereur Hiu-Tsung [1] (1101-1126 après J.-C.), poète, philosophe et peintre de génie, et le plus grand collectionneur, le plus fin critique d'art de la Chine de tous les temps. Il succomba en 1127 à l'assaut des Tartares Kin qui brûlèrent sa capitale Kai-fong-fu, détruisirent ou dispersèrent les inestimables trésors d'art qu'il avait accumulés, et l'emmenèrent en captivité, où il mourut en 1135. Ce fut en 1138 que les Song du Sud installèrent leur capitale à Hangtchéou, et pendant plus d'un siècle maintinrent tout l'éclat de la dynastie, jusqu'à ce qu'elle croulât à son tour devant Koubilaï Khan.

Leur disparition est une des plus grandes tragédies de l'histoire. Il est impossible de dire ce que cette renaissance purement chinoise aurait donné si son développement n'avait pas été ainsi arrêté. Un esprit nouveau animait alors la Chine. Elle s'efforça de

1. En japonais Kiso Kotei.

briser la tyrannie confucianiste. Elle eut alors un idéal de libération en toutes choses. Pendant près de trois siècles, les Song luttèrent contre l'étroit puritanisme prosaïque des Lettrés, et peu à peu affranchirent leurs sujets des formalismes religieux. Un grand souffle d'idéalisme égalitaire traversa le pays ; l'artiste et le prêtre étaient les égaux des empereurs et des ministres, et tous collaboraient en frères, dans une égale ferveur pour faire régner la beauté, la vérité, la douceur parmi les hommes. L'esprit individualiste du Sud, son fin épicurisme, purent s'épanouir librement et noblement ; les tentatives de réforme d'un homme extraordinaire, Wang An-shih[1], furent encouragées par trois empereurs successifs ; la secte Zen, la philosophie taoïste enseignaient à l'homme une doctrine plus noble, plus spirituelle et plus large que celle de Confucius, plus près de la vie réelle que le Bouddhisme des T'ang, et toute pénétrée d'un profond esprit laïque de tolérance et de liberté. Il est probable que nulle part jamais la vie n'a été plus douce, plus belle, plus riche en perfections humaines, plus raffinée que dans cette riante et paisible Chine des Song.

C'est cette finesse, cet idéalisme philosophique et cette suprême élégance morale que nous retrouvons dans les œuvres qui nous sont parvenues de cette époque. Elles nous révèlent une Chine nouvelle. Elles allient la plus haute inspiration morale, le sens de la grandeur, une extraordinaire intensité de rêve à je ne sais quoi de plus libre, de plus individuel que les grandes œuvres T'ang, de plus pénétrant et de plus

1. Mort en 1086. Il fut vilipendé par les Lettrés qui ont voué son nom à l'exécration de la postérité et n'ont jamais cessé de calomnier toute la dynastie Song. Mais la Chine nouvelle se tourne aujourd'hui vers ce réformateur comme vers un des plus grands génie de la Chine.

suave. Elles furent à l'égal des grandes influences bouddhiques une inspiration pour le Japon, et leur esprit a passé dans tout l'art du paysage de Sesshiu, de ses contemporains et de ses disciples. C'est l'esprit Song qui fit naître au Japon ces cérémonies du thé qui eurent sur tout le développement esthétique de ce pays l'influence qu'on sait : les miniatures persanes des plus belles époques à coup sûr sont tributaires de cet art. La Chine fut alors le centre spirituel de l'Asie et la Grèce de l'Orient.

Par bonheur il nous reste des œuvres importantes des plus grands maîtres Song. Celui qui domine les autres comme Wu Tao-tze les peintres T'ang est Li Lung Mien [1], mort en 1106. La grandeur, la noblesse, la ferveur religieuse de ses incomparables peintures d'Arhats, de saints et de dieux bouddhiques disent l'âme visionnaire, mais sereine, mais profondément douce et humaine, de ce maître de la ligne fluide, de ce suave coloriste qui fut aussi grand paysagiste que puissant évocateur de formes augustes. C'est dans le paysage d'ailleurs, dans la peinture des fleurs, des oiseaux, que l'extraordinaire délicatesse de touche, la fine sensibilité, l'universelle compréhension des harmonies les plus subtiles de la nature et de la vie, qui caractérisent tous ces peintres, se sont surtout exprimées.

Mais dans leurs chefs-d'œuvre partout l'on sent la préoccupation et la présence de l'homme. Le paysage était pour eux comme pour Wordsworth un commentaire de la vie humaine. Leur large esprit ne s'isolait pas comme les ascètes et les peintres bouddhistes, dans la seule contemplation morose de l'Eternel : un profond amour des hommes et de toutes les finesses de la société, toutes les joies de la culture, de tous

1. En japonais Ririu-min.

les bienfaits de la vie commune, se mêlait à leurs profondes rêveries devant les aspects innombrables de la Nature, passionnément aimée. Je ne puis résister au plaisir de citer les lignes où Kuo-Hsi nous parle de ce tendre amour :

« En quoi consistent les raisons qui font que les hommes vertueux aiment le paysage? C'est pour ces motifs : qu'un paysage est un endroit où la végétation croît, nourrie par le sol et le sous-sol, où le printemps et les rochers s'amusent comme des enfants, un endroit que fréquentent ordinairement les hommes des forêts et les rêveurs qui fuient le monde, où les singes ont leurs tribus, et où les cigognes volent en criant à grand bruit leur joie dans la Nature. Le tumulte du monde poudreux, et le renfermé des habitations humaines est ce que la nature humaine, à ses hauts degrés, hait perpétuellement ; tandis qu'au contraire les brumes, les brouillards et les sennins pleins de sagesse sont ce que la nature humaine recherche, mais ne peut que rarement rencontrer. Mais il y a une grande paix et des jours bénis où l'âme du maître comme celle de l'élève sont hautes et joyeuses, et où il est possible de régler pour sa vie entière sa conduite avec pureté, avec rectitude et honnêteté. Et alors quelles nécessités, quels motifs pourraient déterminer l'homme de bien à se tenir à l'écart, à s'éloigner du monde, à fuir les lieux fréquentés par ses semblables? *Plutôt se mêlerait-il à eux dans une joie générale.*

« Quelle délicieuse chose cela est pour des amoureux des forêts et des sources, des brumes et des brouillards d'avoir à portée de la main un paysage peint par un habile artiste! Avoir ainsi la possibilité permanente de voir l'eau et les pics, d'entendre le cri des singes, le chant des oiseaux sans sortir de sa chambre! » Car pour Kuo-Hsi, c'est la présence réelle de la nature que donne une peinture, toute sa vie, toute sa joie. — Ailleurs il demande : « Pourquoi les hommes aiment-ils les paysages? Parce qu'ils sont une source inépuisable de Vie. » C'est ce constant souci de l'émotion humaine qui donne à l'art Song sa grandeur épique en même temps que son pénétrant lyrisme. Par le constant rappel des correspondances entre l'âme et les aspects de la nature, sa paix ou ses tempêtes, ses mélancolies d'automne, ses ravissements printaniers, ses austérités, ses délicatesses, par la constante alliance de telles fleurs, de telles saisons, de tels arbres, de telles bêtes, avec tels sentiments, tels moments, — le saule fin et frémissant avec le printemps, le rude pin squameux avec l'hiver, les oies sauvages avec l'automne, — toute peinture chinoise est chargée d'associations d'idées traditionnelles et lourdes des sens secrets : elle n'est jamais la simple représentation d'un paysage, d'une fleur, une simple impression de l'œil. Voici par exemple les titres chinois de quelques sujets de peinture : « La cloche du soir qui sonne dans un temple éloigné » — « Le rayonnement du soir sur un village de pêcheurs » — « Une éclaircie après l'orage près d'un village solitaire dans la montagne ». — « Des bateaux qui rallient une côte lointaine ». Telles sont les peintures des grands maîtres Song. Mu-Ch'i [1] (xıı[e] siècle), Hsia-Kuei [2] et Ma-Yuan [3], de l'empereur Hui-Tsung, de Chao-Tu-mien, de Li-Ti, de combien d'autres! A quel point ce sentiment de la Nature fut général et profond, nous le voyons par ce court poème du réformateur contemporain Song, Wang An Shih : « Il est minuit; tout se tait dans la maison; la clepsydre même s'est arrêtée. Mais je ne puis

1. En japonais Mokkei.
2. En japonais Kakeï.
3. En japonais Bayen.

dormir, car les formes tremblantes des fleurs printanières, dont la lune projette l'ombre sur les parois, sont trop belles. » — De telles sensations, si aiguës, si mystérieusement chargées de sens, ne peuvent être rendues, comme le disait Kuo-Hsi, que « par des coups de pinceaux doux, et pleins d'intentions secrètes. » — « Etre pur comme la fleur du prunier, libre comme l'oiseau, fort comme un pin, pliant comme un saule, cela fait tout l'idéal des Chinois Song »[1].

Tout cela disparut de la Chine avec cette dynastie et ne refleurit que partiellement dans le Japon des Ashikaga. Toutes les somptuosités de l'art Ming ne valent pas cette fine spiritualité. Elles ne peuvent nous dissimuler sa disparition et l'abaissement de l'esprit chinois. La suite n'est qu'une longue décadence, un graduel oubli de tout ce qui fit la grandeur religieuse des époques primitives, le noble idéalisme de l'époque Song. Cette histoire ne nous concerne pas. J'ai voulu simplement montrer dans ce bref résumé ce que le grand art chinois peut nous apporter, non seulement d'indications sur la psychologie et l'esthétique chinoises, et partant sur notre art, mais d'émotions universellement humaines, et d'enseignements. Ils n'en est pas de plus haut, de plus bienfaisant, de plus spirituel. Il n'en est pas qui fasse pénétrer plus avant dans l'essence des choses. Il nous révèle derrière les apparences la vie profonde : chacune de ses œuvres est comme une apparition d'un monde plus réel que notre monde, une émanation de l'Esprit qui anime tout et roule à travers tout.

§ 5. — Les Arts mineurs.

Et cependant s'il est inutile de suivre plus loin les destinées de la peinture et de la sculpture, toute ana-

1. Fenollosa, p. 161.

lyse de l'art extrême-oriental qui ne parlerait pas des arts mineurs serait incomplète. Ces arts révèlent un autre côté de la sensibilité orientale qui la distingue profondément de la nôtre et dont l'analyse peut seule faire comprendre certaines de ses œuvres : le sens mystérieux de la *matière*. Ce sens nous l'avons perdu. Notre art, trop abstrait, trop intellectuel, oublie le domaine de la sensation dont il est sorti ; il aboutit au symbole ou à la littérature; il méprise ou néglige les jouissances élémentaires des sens pour des jouissances plus complexes et plus cérébrales. Nos arts industriels tombés en décadence se contentent depuis longtemps de froides matières mesquines; ils n'y adaptent pas leurs techniques parce qu'ils ne perçoivent pas dans toute substance ses possibilités latentes de beauté. Ils les traitent toutes indifféremment de la même manière : le marbre comme le bronze, le verre comme le grès, la porcelaine ou le plomb, et le bois comme l'ivoire, sans aucun égard pour leur nature et leur beauté propres. C'est que nos sens émoussés de citadins cérébraux sont indifférents aux prestiges de la matière, à ses magnificences, à toute sa richessse possible. A aucun moment du passé d'ailleurs leur séduction, pas plus que celle de la couleur, n'a été pour nous ce qu'elle a été de tout temps pour les Orientaux. A aucun moment, sauf dans les verrières, les orfèvreries, les étoffes, les tapis que les Croisades et Byzance nous ont fait connaître, nous n'avons eu la révélation des rayonnements mystérieux dont ils s'enivrent, possédé vraiment leur profond sentiment de la richesse. Notre seul moyen de l'exprimer semble être de multiplier les rutilantes dorures — et depuis cent ans, de quel or!

Mais nulle part en Asie même, dans aucun art, ces séductions et ces techniques n'ont été comprises comme en Chine et au Japon. La sensibilité physique intacte

des Chinois et des Japonais, exercée et développée
depuis des millénaires par de subtils raffinements [1],
sent avec profondeur cette vie mystérieuse et cette
somptuosité, et leurs arts mineurs par le bronze, le
grès, la porcelaine, les émaux, les laques, les pierres
dures, les ont exprimées avec une plénitude incomparable. C'est que ces races ont senti la vie sourde
des choses, l'essence secrète qui les constitue et se
manifeste au dehors. Tel artiste européen, Hals du
Renoir, rend la vie des tissus, des pulpes, des surfaces, et perçoit les formes plastiques organiques, qui
font la nacre de la chair ou la soie d'un pétale. Mais
pour l'Extrême-Oriental l'inorganique même a sa vie
profonde. Ses bronzes, ses grès, ses émaux semblent,
à la lettre, le produit d'une vivante force centrale
cachée, et leur épiderme acquiert une importance
capitale, car il est un signe ou l'affleurement d'une
vie intérieure d'espèce déterminée. C'est une existence
individuelle et qui veut être respectée dans son
essence unique qui se révèle dans le grain, la tex-
ture, la vibration, la surface du bronze, du grès, de
l'émail, de la porcelaine. Chacun possède sa qualité
et sa destination artistique spéciale, son caractère a
part. De là des conséquences nombreuses. La
matière, en tant que matière, devient une source de
jouissances intenses et légitimes; de secondaire dans
une œuvre d'art elle devient essentielle; elle exige
que la conception et la technique fassent valoir
ses ressources et sa beauté, et qu'une splendeur de richesse vienne s'ajouter à la beauté de la
forme.

Considérez en effet un grès Song, un Rakou japo-

1. Je rappelle ici ce que j'ai dit plus haut de ces mandarins
qui roulent sous l'eau des billes d'agate et de jade pour affine
la sensibilité de leurs doigts afin de mieux jouir des surface
des grès, des bronzes, des porcelaines.

nais : ni vitreux, ni sec, ni luisant comme nos émaux
métalliques cassants ; leur épiderme étroit et fin de
mat émail, chaud comme une chair au toucher, à l'œil
doux comme une vivante peau, semble un revêtement
organique du grès, l'affinement extérieur de ses tissus
profonds. Et en effet cette matière n'est pas morte :
elle est la pulpe savoureuse d'un fruit mystérieux que
la vie plus intense de la flamme a fait éclore et
rempli de son ardente sève. Entre sa substance, sa
forme, sa surface, l'accueil qu'elle réserve à la
lumière, ses fines colorations mourantes, sa destination, des harmonies subtiles se manifestent : des
correspondances plus subtiles encore l'apparentent à
des objets naturels, des pierres riches, des pulpes de
fleurs ou de fruits, des cosses de châtaignes, des
aspects de la Nature et des saisons. Les lourdes cou-
lées crémeuses roses ou fauves de telle poterie semblent une précieuse sève figée ; ses veinures charrient
de la vie ; les sourdes et profondes vibrations de
l'opulente matière grésillent parfois comme une
flamme, ou semblent un lourd métal en fusion,
emprisonné sous la couverte, dont sur tel autre bol
Song les ondes laiteuses se répandent en nappes de
clair de lune gelé. — Considérez encore tel bronze
millénaire jalousement préservé dans des collections
d'empereurs. Sa forme grave et rude, son galbe puissant, son décor hiératique disent sa haute destination
rituelle : des profondeurs du dur métal sonore sour-
dent les chaudes patines ardentes sombres et fauves ;
elles se répandent en splendeurs fuligineuses, en
vivantes rougeurs, en soudaines pâleurs, en verdeurs
empoisonnées sous l'épiderme de l'incomparable
matière mystérieuse. Elle vit sous nos yeux jusque
dans les profondeurs de sa substance où dorment les
prestiges de tant de métaux confondus par l'ardeur
de la flamme dont ils gardent le souvenir. Tel émail

en conserve encore, non les traces, mais comme la brûlante présence figée pour l'éternité dans sa splendeur première, rouge, verte ou bleue : tel laque somptueux, et sobre jusque dans l'extrême richesse, semble le mystérieux produit d'une autre terre que la nôtre, d'un monde de féerie où toute substance est plus légère, plus rare, plus délicate que nos substances. — Et que dire de la porcelaine froide et fine, et de l'infini raffinement de ses formes appropriées au décor, à la matière, à la destination? des pierres dures dont les artistes chinois ont tiré un parti insoupçonné dans d'autres arts? — Chaque matière par eux est perçue dans son essence, tous ses prestiges latents, ses correspondances secrètes avec le monde des sensations obscures, des idées, des émotions, des sentiments que leur art exprime avec une sûreté, une délicatesse, une intensité incomparables. Ils ont senti avec fougue, mais avec une sobre justesse, la magnificence et la splendeur de chaque matière, gloire visible et chaud rayonnement de sa vie cachée. Eux seuls les ont senties et rendues avec cette plénitude. Ce sens est un don de la race : il est d'essence mystique, et nul Européen ne le possédera jamais comme l'Oriental.

Il en est de même pour la technique de la peinture. Nous ne pourrons jamais jouir comme le Chinois ou le Japonais de cette prestigieuse calligraphie, ni acquérir jamais le sens des écrasements, des énergies et des brusqueries soudaines du pinceau, ses souplesses, ses dégradations infinies de ton : toute cette mystique de la ligne qui joue dans l'art extrême-oriental un rôle si grand nous est fermée; il y a là un domaine où toute notre sympathie instinctive ou acquise, toute la finesse de nos sens ne nous feront jamais pénétrer bien avant. Il faut nous contenter d'étudier avec humilité ce que notre esprit peut saisir : les principes directeurs de cet art, les idées et les émotions qu'il exprime, ce que notre œil peut percevoir : l'extraordinaire et sûr sens décoratif, la grandeur de la ligne, l'infinie délicatesse de la couleur, la splendeur de la matière.

LIVRE III

LES RELATIONS EXTÉRIEURES DE LA CHINE

Telle fut la Chine ancienne, la Chine de tous les temps. Pour atteindre la Chine nouvelle et achever d'éclairer ses réactions, il faut brièvement exposer ses relations avec l'Occident.

C'est une longue, une douloureuse histoire, et honteuse pour l'Europe, le morne récit presque ininterrompu d'agressions sauvages de notre part et de complète inintelligence mutuelle.

§ 1. — Jusqu'à la guerre d'opium.

Les deux forces qui ont poussé l'Europe vers l'Extrême-Orient sont, séparées, ou confondues, la religion et le commerce. Dès l'époque mongole, le besoin de convertir l'infidèle se manifeste, et les prétentions de l'Eglise romaine soulèvent les sarcasmes et la violente hostilité des Khans. C'est aux ordres mendiants, Dominicains et Franciscains, que le pape Innocent IV s'adressa d'abord. En 1246, il fit parvenir une ambassade à Karatoum. Et voici quelle réponse lui fit Gayouk : « Par la puissance de Dieu, moi le Khan, au Pape, mon édit : Toi et les peuples chrétiens de l'Occident, vous m'avez envoyé des lettres dans le but de faire avec moi un traité de paix. Si vous tenez à cette paix, toi Pape, et vous tous, empereurs, rois, gouverneurs de provinces et de villes, venez ici sans délai et vous entendrez ma volonté... Tu dis que nous devrions nous faire baptiser et devenir chrétiens : nous ne comprenons pas pourquoi nous agirions de la sorte. Tu t'étonnes que nous ayons tué beaucoup de chrétiens. Pourquoi n'avaient-ils pas obéi aux commandements du Khan? Il nous est prescrit d'exterminer tous ceux qui résistent... Tous, habitants de l'Occident, vous adorez Dieu, vous prétendez être les seuls à le faire, et vous méprisez les autres comme ne l'adorant pas. Or, nous aussi adorons Dieu, et c'est par son commandement et sa puissance que nous détruisons toutes les nations, de l'Orient à l'Occident. »

A saint Louis qui, en 1250, lui envoya un ambassadeur, André de Lonjumel, le Khan répondit : « Nous te mandons que tu nous envoies tant de ton or et de son argent chaque année, que tu nous retiennes à amis. Et si ne le fais, nous détruirons toi et ta gent comme nous avons fait ceux (qui nous ont résisté). » Guillaume de Rubrouck ne fut pas plus heureux : « Ce commandement est fait par Mangou-Khan à Louis, roi de France... Si vous vous disposez à nous obéir, vous nous enverrez vos ambassadeurs pour nous assurer si vous voulez avoir paix ou guerre avec nous... Et si vous méprisez nos commandements et ne les voulez pas ouïr ni les croire, en disant que votre pays est bien éloigné, vos montagnes bien hautes et fortes et vos mers bien grandes et profondes, et qu'en cette confiance vous veniez faire la guerre contre nous pour éprouver ce que nous savons faire, celui qui peut rendre les choses difficiles bien aisées et qui peut approcher ce qui est éloigné, sait bien ce que nous pourrons faire [1] ».

1. Maspero, *La Chine*, p. 91-92.

Cependant, malgré tout, les Khans laissaient faire les Franciscains, qui peu à peu pénètrent en Chine. Jean de Monte Corvino fut autorisé à fonder une chrétienté à Pékin (archevêque de Khanbalik en 1307), d'autres s'établirent à Canton, et dans la province du Fou-kien. Mais entre l'Europe et l'Orient les conquêtes de Timour élevèrent bientôt sur terre une barrière infranchissable : sur ses ordres les chrétiens furent partout massacrés ; et les tentatives de prosélytisme ne purent reprendre qu'avec l'ouverture des voies maritimes par les Portugais et à la suite des marchands qui introduisirent en Orient des méthodes de pénétration nouvelles dont la tradition ne s'est plus perdue.

Leur premier soin fut d'expulser des ports les Arabes qui alors détenaient le commerce[1]. Leur fourberie, leur morgue, leurs procédés barbares soulevèrent partout contre eux les indigènes qui les chassent de Canton en 1521, de Ning-Po, en 1545, de Tcheng-tchéou en 1549 : ils ne gardent plus que Macao. Un des leurs, Fernand Mendez Pinto, avoue avec mélancolie que ces représailles étaient justifiées par la barbarie de ses compatriotes : « Nous perdîmes si fort notre crédit et notre réputation par tout le pays que les habitants ne voulaient plus nous voir, disant que nous étions des diables incarnés engendrés par la malédiction de Dieu. » Cette phrase résume toute la conception que les Chinois et les Japonais se sont faite de l'Européen, et qu'ils conservent traditionnellement encore, car chaque siècle et

1. Il est à remarquer que ces marchands arabes, pacifiques et policés, n'ont jamais eu de difficultés avec la Chine. Ils circulaient partout librement sans être jamais l'objet d'aucun mauvais sentiment ou traitement de la part des Chinois. La haine de l'étranger est née de l'inqualifiable conduite des « diables rouges ». (Voir dans Williams, Middle Empire II, 427, l'impression que produisent les Hollandais sur les Chinois).

chaque puissance européenne n'ont fait que la confirmer.

Les Espagnols, qui suivirent bientôt les Portugais, étaient précédés d'une réputation pire encore : le bruit de leurs exploits en Amérique, de leur cruauté, de leur fanatisme implacable était répandu par les missionnaires jaloux les uns des autres et animés de l'esprit de leurs pays respectifs. C'est avant tout la terreur de l'Espagnol, la conviction nourrie par les missionnaires d'autres races qu'ils ne cherchaient à convertir que pour conquérir et exploiter, qui fit, sur les conseils des Hollandais payés pour savoir ce que valait l'Espagne, fermer par l'Iyeyasu le Japon au commerce même. Ces Hollandais ne valaient d'ailleurs pas mieux que les Espagnols. Partout où ils n'étaient pas, comme au Japon, intimidés par la force guerrière, ils se livrèrent aux pires excès. En 1717, un général chinois du Kouang-tong écrivait d'eux : « Ils sont les plus méchants et les plus intraitables de tous les hommes; semblables à des tigres et à des loups féroces, ils jettent l'effroi partout. Dès qu'ils ont abordé à quelque terre, ils cherchent à s'en rendre maîtres. Leurs vaisseaux sont à l'épreuve des tempêtes. Chacun porte au moins cent canons. Personne ne peut leur résister. » En comparaison les Portugais mêmes, qu'ils avaient sauvagement chassés de partout, sauf de Goa et de Macao, sans doute un peu assagis par leurs revers, semblaient humains et étaient tolérés comme un mal que le souci de développer le commerce rendait nécessaire. Ce fut ensuite le tour des Anglais, contre lesquels les Portugais catholiques soulevaient les indigènes, parce qu'hérétiques autant que parce que concurrents, et à qui Espagnols et Hollandais faisaient une guerre sans merci.

Le spectacle que donnaient les pays chrétiens

était ainsi celui d'une haine mutuelle féroce, de la force brutale déchaînée, de l'incessante intrigue, et de la fraude et de la violence érigées en principe d'action naturel. C'est avec une horreur croissante que les Chinois pacifiques assistaient à ces luttes sauvages. Ils déclaraient que « les barbares sont pareils à des bêtes fauves et ne sauraient être traités comme des civilisés. Leur appliquer les grands préceptes de la raison n'amènerait que confusion. Les rois antiques comprenaient cela et n'employaient vis-à-vis des barbares que la violence et la ruse. Et c'est là la vraie manière de les traiter [1] ».

Et bientôt la menace grandissante qu'apportait la mer se dressa également sur les frontières du Nord : l'énorme Russie sournoise poussait à travers l'Asie ses travaux d'approche [2] — pacifiquement d'abord, mais avec l'ambition visible de dominer et d'exploiter un jour le vaste empire en décadence. Ce fut elle qui la première, à Nertchinsk, en 1769, signa un traité avec la Chine. — Puis ce fut la fondation de cette compagnie anglaise des Indes qui jeta les bases de l'empire anglais en Orient. Pour régulariser la situation de ses marchands — le commerce du thé et de l'opium grandissait sans cesse — le gouvernement anglais envoie coup sur coup des ambassades à la Cour de Pékin, celle de Lord Macartney en 1792, celle de Lord Amherst en 1816, mais sans autre résultat que de donner aux Chinois la conviction que l'empereur avait de nouveaux tributaires.

A aucun moment d'ailleurs les Anglais ne manifestèrent d'autre préoccupation que celle de l'extension de leur commerce : ils ne firent rien pour répandre

1. Williams, *The Middle Empire*, II, 450.
2. Voir la thèse de Gaston Cahen : *Relations de la Russie avec la Chine sous Pierre le Grand*, 1911, et les récits du Père Gerbillon.

en Chine nos sciences, les éléments supérieurs de la civilisation occidentale. Ce fut la gloire de la France de n'avoir guère eu que ce souci. Elle commerçait certes avec la Chine. Mais ce sont ses missionnaires plutôt que ses marchands qui y firent pénétrer, avec les principes de leur religion et des relations plus humaines, la science européenne. C'est aux Jésuites surtout que nous sommes redevables de la situation privilégiée que la France a longtemps eue en Chine. L'histoire de leurs travaux et de leur influence bienfaisante est trop longue pour être exposée ici : il suffit d'en souligner l'importance en passant. A eux seuls ils nous ont appris sur la Chine plus que les sujets de toutes les autres nations réunies. Ils ont sauvé l'honneur de l'Europe. Si tout Européen n'a pas été considéré par les Chinois comme nécessairement fourbe, malfaisant et sauvage, c'est à eux que nous le devons.

Mais la stupide campagne des Dominicains contre eux et les Franciscains vint ruiner cette œuvre. Ils n'admettaient pas ce que les Jésuites et les Franciscains toléraient chez leurs convertis : la pratique du culte des ancêtres, base de toute la vie chinoise, et le respect pour Confucius. Ce culte était pour eux idolâtrie pure, et ils dénoncèrent avec fureur au Pape la criminelle indulgence des missionnaires rivaux. L'empereur Kang-hi, qui semble avoir eu pour les Jésuites une véritable affection, eut beau chercher des compromis, continuer malgré tout à protéger les chrétiens, rien n'y fit; le fanatisme aveugle des Dominicains refusa tout arrangement; c'était moins encore une conviction qu'ils défendaient que les Jésuites qu'ils attaquaient et qu'ils voulaient ruiner. A la fin, excédé, Kang-hi répondit en 1720 au Légat du Pape que ses décrets « étant incompatibles avec les usages de son empire, la religion chrétienne n'y pouvait plus subsister ». On ne persécuta cependant pas encore les chrétiens. Mais à la mort du vieil empereur les Lettrés enhardis déclarèrent que les missionnaires « anéantissaient les lois fondamentales de l'empire et en troublaient la paix et la tranquillité ». Ils eurent gain de cause, et le nouvel empereur ordonna de nettoyer l'empire de cette engeance chrétienne. Le Père du Halde nous dit qu'à la suite de l'édit de 1724, qui sortit de cette campagne, « plus de trois cents églises furent ou détruites ou converties en usages profanes, ou devinrent des temples du démon, des idoles ayant été substituées à la place du vrai Dieu. Plus de trois cent mille chrétiens se virent destitués de pasteurs et livrés à la rage des infidèles. Enfin les travaux et la sueur de tant d'hommes apostoliques se trouvèrent presque anéantis sans qu'on vit aucune lueur d'espérance qui présentât le moindre adoucissement à tant de maux[1]. »

La bulle de Benoît XIV en 1742 condamnant comme hérétique tout hommage rendu à Confucius et aux ancêtres, la suppression de la Compagnie de Jésus en 1773, achevèrent de ruiner l'influence française en Chine. Elle ne s'est plus relevée de ces coups. L'effort immense des Jésuites, si profondément intelligent, large et éclairé, qui fit tant pour la Chine et encore plus pour nous la faire connaître, a fini par ne plus subsister que sur quelques points isolés et se réduire à des travaux scientifiques sans grand rayonnement sur la Chine.

Si la religion chrétienne cesse à partir de ce moment d'agir autrement que par endroits et comme irritant, le commerce s'étend toujours et successivement amène tous les pays européens à suivre l'exemple de la Russie en signant avec la Chine des traités imposés

---

1. Cité par Maspero, p. 113.

ordinairement par le canon. Ce sont les Anglais, dont les intérêts sont les plus grands en Orient, qui ouvrent la danse. L'ambassade de Lord Napier en 1834 n'avait abouti à aucun résultat. La Chine proscrit en 1839 l'importation de l'opium qui venait des Indes anglaises. Dès 1838 un censeur avait dénoncé dans un placet l'action des Anglais et les ravages de la drogue : « Tout l'argent sort du pays drainé par le commerce de l'opium. Ce commerce est fait par les Anglais. Ce peuple n'ayant pas de quoi vivre chez lui[1] cherche à asservir les autres pays en débilitant d'abord les habitants (par l'opium). Maintenant ils sont venus en Chine, consomption qui fera sécher nos os, ver qui rongera notre cœur, ruine de nos familles et de nos personnes. Depuis que l'empire existe, il n'a pas couru un danger pareil. C'est pire qu'un déluge universel, qu'une invasion de bêtes féroces. Je demande qu'on inscrive au Code la contrebande de l'opium parmi les crimes punis de mort[2]. » Le gouverneur du Ho-kouang, Lin Ts'aï-Sou, déclarait « qu'avant dix ans, si l'on n'arrêtait pas ce commerce, on ne trouverait plus un homme apte à faire un soldat ». On édicta les peines demandées. On noya vingt mille caisses d'opium anglais dans le port de Canton. Un édit impérial ordonne de cesser tout commerce avec les barbares anglais.

L'Angleterre réagit avec énergie. Si l'occasion qu'elle choisissait d'intervenir était mauvaise, elle avait, comme tous les Européens, à se plaindre de la mauvaise foi chinoise, et de vexations continuelles. Elle déclara la guerre en 1840. Elle la poursuivit mollement d'abord, mais en 1842 la poussa avec une sauvage ardeur; plutôt que de livrer à pareil envahisseur

1. C'est la ferme croyance des Chinois depuis toujours en ce qui concerne les Européens.
2. Maspero, p. 122.

la ville de Tcheng-Kiang, les Mandchous se suicidèrent en masse après avoir tout massacré, femmes, vieillards et enfants. Nanking fut menacée d'un bombardement. La Chine, terrifiée [1], céda, et signa en 1843, à Hong-Kong, le traité de Nanking qui donnait à l'Angleterre le droit de s'installer à Canton, Amoy, Ning-Po, Fou-tchéou. et Changhaï, lui livrait l'île de Hong-Kong et exigeait le versement d'une indemnité de vingt et un millions de dollars.

§ 2. — De la Guerre d'Opium à la Guerre Sino-Japonaise.

Cette guerre est un des grands tournants non seulement de l'histoire de la Chine, mais du monde. C'est à partir d'elle que les ambitions des puissances en Extrème-Orient se précisent et que le centre de leur politique se déplace. D'autre part, elle apprend à l'Asie entière ce que pèsent pour elles les considérations morales et les principes chrétiens quand leurs intérêts sont en jeu. On ne peut exagérer la gravité de cette révélation et des conséquences qu'elle eut. — Plus particulièrement, ce traité apprenait au monde la faiblesse du colossal empire, en pleine désintégration intérieure d'ailleurs, malgré de trompeuses apparences de force; ses conditions et ses suites achevaient d'éclairer la Chine sur la moralité de l'Europe.

Immédiatement les autres puissances se présentèrent menaçantes, et exigèrent les mêmes

1. On estime à 520 les pertes anglaises pour toute la durée de la guerre, contre 18.000 à 20.000 pour les Chinois. Ce ne fut pas une guerre, mais un massacre. De même l'expédition dirigée par le Colonel Younghusband en 1904 contre le Tibet coûta aux Anglais 37 morts et aux Tibétains 1.500. De même, quand le Japon imita en Corée les méthodes européennes, la répression des révoltes en 1908 coûta aux Japonais 200 hommes, aux Coréens 12.000. Ce sont là les proportions classiques dans ce genre de « guerres ».

avantages (traités de 1844 avec les Etats-Unis ; même année avec la France). La curée est ouverte. Mais la Chine ne se rendait pas compte encore de toute la portée de ces événements : l'Empereur ignorait même le contenu de ces traités signés par des subordonnés. Pour ceux-ci c'étaient de simples chiffons de papier destinés à écarter la brutalité des barbares en leur accordant dans quelques ports des concessions sans importance. L'orgueil chinois, malgré les défaites matérielles, gardait la conviction de la supériorité morale de la Chine. A l'intérieur du pays les Chrétiens continuaient à être persécutés et même massacrés. On estima donc que la leçon de la guerre avait été insuffisante. En 1856 on profita de l'assassinat d'un Père français et de la saisie d'un bateau anglais pour déclarer à nouveau la guerre ; l'Angleterre et la France la firent ensemble. On sait le reste : les incidents de Tien-Tsin, la mauvaise foi de la Chine qui fit rompre les pourparlers de paix, l'expédition de 1860 qui aboutit à la prise de Pékin, au pillage insensé des palais, à la destruction du Palais d'Eté pour venger les mauvais traitements que les parlementaires européens y avaient subis ; la signature de la paix avec les alliés. La prise de la capitale légendaire, la facilité de la victoire montraient l'extraordinaire faiblesse de la Chine. Visiblement l'empire était hors d'état de résister.

Chaque puissance voulut avoir aussi son traité et s'inscrire pour une part de succession. La Russie d'abord : elle obtint un nouveau traité favorable à ses empiétements et qui les portait jusqu'au Pacifique et à la ville symboliquement nommée Vladivostok[1]. Les autres puissances, et surtout la Prusse, les Portugais et jusqu'aux Danois, aux Hollandais et aux Espagnols, à tour de rôle réclament des privilèges,

1. Ce mot veut dire « Dominateur de l'Orient ».

et, malgré la résistance chinoise, finissent par obtenir également leurs traités. Encore déchirée par la sanglante révolte des T'aï-p'ing, qui présageait la chute de la dynastie mandchoue et l'avènement au pouvoir de l'élément indigène, le gouvernement chinois n'ose refuser.

Mais à Pékin depuis la prise de la ville grandissait le sentiment de la menace européenne. La Cour la redoutait d'autant plus qu'elle se sentait plus faible par suite de la croissante désorganisation de l'empire où l'élément mandarinal devient de plus en plus important et indépendant, où des révoltes fréquentes sont les signes précurseurs de la chute prochaine de la dynastie. L'histoire des quarante années qui suivent est celle des efforts sournois de cette Cour byzantine pour se dérober aux obligations acceptées et pour détourner contre les Européens la désaffection de ses sujets; de la croissante irritation des puissances, qu'exaspèrent le massacre des missionnaires imprudents dont les prétentions ont grandi avec la situation des pays auxquels ils appartiennent[1]. De part et d'autre, on s'énerve, et les provocations mutuelles se multiplient. La xénophobie devient générale : les plus hauts mandarins l'encouragent. Le Prince Kong lui-même, chef du gouvernement, se laisse entraîner, et se montre discourtois pour les ministres étrangers. Et lorsqu'éclate en 1870 la terrible émeute de Tien-tsin qui coûta la vie à notre consul, au chancelier, à l'interprète et à sa femme, à des négociants français, à des missionnaires et à des sœurs, c'est avec une insolente indifférence que le Prince répondit aux représentations de notre ministre.

Paralysée par les événements de 1871, la France ne

1. Pour toute la période qui commence en 1860, voir le grand ouvrage de H. Cordier, *Histoire des Relations de la Chine avec les Puissances Occidentales*, 1860-1902, Alcan.

put exiger réparation adéquate : la Chine fut encouragée dans son attitude. Le Prince profita de la situation pour adresser à la France un mémorandum qui remettait en litige tous les privilèges depuis toujours reconnus aux chrétiens ; au mariage de l'empereur T'ong-tche, en octobre 1872, les ministres furent prévenus qu'il leur faudrait garder la maison s'ils voulaient éviter de faire naître des incidents ; on refusait les audiences, on multipliait les affronts.

D'autre part, la scandaleuse exportation et l'impitoyable exploitation de coolies chinois, au Pérou, à Cuba, ailleurs, surexcitaient le sentiment populaire ; ce n'étaient pas de vagues bruits, des récits exagérés qui soulevaient seuls cette émotion ; une enquête officielle à laquelle prirent part un Anglais et un Français avait établi sans contestation possible que les huit dixièmes des coolies avaient été enlevés de force et sauvagement maltraités ; beaucoup étaient morts ou s'étaient suicidés à la suite des effroyables brutalités qu'ils avaient subies, et que l'on décrivait minutieusement avec preuves à l'appui. Les résultats de cette enquête, largement disséminés en Chine sous forme de brochure illustrée intitulée « Aperçu de l'enfer illustré », confirmèrent une fois de plus la conviction enracinée chez les Chinois de notre complète immoralité et de notre barbarie.

Et lorsqu'en 1875, à la mort de l'empereur, la grande impératrice T'seu Hsi règne sans rival, l'opposition à l'Europe reprend plus forte que jamais. Elle revêt alors des formes plus habiles, en exploitant, comme le fit si longtemps la Turquie, la jalousie mutuelle des puissances. Elle ne fait que surexciter leurs ambitions. Chaque pays se méfiant de chaque autre et craignant d'être gagné de vitesse, tente d'obtenir des avantages personnels, l'Angleterre du côté des frontières de la Birmanie, la Russie dans la vallée de l'Ili, qu'elle échange contre des avantages bien plus grands par le traité de Livadia qui lui livrait les routes de la Chine du Nord-Ouest Mais grâce à cette jalousie des autres puissances, la Chine obtint l'abrogation de ce dernier traité, un peu par les bons offices du Japon qui se fit promettre les îles Lieou-Kieou. Une nouvelle puissance, le Japon, venait ainsi s'ajouter au cercle des appétits qui peu à peu se fermait autour de la proie.

Après l'Angleterre et la Russie, ce fut au tour de la France de vouloir régler la situation de ses possessions limitrophes de la Chine. Depuis longtemps la situation aux frontières du Tonkin était troublée. La Chine non seulement prétendait toujours à la suzeraineté de l'Annam qu'elle avait abandonnée par traité : elle entretenait l'agitation dans les pays et favorisait l'action des Pavillons Noirs. La guerre à laquelle poussait le marquis Tseng devint inévitable, malgré l'opposition de Li Hong-Tchang ; elle éclata ouvertement après la longue période confuse de luttes à la frontière. Elle fut suivie du désastreux traité commercial Cogordan (1886), de la Convention Constans (1887). Le règlement de notre situation en Annam et au Tonkin, si confus, si insuffisant qu'il fût, avait surexcité la jalousie des autres puissances, surtout de l'Allemagne ; elles encourageaient sourdement la Chine à nous résister. Elles la poussèrent à contester notre séculaire droit de protection sur toutes les missions catholiques. L'Allemagne mena les choses avec tant d'énergie qu'en 1888 elle obtint de la Chine la reconnaissance de son droit à protéger elle-même ses missionnaires ; l'Italie l'imite : et à partir de ce moment notre situation religieuse privilégiée n'existe plus. La Chine exploite ces tiraillements entre les puissances européennes qu'elle croit incapables d'action coordonnée : en 1891, elle exige que les ministres, quand ils sont reçus en audience impériale, se présentent dans le « Pavillon des Princes tributaires » ; et, par suite de la faiblesse volontaire et intéressée du ministre allemand von Brandt, d'abord, de celle du ministre du « brillant second », l'Autriche-Hongrie, ensuite, la Chine a gain de cause. L'Angleterre et la Belgique se soumettent en 1892, en 1893, à la même indignité ; seules la France et la Russie s'y refusent.

Les Chinois voyaient dans cette soumission des puissances à la fois la preuve de la désunion européenne et de la crainte que leur pays inspirait. Ils s'enhardissent. Toute innovation, toute extension de l'activité européenne en Chine provoque des émeutes. On détruit le chemin de fer de Changhaï à Wou-Soung : on arrache les poteaux télégraphiques : on encourage sournoisement des soulèvements contre l'introduction des bateaux à vapeur qui menaçait toute la population des bateliers de Yang-tze et du Grand Canal. Le mouvement xénophobe s'étend de jour en jour. La gravité de la situation était telle en 1894, que seule la guerre avec le Japon a prévenu un désastre. Les puissances semblaient intimidées devant la Chine : malgré leurs succès antérieurs, elles semblaient croire encore à la force du colossal empire... Mais le Japon connaissait par d'innombrables espions la faiblesse, la corruption et l'anarchie qui le rongeaient. C'est lui qui les révéla au monde et porta le coup de grâce à la tenace illusion.

Depuis longtemps déjà le Japon avait ses visées. Il cherchait des terres où déverser le trop-plein d'une population qui s'accroissait avec une extraordinaire et dangereuse rapidité. Depuis toujours il convoitait la Corée. Il ne pouvait pas admettre que ce pays riche, faible et peu peuplé qui dominait la mer du Japon, fût entre d'autres mains que les siennes. Toute son histoire passée depuis les temps légendaires lui faisait d'ailleurs considérer la Corée comme sa proie légitime. Il réveilla le souvenir de prétendus droits de suzeraineté remontant à l'expédition de la reine Jingo Kogo et à la prétendue conquête d'Hidéyoshi au XVIᵉ siècle.

La première manifestation de sa politique fut la reconnaissance en 1876 de l'indépendance de la Corée. Il niait ainsi la suzeraineté immémoriale de la Chine sur ce pays. Déjà il avait tenté à la suite du massacre de quelques pêcheurs d'annexer en 1874 Formose et d'amener la guerre ; seule l'intervention des puissances l'avait empêché de la déclarer et d'obtenir la cession de l'île. De nouveaux massacres opportuns à Séoul en 1882 fournissent une autre occasion au Japon de chercher querelle à la Chine ; l'affaire s'arrange par le traité de 1885, mais pour dix ans seulement, pendant lesquels le Japon se prépare silencieusement à faire éclater victorieusement aux yeux du monde entier la réalité de sa jeune force.

En 1894 l'occasion si longtemps attendue se présenta : la Corée, pour réprimer une révolte intérieure, demanda aide à la fois à la Chine et au Japon. Le Japon était prêt à intervenir : il arriva le premier, et bien que la révolte fût terminée, installe ses troupes à Séoul, exige du roi une déclaration d'indépendance vis-à-vis de la Chine, et comme celui-ci hésite, le dépose, le remplace par un régent qu'il oblige à déclarer la guerre à son suzerain. Il se charge de la faire à sa place, et la pousse avec une rapidité foudroyante. L'armée chinoise est défaite à Pin-yang, sa marine à Yalou (17 septembre 1894). Les Japonais gagnent le Leao-tong en chassant devant eux les Chinois en déroute : ils s'emparent de Ta-lien-wan en novembre, de Port-Arthur le 21 du même mois, de Leao-Yang le 4 mars 1895, prennent Néou-tchang quelques jours après. Pendant ce temps une autre armée envahissait le Chantong et prenait Wei-hai-Wei. Pékin était menacé de deux côtés à la fois. La Chine sentant toute résistance vaine offrit de traiter, mais envoya d'abord des plénipotentiaires sans pouvoirs réels, afin de pouvoir ensuite, selon son habitude, les désavouer. Le Japon, qu'on ne pouvait leurrer comme les puissances, les renvoya aussitôt. Li Hong-tchang, qui savait la vanité de la ruse, intervint et se fit nommer plénipotentiaire ; il ouvrit des pourparlers avec le représentant du Japon, le comte Ito : une tentative d'assassinat dirigée contre Li Hong-tchang les interrompit et fit obtenir ce que le Japon avait jusqu'alors refusé, un armistice. L'ultimatum d'Ito du 11 avril 1895 montra à la Chine que les tergiversations et les faux-fuyants qu'elle avait si souvent employés avec les puissances occidentales n'étaient pas de mise avec le Japon : le traité de Shimonoseki fut signé le 17 avril et accordait au Japon tout ce qu'il demandait : l'indépendance de la Corée, la presqu'île de Leao-Yang, Formose, les Pescadores, une indemnité de deux millions de taels, l'ouverture à son commerce de nombreux ports, la liberté de la navigation sur le Yang-tze et autres fleuves.

L'Europe avait assisté avec stupeur à ces événements. Les perspicaces observateurs qu'elle entretenait dans ses Légations et dans les pays extrême-orientaux l'avaient, comme toujours, admirablement renseignée. Tous lui disaient que la force de la Chine était colossale, celle du Japon une pure apparence, et que les Japonais n'étaient qu'un ramassis de singes dégénérés dont la faiblesse congénitable momentanément cachée par le vernis occidental serait révélée dès qu'ils oseraient se mesurer avec un adversaire. Loti n'écrivait-il pas qu'il trouvait le Japon « petit, vieillot, à bout de sang et de sève et qui va bientôt finir dans le grotesque et la bouffonnerie pitoyable au contact des nouveautés d'Occident... Au moment de le quitter, je ne puis trouver en moi-même qu'un sourire de moquerie légère pour le grouillement de ce petit peuple à révérences, laborieux, industrieux, avide au gain, entaché de mièvrerie constitutionnelle, de pacotille héréditaire (?) et d'incurable singerie ». Et toute l'Europe avait pour le Japon les yeux de Loti. On plaignait ce pauvre pays atteint du délire des grandeurs : on s'étonnait de sa folle témérité : on prédisait son irrémédiable ruine : la Chine n'en ferait qu'une bouchée.

Devant la révélation de l'extraordinaire perfection de l'organisation militaire et navale japonaise, du génie de ses généraux et de ses diplomates, de l'héroïsme de son armée, le désarroi en Europe fut tel qu'on laissa tout d'abord faire. Les puissances ne se reprirent qu'en prenant conscience de l'existence d'une menace jaune autrement redoutable que celle du vieil Empire du Milieu. L'Angleterre qui jusqu'alors avait posé en protectrice de la Chine fit volte-face, et l'abandonna sans pudeur pour encourager le Japon, en qui elle voyait un frein possible à l'expansion russe. Mais les Russes, justement alarmés, se concertèrent avec l'Allemagne et la France pour réduire au minimum les avantages de la victoire : peut-être d'ailleurs la cour de Pékin ne cédait-elle si facilement que parce qu'elle comptait sur l'intervention des puissances en sa faveur et faisait-elle voir la gravité de la menace que constituait la présence du Japon dans le Leao Yang. De toute manière les démarches furent si pressantes, — les trois puissances firent une démonstration navale combinée — que le

Japon, hors d'état de risquer une nouvelle guerre contre une telle alliance, consentit à évacuer la presqu'île de Leao Yang en échange d'une indemnité de trente millions de taels, aussitôt versée par la Chine, grâce à l'aide financière russe.

§ 3. — De la paix sino-japonaise jusqu'à la période des premières réformes.

Ce moment fut un tournant dans l'histoire des relations de la Chine avec l'Occident. D'une part les puissances, devant la révélation définitive de la faiblesse chinoise, ne connaîtront plus aucune vergogne. C'est à qui se taillera la plus large part dans l'immense héritage de « l'homme malade ». D'autre part, elles s'allient, ouvertement ou sourdement, contre la nouvelle force qui vient de surgir ou, comme l'Angleterre, essaient de se la concilier par des concessions inconnues jusqu'à ce jour en Orient. Et enfin, une ère d'intervention financière s'ouvre destinée à mettre et à maintenir la Chine dans la dépendance absolue de l'Europe et à préparer des annexions. Des financiers russes et français s'entendent pour qu'un emprunt de 400 millions de francs or soit consenti à 4 %, par un syndicat où figurent le Crédit Lyonnais et la Banque de Paris : la banque russo-chinoise se fonde : on sait quel puissant instrument des ambitions russes elle devint.

La Russie ouvrit la curée. Elle se fit accorder en 1896, en échange de son aide financière, le droit de prolonger le Transsibérien, qu'elle poussait fièvreusement, jusque sur le territoire chinois, et céder un port libre de glaces, qui devait être Kiao-Tchéou. Mais l'Allemagne depuis longtemps guettait l'occasion de s'installer en Chine ; elle profita du massacre habituel de quelques missionnaires, et fit occuper Kiao-tchéou par ses troupes. Il lui fut cédé à bail en janvier 1898. Intimidées par les fanfaronnades de Guillaume II, la Russie et la France n'osèrent protester. La Russie d'ailleurs avait déjà, en décembre 1897, obtenu un port plus avantageux pour elle, celui de Port-Arthur ; en mars 1898 Dalny lui est également concédé, puis la pointe de la presqu'île de Leao-Yang. La France obtint la promesse que l'île d'Hainan ne serait jamais cédée à une autre puissance. L'Angleterre se fit donner, en compensation de ces concessions Wei-hai-Wei et l'occupa le lendemain même du jour où les troupes japonaises l'évacuèrent. La France intervint à nouveau en voyant avec quelle facilité on obtenait des dépouilles, et se fit reconnaître des droits sur le Yunnan, accorder la concession d'une ligne de chemins de fer du Tonkin à Yunnan Fou, et la cession à bail de la baie de Kouang-tchéou-Wan.

Ainsi c'était pour les puissances européennes que le Japon s'était battu, et les fruits de sa victoire étaient cueillis par elles. C'était pour aboutir à cela qu'elles avaient, avec un si noble désintéressement et au nom de si beaux principes de moralité plaidé la cause de la pauvre Chine vaincue qu'elles volaient maintenant sans pudeur ! — Le Japon assistait impuissant et frémissant à ce spectacle ; silencieux aussi et ce silence discipliné était redoutable. Mais en lui s'amassaient une colère et une résolution farouches. Il se prépara à prouver à l'Europe qu'on ne le bafouait pas ainsi impunément. Sa volonté de devenir en Asie le champion des droits des Jaunes s'accrut de toute l'indignation qu'il éprouvait, et de toute la grandeur du péril qui menaçait les faibles devant les appétits de ces fauves. Sa décision de ne point tolérer que la Chine fût morcelée au profit des Blancs s'affirma. Il conçoit un mouvement pan-asiatique dont il sera le chef, et qui rendra l'Asie aux Asiatiques et écartera pour toujours la menace intolérable de l'Europe. Il encourage la Chine à se réorganiser. Elle aussi d'ailleurs prend conscience, non seulement de sa faiblesse, mais des causes qui la maintiennent. Elle comprend enfin que les seules armes efficaces contre les Blancs sont leurs armes, qu'ils ne respectent que la force, et puisqu'il n'y a pour eux d'autre preuve de civilisation que l'art de tuer, qu'il faut se civiliser à leur manière. Et d'autre part, elle voit que le désir de se partager ses dépouilles est encore plus fort chez les puissances que leurs jalousies mutuelles. Elles s'entendent pour délimiter leurs parts : elle ne peut plus les jouer en les opposant l'une à l'autre. Il faut réorganiser l'empire pour résister à toutes, et ne plus compter que sur sa propre force.

§ 4. — Les premières tentatives de réforme.

Deux conceptions opposées de cette réorganisation se font jour : celle des conservateurs qui ne voient de salut que dans un retour au passé et aux principes indigènes qui ont fait la Chine antique ; celle des réformateurs qui veulent que la Chine se mette à l'école de l'Occident. Et la tragédie de la Chine est l'impuissance commune qui paralyse l'un et l'autre parti et les empêche d'aboutir à une action efficace. Les conservateurs sont les mandarins, les fonctionnaires, les Lettrés, cyniques et corrompus, qui ont l'expérience de l'administration et le pouvoir effectif et n'ont pas d'idées ; les réformateurs, de naïfs intellectuels qui ont des idées, mais nulle expérience, nul sens pratique, nulle situation sociale. Entre les deux partis la Chine consciente oscillera. Mais la masse de la population ignorante, dépourvue de tout sens national, reste inerte et indifférente à toute politique. D'un côté était la despotique et virile impératrice et toutes les forces du passé ; de l'autre une poignée d'intellectuels isolés et le malheureux jeune empereur dégénéré, faible, impuissant et sans appui, illuminé par des velléités de réforme qui n'étaient que des conceptions d'idéologue.

Ce sont ces velléités qui ont abouti à la période qu'on appelle les « Cent Jours ». C'est celle de cette brève tentative de réforme due à l'influence exercée sur Kouang-Sui par un jeune Cantonais K'ang Yeou-wei, dont les écrits avaient attiré l'attention du précepteur de l'empereur, Wong T'ong-ho. Ce Cantonais avait fait ses études supérieures au Japon, dont la transformation l'avait enthousiasmé. Il la décrivit dans sa « Rénovation du Japon », publiée en 1885, et la donnait en exemple à ses compatriotes. Et pour achever de les instruire et leur montrer à la fois comment une nation se crée et se désagrège, il fit aussi une « Vie de Pierre le Grand », une étude sur les « Changements constitutionnels de l'Angleterre », et une « Histoire de la grandeur et de la décadence de la Turquie ». Ces livres firent plus qu'ouvrir une nouvelle époque dans l'histoire de la pensée chinoise où ils constituaient une nouveauté extraordinaire en osant recommander l'étude de quelque chose d'étranger : ils fournissaient avec une méthode et des principes un schéma de réformes. Ils étaient la première manifestation de l'existence en Chine même d'une intelligence nouvelle et d'une liberté d'esprit jusqu'alors inconnue ; plus encore, d'un nouveau patriotisme. L'auteur était le plus remarquable de ce groupe de Cantonais que leur séculaire commerce avec l'Europe avait débarrassés de beaucoup de préjugés, et leur quasi-indépendance préparés à penser par eux-mêmes. Mais ce sont surtout les colonies de Chinois enrichis établies au dehors, à Singapour, à Batavia, à Bangkok, à Cholon, à San Francisco, qui ont été les foyers de ces idées de réforme et de libération : ce sont elles tout d'abord qui ont fourni les fonds qui ont permis aux jeunes gens dont l'intelligence promettait de poursuivre à l'étranger des études patriotiques — et désintéressées, puisqu'ils n'en pouvaient tirer aucun parti pour une carrière en Chine. C'est dans ces foyers libres que cette nouvelle conception du patriotisme s'est surtout développée, et ce sont eux qui lui ont fourni ses premiers moyens d'action.

C'est dans la curieuse « Histoire des réformes de 1898 » de Leang K'i-tch'ao qu'il faut lire le récit de ces Cent Jours, depuis le jour où Kouang-sui, après la mort du prince Kong auquel le faible prince K'ing avait succédé, avait accepté le principes des réformes (29 mai) et appelé auprès de lui K'ang Yeou-wei (28 juin), jusqu'au jour fatal où, par suite de la trahison de Yuan-Shi-Kai, l'impératrice put reprendre le pouvoir. Rien de plus naïf, de plus touchant que la jeune ardeur du pauvre empereur qui passait ses nuits à s'entretenir avec son précepteur, avec Kang Yeou-wei et ses disciples, à préparer des décrets ; rien d'ailleurs de plus modéré ni de plus sage que les idées que ceux-ci voulaient appliquer. Wong Tong-ho était un grand Lettré pénétré des enseignements anciens : Kang Yeou-wei était parfaitement respectueux des préceptes de Confucius, et s'efforçait comme tout bon réformateur chinois de prouver que son interprétation de leur esprit était le seul vraiment conforme à l'esprit du Sage. Et tel était leur respect pour le trône que c'était de lui seul qu'ils attendaient des réformes ; celles-ci devaient ne rien changer à ses prérogatives.

La voie avait d'ailleurs été préparée par la publication d'un autre grand Lettré, Tchang Tche-tong, gouverneur des deux Hou, conservateur fervent, qui, dans ses « Exhortations à l'Etude » (1898) venait cependant de préconiser l'ouverture d'écoles modernes, la réforme des examens, l'étude de l'étranger, les voyages, tous les moyens d'instruction. Ce qu'il y a surtout de remarquable dans ces écrits, c'est leur extrême sagesse théorique, qui fait contraste avec la maladresse que ces réformateurs ont montrée dans la pratique. Ils se rendent parfaitement compte que le peuple doit être longuement préparé à comprendre la nécessité vitale d'une réorganisation de la Chine : que cette réorganisation ne peut être efficace que par la collaboration de tous et l'emploi de toutes les forces d'intelligence du pays ; qu'il faut d'abord créer une opinion publique. C'est ainsi que le décret du 3 août demande à tous les hommes de bonne volonté d'apporter librement et sans crainte leurs idées, leurs suggestions : « Que personne ne se laisse arrêter dans ce qu'il aurait à nous dire par une crainte respectueuse... En parlant librement, on secondera les excellentes intentions que nous avons d'ouvrir toute large la voie des représentations ».

Voilà un langage que la Chine entendait pour la première fois. Déjà l'empereur avait recommandé la fondation de journaux pour renseigner le peuple, répandre les idées nouvelles et permettre la libre discussion. Puis il préconise une réforme complète des méthodes administratives et fait prévoir — dangereuse parole! — l'épuration du personnel administratif encombré de vieux Lettrés hostiles au progrès. Il aurait mieux valu agir sans parler. La résistance sourde se prépare. Et les réformateurs idéalistes, croyant comme tous les idéalistes que la vérité, la logique, la bonté n'ont qu'à paraître pour être aussitôt reconnues et adorées, ont négligé les moyens matériels d'en imposer l'empire, par la force et sans tolérer de discussion. Ils critiquent ce qui existe, mais s'en tiennent aux critiques et aux projets sur le papier. Ils faisaient remarquer qu'au beau milieu de la guerre avec le Japon, où le pays a failli succomber, on donnait comme sujet à développer aux candidats aux fonctions administratives le sujet suivant : « Confucius a dit : Ils étaient trois ». — Excellente préparation à ces fonctions ! — Ils proposaient donc toute une nouvelle série d'examens, mais n'avaient pas encore constitué les écoles ni formé les maîtres qui pouvaient préparer aux nouveaux grades. On se contentait d'établir de beaux programmes. On ferait étudier l'histoire de la Chine, son gouvernement, les affaires d'État, la forme de gouvernement et d'administration des principaux États étrangers. C'était à la fin seulement qu'on interrogerait sur les livres canoniques et classiques, dont la connaissance avait été jusque-là toute la science chinoise. On devait fonder une université, réformer l'administration de la justice, encourager l'industrie, le commerce, l'agriculture et y faire pénétrer des méthodes nouvelles, refaire l'armée sur le modèle des armées européennes.

Cette réforme, comme le cheval de Roland, avait toutes les qualités et un seul défaut. Elle était inapplicable. Elle n'existait que sur le papier et rien dans la réalité ne la préparait ni n'en permettait l'application. Et d'autre part, elle portait atteinte à tous les droits acquis, à toute la structure sociale de la Chine. Elle faisait contre elle l'unanimité de la nation attachée aveuglément à ses vieux usages ; elle menaçait indistinctement fonctionnaires, Lettrés, soldats, mandarins, corporations, toutes les prérogatives des privilégiés de la Cour. Et contre toutes ces forces d'opposition, elle ne disposait d'aucune force effective, et n'avait comme tout personnel qu'une poignée d'idéologues, et comme chef suprême un dégénéré que sa tante l'impératrice souffletait publiquement.

Malgré tout, le courage, la résolution de K'ang Yeou-wei ont failli imposer au moins momentanément les nouveaux principes. Il fit casser ou dégrader les plus hauts fonctionnaires qui osaient résister : Li Hong-tchang lui-même était renvoyé en disgrâce. Mais les soldats mandchous, les huit bannières, qui voyaient avec colère diminuer leurs privilèges, ne demandaient qu'à marcher contre Pékin : le neveu de Tseu-hi, Jong-lou en réunit cinq mille et s'installe à Tien-tsin : une autre armée avance. Tseu-hi exige le renvoi de K'ang Yeou-li : l'empereur en pleurant le supplie de le sauver : on cherche un appui : le nom de Yuan Chi-kaï, grand juge du Tche-li, se présente, à la fois parce que son armée était la plus disciplinée, la plus forte, la plus moderne, qu'elle lui était entièrement attachée et lui obéirait aveuglément, et parce qu'on lui savait avec un esprit ouvert et hardi une ambition sans bornes. On le fit venir : l'empereur lui donna l'ordre de s'emparer de la personne de Jong-lou, de l'exécuter séance tenante, et de nettoyer le palais impérial de ses adversaires. Yuan Chi-kaï n'eut rien de plus pressé que de montrer l'ordre à Jong-lou en lui donnant le conseil « d'aller faire ses adieux à Pékin ». Jong-lou y alla en effet (19 décembre); et vingt-quatre heures après l'impératrice avait fait signer à l'empereur sa déchéance, et faisait traquer déjà les réformateurs que l'on tuait comme des chiens[1].

1. Voir dans Bland et Backhouse, *China under the Empress Dowager* et dans *La Chine nouvelle* de J. Rodes le récit de ces événements et un tableau des intrigues de la Cour.

***

Ainsi finit la grande réforme. K'ang Yeou-wei et Leang K'i-tch'ao purent s'échapper et se réfugièrent au Japon. La plupart des autres réformateurs furent décapités, tous ceux qu'on soupçonnait de leur être favorables poursuivis, destitués, bannis. Bien entendu, tout cela se faisait au nom de Kouang-siu, relégué par sa tante dans une île, et qui abdiqua le 24 janvier 1900. Mais lorsque les Chinois constatèrent que parmi les tués, proscrits, bannis, il n'y avait exactement que des Chinois et pas un seul Mandchou, que la réaction dirigée par Jong-lou devenu tout-puissant n'avait de faveurs que pour les Mandchous, un revirement se produisit, et K'ang Yeou-wei se fait de nouveau écouter quand il déclare que les Chinois sont seuls « vraiment la race intelligente et glorieuse » de l'empereur injustement dépossédé, que l'impératrice n'est que la concubine et Jong-lou que l'esclave d'un empereur précédent. L'impératrice, qui voit grandir le mécontentement, a recours à la vieille ruse chinoise : elle détourna contre les étrangers l'agitation populaire, chose d'autant plus facile que les puissances viennent encore de formuler de nouvelles prétentions et s'entendent parfaitement entre elles pour exploiter la situation. Elles découpent ouvertement la Chine en sphères d'influence. De nouveaux prétendants se présentent : l'Italie, sans intérêts en Extrême-Orient, réclame le port de San-men, et jette son dévolu sur la province contiguë. Ce fut probablement cette dernière démarche qui détermina la réaction et l'impératrice à essayer, en utilisant l'insurrection des Boxeurs, de jeter une fois pour toutes les Barbares à la mer.

§ 5. — Du soulèvement des boxeurs jusqu'au traité de Portsmouth.

Le mouvement Boxeur se rattachait par des liens obscurs à la révolte des T'aï-p'ing et avait une origine populaire semblable. Une de ses premières manifestations avait été l'assassinat des missionnaires allemands qui fournit à l'Allemagne le prétexte de son occupation de Kiao-tchéou. La haine des chrétiens et de tous les étrangers, la réaction contre toute innovation réunissaient les éléments les plus ignorants et les plus fanatiques du peuple que les mandarins excitaient en sous-main.

Comme toujours les légations européennes ignoraient tout ce qui se préparait : les avertissements les plus pressants, les renseignements les plus précis et les plus circonstanciés, publiés cependant dans les journaux des concessions ne troublaient pas leur béat optimisme; jusqu'à la dernière minute elles n'ont jamais voulu croire à un péril que tous les esprits éclairés voyaient grandir de jour en jour. Le 16 mai, le « North China Herald » écrivait cependant en toutes lettres : « Il y a un grand plan secret ayant pour but d'écraser tous les étrangers en Chine et leur arracher de force tous les territoires qui leur ont été livrés à bail. Les chefs principaux de ce mouvement sont l'impératrice douairière, le prince K'ing, le prince Touan, Kang-yi, Tchao Chou-ki'ao et Li Pingheng. Les forces qui seraient employées pour arriver à cette fin sont toutes mandchoues... Les Boxeurs sont comptés comme auxiliaires dans cette grande lutte qui est plus imminente que les étrangers à Pékin ou ailleurs ne se l'imaginent. Tous les Chinois des classes élevées savent cela [1] ».

[1]. C'est un Chinois qui parle.

Le 20 mai on apprend aux ministres que des placards sont partout affichés sur les murs de Pékin annonçant le prochain massacre des étrangers; ils ne demandent pas de troupes, et se laissent leurrer par les assurances que leur donnent le 28 mai les ministres chinois, qui affirment que tout est calme, et qu'il n'y a rien à craindre. Le 29 l'orage éclata : la gare est incendiée, la voie ferrée détruite : les ministres font enfin venir quelques gardes, mais croient toujours à la bonne foi de la Cour. Le 11 juin un chancelier de la légation du Japon est assassiné. Le 13 juin à Pékin on massacre partout les chrétiens, on incendie les églises et les couvents. Averti de ce qui se passe, l'amiral anglais Seymour débarque deux mille hommes de troupes internationales et essaie de se frayer un passage. Il ne peut, et revient à Tien-tsin. La flotte alliée bombarde et prend les forts de Takou. Aussitôt le Tsong Li Yamen déclare que l'état de guerre existant, les légations et tous les étrangers doivent quitter le pays dans les vingt-quatre heures. C'était un arrêt de mort, car toute la région entre Pékin et la mer était soulevée. M. von Ketteler, ministre d'Allemagne, qui va protester, est assassiné. Les ministres se barricadent dans leurs légations sur lesquelles le feu est ouvert le 20.

Il est inutile d'entrer dans le détail de ce qui suivit et qui est présent à tous les esprits. Par décret l'impératrice ordonne l'enrôlement des Boxeurs, ainsi officiellement reconnus, le massacre des chrétiens et l'expulsion générale de tous les étrangers, par tout l'Empire. La prise de Tien-tsin, le 14 juillet, sauva les légations : l'impératrice, à la manière dont ses troupes se battaient, comprit qu'il serait impossible de s'opposer à l'avance du corps expéditionnaire international qui se dirigeait vers Pékin. Jong-lou proposa un armistice. La victoire alliée de Yang-tsoun, le 6 août, acheva de jeter le désarroi au Palais; l'impératrice s'enfuit le 11 avec l'empereur et les courtisans, laissant la ville à la horde des Boxeurs, qui, dans un dernier effort désespéré, essaient d'enlever les légations le 12 et le 13 août : le 14 les troupes alliées entrent dans la ville et les taillent en morceaux. Aucune résistance sérieuse ne se produisit dans la province que l'expédition nettoya. Aux yeux des Chinois tout le prestige de ces opérations remontait à l'Allemagne qui, en nommant un maréchal pour conduire ses troupes, le comte von Waldersee, grâce aussi à la jalousie mutuelle de la Russie et de l'Angleterre, s'était assuré le commandement suprême de l'expédition. C'étaient cependant les Japonais qui avaient fait le plus dur de la besogne, et dont l'organisation avait été la plus parfaite.

D'humiliantes conditions de paix furent imposées à la Chine par le traité que négocia le vieux Li Hongtchang : la punition exemplaire de tous les coupables, de tous ceux qui, de près ou de loin, avaient favorisé le mouvement boxeur — sauf, bien entendu, les vrais coupables, l'impératrice, Jong-lou, l'eunuque Li Lien-ying, qui faisait de sa maîtresse ce qu'il voulait, les hauts dignitaires — la suppression pendant cinq ans des concours d'examens dans les centres où des étrangers avaient été massacrés ou molestés, et le paiement d'une indemnité de 450 millions de taels. De plus, il était interdit pendant deux ans à la Chine d'importer des armes, des munitions, et tout matériel pouvant servir à en fabriquer. Le protocole final fut signé le 7 septembre 1901 : les troupes internationales se retirèrent le 17 : l'impératrice et l'empereur rentrèrent à Pékin le 7 janvier 1902.]

Un événement capital marqua ce même mois : la signature le 30 de l'alliance anglo-japonaise. Le

Japon entrait sur un pied d'égalité parmi les puissances occidentales, et la Russie, dont les ambitions avaient amené cette entente, voyait se dresser devant elle une force redoutable. Ses constants empiétements en Mandchourie qu'elle avait promis d'évacuer après l'avoir occupée soi-disant pour la protéger contre les Boxeurs, mais qu'elle gardait toujours, préoccupaient jusqu'aux Etats-Unis qui, à partir de ce moment, portent aux affaires de la Chine un intérêt croissant. Ce fut cette entente avec l'Angleterre qui détermina la Russie à signer en mars son traité d'alliance avec la France : on voit quelle action la Chine exerçait indirectement sur l'Europe. Le réseau des dépendances internationales se resserre : les points de friction se multiplient : peu à peu le centre de la politique mondiale tend à se déplacer vers l'Extrême-Orient.

Pour tout observateur perspicace — on n'en a guère vu — la guerre entre le Japon allié à l'Angleterre et la Russie devenait inévitable, car la Russie menaçait maintenant directement la Corée. Un groupe de courtisans russes et de financiers se prépare à mettre en coupe réglée les richesses forestières de ce pays, et intrigue contre les Japonais en Corée même. Une période de sourde lutte d'influences s'ouvre : l'exaspération grandit au Japon, qui d'ailleurs attendait depuis longtemps l'occasion de gagner l'estime du monde en prouvant qu'il était capable de battre non seulement la Chine, mais une puissance occidentale. Comme toujours les légations et l'Europe montrèrent une merveilleuse incompréhension de la situation et une sereine ignorance de ce qui se préparait. Que le Japon osât se mesurer avec le colosse russe, cela leur paraissait le comble de la folie. On ne pouvait croire à la possibilité d'une pareille guerre; le Japon finirait bien par se raviser ou, s'il persistait, serait écrasé. — Il est inutile de raconter ce qui suivit : la révélation de l'incroyable corruption et faiblesse russes, de la parfaite organisation et discipline japonaises, de la redoutable force dont disposait le Japon. La défaite de la Russie fut totale sur terre et sur mer : sa flotte fut, à la lettre, anéantie à Tsoushima.

Cette guerre fut la première révolte victorieuse de l'Asie contre l'emprise du Blanc. Mais les puissances, on le sait, s'unirent une fois de plus pour frustrer le Japon dès fruits de sa victoire; et le traité du 5 septembre 1905, signé à Portsmouth (New Hampshire) laissait voir une fois de plus aux Japonais que contre les Jaunes, les Blancs s'entendraient toujours. L'arrangement par lequel la Russie et l'Angleterre réglaient amicalement leurs différends en Perse, en Afghanistan et, dans le Tibet, montra la collusion entre alliés et adversaires à la fois. La situation était nette : la seule solution était des préparer et de préparer la Chine à résister à l'ennemi commun, et, en attendant, d'exploiter à fond les avantages reconnus en Corée. Le Japon l'annexe en 1910 (22 août) purement et simplement, et se fait choisir comme éducateur de la Chine.

§ 6. — Depuis le traité de Portsmouth jusqu'à la chute de la dynastie.

Depuis plusieurs années déjà les jeunes Chinois se rendent en masse au Japon : ils n'y font pas seulement leurs études : ils y entrent en contact avec les réformateurs exilés, exaspérés contre la dynastie : et peu à peu sous leur influence le mouvement réformateur se transforme en mouvement antidynastique et révolutionnaire, — d'autant plus facilement que ces étudiants sont des Chinois, non des Mandchous. En Chine même ces étudiants à leur retour fondent des associations ; la plus célèbre est l' « Association

patriotique d'études » de Changhaï. Ce sont ces étudiants et les groupes qu'ils forment que l'on trouvera
à partir de ce moment derrière tous les mouvements
réformateurs et insurrectionnels.

Bien entendu, leurs idées se répandent surtout
dans le Sud, terrain classique des révoltes, et le rôle
de Canton devient vite prépondérant. Des chefs, dont
le plus connu est Sun Yat-sen, se révèlent, et ceux-ci
ne s'arrêtent plus aux conceptions respectueuses des
premiers réformateurs, ni même à l'idée d'une monarchie constitutionnelle, qui un instant prévalut : ils
rêvent de fonder une république et de faire table
rase de tout le passé de la Chine. Des rêves de paix
universelle, de concorde entre les peuples hantent le
cerveau de ces idéalistes. Ils déclarent que la rénovation de la Chine, le pays le moins agressif qui
soit, ne doit alarmer personne; qu'elle fera prévaloir
partout son idéalisme pacifique. Ils ont cependant la
vue nette que leur pays est le plus menacé de tous
par la conception contraire, qu'il sera « le champ de
bataille du monde ». Il faut lire tout le manifeste de
Sun Yat-sen qui expose ces vues (La Véritable Solution de la Question Chinoise 1904). Une vaste
association se forme, le Ko-Ming tang, pour appliquer ses idées. Elle eut bientôt des affiliations
partout. Ses adeptes se montraient violemment anti-
dynactiques et, par une contradiction bizarre, tout
aussi violemment opposés aux étrangers que les Chinois conservateurs les plus xénophobes. Leur orgueil-
leux patriotisme tout neuf ne supportait pas l'idée de
la situation humiliée de la Chine, ni des obligations
qu'ils avaient aux étrangers.

Le mouvement devenait si général et si menaçant,
que Tseu-hi, affaiblie par âge et sans appui, céda, et
inaugura elle-même certaines réformes. On décréta
la transformation des examens, l'ouverture d'écoles

modernes, l'envoi de missions d'études à l'étranger, surtout d'une grande mission « dans tous les royaumes d'Occident et d'Orient pour y étudier les systèmes d'administration et y choisir les meilleurs ». Lorsque cette mission revint, éblouie de ce qu'elle avait vu, elle préconisa l'établissement immédiat d'un gouvernement constitutionnel. La Cour sembla adopter ses avis, mais déclara qu'aucune réforme administrative n'était possible, tant que la Constitution n'aurait pas été modifiée. C'était escamoter la réforme.

Le Ko-ming tang protesta avec violence. Toute la presse révolutionnaire dénonça la fourberie de l'impératrice qui prétendait garder avec les Mandchous le contrôle suprême. « Dire qu'on espère réaliser la fusion des divers éléments de l'empire par un gouvernement constitutionnel mandchou est une vaine fourberie. Quand la racine est pourrie, peut-on croire que l'arbre va croître et prospérer? » — L'opposition entre le parti conservateur qui se résignait à faire la part du feu en établissant une monarchie constitutionnelle, et le parti révolutionnaire qui n'y voyait qu'un leurre et voulait à tout prix la république, devient de jour en jour plus grave. Il était trop visible que les conservateurs n'étaient pas de bonne foi : les révolutionnaires, avertis par ce qui se passait en Russie, où le Tsar venait de dissoudre la Douma, étaient prêts aux résolutions extrêmes. La révolte, favorisée par la famine, s'organise dans le Sud. Dans un grand discours, Sun Yat-sen, en janvier 1907, définit les buts immédiats de la révolution : chasser les Mandchous étrangers et rendre la Chine aux vrais Chinois, renverser la dynastie et lui substituer une république; transformer la société chinoise en y faisant pénétrer les principes d'égalité et de liberté du socialisme moderne. On allait sans transition d'un extrême à l'autre. Et à son appel le peuple chinois répond par un soulèvement formidable : en mai 1907 il éclate dans six provinces à la fois, dans les plus riches et les plus peuplées, au Sud du Yang-tze : les troupes impériales sont partout battues et refoulées. Tseu-hi a beau appeler au pouvoir Yuan Chi-kaï, promettre des réformes, l'institution d'un Sénat et d'une Chambre, réagir avec courage contre l'opposition conservatrice, les révolutionnaires maintiennent leurs prétentions, et il est visible que les jours de la dynastie sont comptés. Sa chute est précipitée par la mort presque simultanée et opportune de la vieille impératrice[1] (15 novembre 1908), et de l'empereur Kouang-siu. Leur successeur Siuan-T'ong n'avait que trois ans, et la régence fut exercée par son père, le prince Tch'ouen, réactionnaire corrompu et borné. Il n'ose pas cependant tout d'abord montrer ses préférences secrètes, et convoque en février 1909 les électeurs censitaires des Assemblées provinciales. Elles se réunissent en octobre et demandent que la date des élections législatives soit avancée. Le prince refuse. Aussitôt les Assemblées forment à Pékin un « Parti Parlementaire ». Le Prince répond que les élections n'auront lieu que dans neuf ans, quand les réformes auront été appliquées, et auront produit leurs effets.

On peut deviner l'impression que produisit cette déclaration. La Chine tout entière est secouée d'émeutes qu'exaspèrent la famine, de folles rumeurs d'agressions européennes visant le partage de la Chine en décomposition, que vient confirmer l'annexion de la Corée par le Japon. La Cour cède. Le 3 octobre s'ouvre l'Assemblée consultative. Le 4 novembre le Régent fixe au mois d'août 1911 la

---

1. Pour l'histoire de cette Catherine II d'Extrême-Orient, voir le très curieux livre de Bland et Backhouse : *China under the Empress Dowager*.

publication de la loi électorale et l'établissement définitif d'un gouvernement constitutionnel avec cabinet responsable, les élections en juin, l'ouverture des Chambres en janvier 1913. Mais ce qu'il accordait d'une main, il essayait de le reprendre de l'autre ; et, par des mesures qui exaspèrent également ses partisans et ses adversaires, porte à son comble le désordre de l'administration. Le parti T'ong-Mong Houei, le parti de l' « Union sacrée », sorti du Ko-Ming tang, se fonde. Il ne perd pas son temps à discuter, il organise partout le seul moyen de se faire écouter, l'insurrection : quinze provinces sur dix-huit répondent à son appel : le Setchouen même se joint au mouvement. Malgré des succès militaires, le Régent, affolé par les progrès de la révolte fait encore une fois appel à Yuan Chi-kaï, accorde tout ce qu'il demande, et le 1er novembre le nomme Président du Conseil.

Il était trop tard. La proposition même de Yuan Chi-kaï d'établir une république sans détrôner l'empereur, afin de ne pas aliéner les Mandchous et les pays vassaux, respectueux de la dynastie, est repoussée. Le 29 décembre les délégués des seize provinces révoltées élisent Président de la République Sun Yat-sen, et adressent aux puissances le 5 janvier 1912 un manifeste qui proclame la déchéance de la dynastie. Après de confuses tractations entre Yuan Chi-kaï et Sun Yat-sen, l'abdication de l'empereur est signée le 12 février 1912, et l'empire millénaire de la Chine disparaît.

Il faut citer le texte par lequel l'empereur — ou plutôt l'impératrice douairière, Long-Yu parlant en son nom — transmet le pouvoir à Yuan Chi-kaï et institue lui-même la république.

« Auparavant, parce qu'après l'explosion de la révolution des républicains, les provinces avaient répondu

au mouvement, au détriment de la vie du peuple,
Nous avons ordonné spécialement à Yuan Chi-kaï de
déléguer un fonctionnaire pour discuter avec le
représentant des républicains les affaires politiques.
Nous nous sommes proposé de convoquer l'Assemblée
nationale pour décider de la forme de gouvernement à instaurer en Chine. Mais deux mois se sont
déjà écoulés sans que la question politique soit
réglée convenablement. Le Sud et le Nord sont en
séparation et en discorde, ce qui fait que les com-
merçants sont obligés de cesser leurs transactions,
et les guerriers de vivre dans la campagne. De fait,
tant qu'on n'aura pas décidé la forme de gouvernement à instaurer en Chine, le peuple sera toujours
dans l'insécurité. Maintenant, les habitants de tout
l'empire sont en faveur de la République. Les provinces du Sud ont plaidé les premières pour l'établissement de la République, et les généraux du
Nord l'ont approuvé ensuite. Puisque le Peuple et
le Ciel sont tous en faveur du régime républicain,
comment devons-nous être assez durs pour garder
notre noblesse en nous opposant au désir des innombrables habitants? — Nous rendant compte de la
situation actuelle et de l'opinion publique, d'accord
avec l'Empereur, nous confions au Peuple le pouvoir
souverain, et proclamons la République pour satis-
faire le peuple qui demande la paix, et marcher sur
les traces des anciens saints Empereurs qui déclaraient que l'Empire appartenait à tout le monde.
Yuan Chi-kaï est déjà élu président du Cabinet responsable par l'Assemblée Constituante. Maintenant que
la Chine change son régime politique, le Sud et le
Nord doivent avoir l'unité. Nous accordons à Yuan
Chi-kaï le pouvoir souverain pour qu'il forme un
gouvernement provisoire conjointement avec les
républicains, afin de mettre le peuple et l'empire

dans la tranquillité. Les Mandchous, les Chinois, les Mongols, les Musulmans et les Tibétains s'unissent pour former une grande République Chinoise. Nous et l'Empereur, nous vivrons en retraite, entourés toujours du respect du peuple, et verrons de nos propres yeux la Chine dans un état florissant. N'est-ce pas un heureux événement? Respect à ceci[1] ».

***

Ainsi s'écroulait la dernière des vingt-six dynasties historiques de la Chine et se terminait une histoire vieille de cinq mille ans. C'était la première atteinte visible portée à la structure millénaire du plus immobile des pays orientaux. A partir de ce jour il est lancé dans les aventures. La disparition du grand cadre traditionnel qui, malgré sa vétusté vermoulue et ses insuffisances innées, maintenait quand même l'unité relative du pays et à l'intérieur duquel s'inscrivaient tous les autres cadres de sa vie, devait entraîner progressivement leur ruine. La tâche qui attendait les idéologues révolutionnaires dépassait infiniment celle de nos révolutionnaires de 1789. Ils partaient de plus loin, d'une décomposition infiniment plus profonde et plus générale que celle de l'ancien régime en France, et devaient sans transition aboutir à une reconstruction infiniment plus complexe, au milieu d'une bataille d'idées plus dangereuse et sous une menace étrangère plus redoutable encore. Aucun Napoléon ne s'est révélé jusqu'ici pour remettre par la force de l'ordre dans le chaos de cette immense masse qui se désagrège : aucun Carnot n'a surgi pour organiser des forces de résistance. Le problème de la Chine est double : pourrra-t-elle sous la gran-

1. Maspero, p. 374.

dissante pression étrangère qui menace son existence
même acquérir tout à coup ce qu'il a fallu des siècles
de luttes pour donner aux pays européens, le sentiment national, un patriotisme véritable, une cohésion qu'elle n'a jamais connue dans tout son immémorial passé? Pourra-t-elle seule, car le monde entier est
intéressé à maintenir sa désorganisation pour l'exploiter, se réorganiser intérieurement? Et à supposer
qu'elle trouve en elle des chefs, des organisateurs,
des cerveaux assez puissants pour résoudre ses problèmes intérieurs[1], l'Europe et le Japon lui laisse-
ront-ils le temps de s'organiser pour l'action extérieure et la défense efficace? — C'est une course de
vitesse. Tout Chinois conscient y assiste avec angoisse.
Il sait que contre la rapacité cynique des puissances
avides de se partager l'énorme proie, la Chine est
impuissante, et que la suprême niaiserie serait de
compter sur leur moralité. Il est payé pour savoir
ce que valent leurs promesses, leurs protestations
hypocrites, leurs principes chrétiens, leurs engage-
ments les plus solennels. Et puisque les oppositions
d'intérêts de ces puissances n'empêchent pas leur
entente, dans tout ce sombre horizon il ne voit luire
qu'un espoir : c'est que l'idéalisme des Etats-Unis, qui
ici coïncide avec leur intérêt, sera assez fort pour les
pousser à intervenir en faveur de son malheureux
pays et faire prévaloir la justice. C'est vers la jeune
Amérique que se tournera toujours davantage la
vieille Chine, comme vers la seule lumière dans un
monde livré aux ténèbres et à la violence. — Et par

1. Un des révolutionnaires, Tch'en T'ien Houa dit dans son
testament en parlant de lui-même : « Le révolutionnaire chinois est léger de volonté, sans force pour l'action, incapable de
grandes entreprises. » Ce sont en effet des intellectuels primaires, des « Babous », de superficiels rhéteurs gonflés de ver-
biage et nourris de connaissances mal digérées.

bonheur pour elle l'intérêt moral et intellectuel en même temps que matériel que l'Amérique porte à la Chine grandit sans cesse.

Certes, tout n'est pas rassurant de ce côté : bien des signes laissent entrevoir que dans le grand choc des races qui se prépare, l'Amérique tend à se poser en champion de la suprématie du Blanc. Elle dénie l'égalité des droits à ses nègres. Elle ferme ses côtes aux Jaunes. Elle a à un degré maladif la méfiance du Japon. Elle est devenue une puissance dans le Pacifique et dans l'Insulinde, et, elle aussi, empiète sur l'Asie. Sun Yat-sen a déjà fait remarquer que « les Philippines font des Etats-Unis un des plus proches voisins de la Chine et celle-ci est un des plus grands marchés pour les produits américains » ; tout son livre laisse percer des inquiétudes sur l'action future des Etats-Unis, qui eux aussi voudront sans doute exploiter au moins économiquement la Chine. — Mais d'autre part, des écrivains, des politiques américains élèvent la voix pour la défendre contre toutes les agressions : ils font du cas de la Chine l'épreuve cruciale qui déterminera quels sont les principes qui doivent régir les relations entre peuples. Et l'affaire du Chan-toung, qui par bonheur la met aux prises avec ce Japon dont ils ont la profonde méfiance, dans ce grand traité de paix qui doit ouvrir une ère nouvelle pose avec une netteté entière le problème.

LIVRE IV

LA CHINE NOUVELLE

§ 1. — La République : jusqu'en 1917.

Contre cette institution de la République par un Empereur mandchou et sa nomination du Président, les républicains commencent par protester. Ils se ravisent en constatant l'indifférence du peuple, et Sun Yat-sen devant les forces organisées du Nord, donne sa démission ; les ministres du gouvernement provisoire à Nankin le suivent dans sa retraite. L'Assemblée Constituante élit à l'unanimité Yuan Chi-kaï, en imposant la condition qu'il ira à Nankin prêter serment et fera de cette ville la capitale de la République. Une émeute qui éclate opportunément à Pékin en février lui fournit l'excuse de ne pas se rendre à cette invitation, qui l'aurait livré aux révolutionnaires, et de maintenir à Pékin le siège du gouvernement. Les républicains à contre-cœur acceptent de lui remettre à Pékin même le sceau de Président de la République. Puis commence la comédie très chinoise de l'escamotage par Yuan Chi-kaï des promesses faites. Il sème habilement la dissension entre les républicains en en corrompant les chefs ; il achète Sun Yat-sen et le généralissime Houang-hing ; il proclame la nécessité de l'« union sacrée » pour ramener la paix en Chine, et Sun Yat-sen se charge de la prêcher partout.

La conception de Yuan Chi-kaï est celle d'un dictateur. Son manifeste déclare que « si le gouvernement n'a pas les pouvoirs autocratiques, il n'arrivera pas à maintenir l'ordre dans le pays. Maintenant la Chine est à la fois convoitée par les puissances étrangères et ravagée par les insurgés. Comme je n'ai pas de pouvoirs en mains, je ne puis rien pour y remédier. Toutefois, je préfère être maudit par tout le monde que de laisser notre aimable Chine tomber en ruine. » On voyait percer le bout de l'oreille. Déjà Yuan Shi-kaï rêvait le relèvement de l'empire et sa nomination comme empereur.

La situation et la nature de la Chine pouvaient, dans une certaine mesure, justifier ses conceptions. Cette Chine incohérente, qui ne connaissait d'autre unité que celle de l'administration, d'autre lien commun que le pouvoir impérial, se désagrégeait avec une inquiétante rapidité. Les provinces tendaient à l'autonomie. La scission entre le Sud et le Nord correspondait à des différences de race, d'esprit, d'intérêts, profondes, peut-être inconciliables. Les pays vassaux déclaraient ne devoir le tribut qu'à l'Empereur. La Mandchourie, au Sud, était peu à peu envahie par les Japonais. Le Tibet se révoltait ; l'Angleterre prenait sa défense et déclarait qu'elle ne reconnaîtrait la République que si l'autonomie lui était accordée. La Russie progressait en Mongolie et y établissait un véritable protectorat. On savait par l'exemple de la Corée, que le Japon venait d'annexer, ce que cela voulait dire. Le Turkestan se soulevait. La République aboutissait au morcellement de la Chine. L'anarchie était partout. Les impôts ne rentraient pas. Et pour comble de malheur, les puissances ne voulaient accorder les nécessaires subsides qu'en échange de conditions inadmissibles qui équivalaient à une véritable mainmise sur les ressources de la Chine et l'introduction partout de surveillants et de contrôleurs étrangers.

D'autre part, les élections montrèrent que la masse du peuple ne s'intéressait aucunement à la politique, et ne comprenait rien aux privilèges accordés ; son vote était acquis au plus offrant ; la plus honteuse immoralité électorale régnait partout ; seul le Sud vraiment révolutionnaire votait en bloc pour les partis avancés. Yuan Chi-kaï, qui avait obtenu la majorité dans le Nord, semblait peu se préoccuper de ce vote ; il se tournait de plus en plus vers les partis modérés, les Kong-ho Tang, et cherchait un appui parmi les militaires, les mandarins et les gros marchands, dont les intérêts étaient opposés aux aspirations populaires et au particularisme qui fait le fond de la société chinoise.

Lorsque le Parlement se réunit enfin le 9 Avril 1913, il donna le spectacle lamentable de la plus parfaite incohérence et d'une telle impuissance qu'au bout de deux mois il n'avait pas encore élu ses principaux officiers. Yuan Chi-kaï ne le consulte même pas avant de signer avec le syndicat des cinq puissances (France, Angleterre, Allemagne, Russie, Japon) l'emprunt de 625 millions. Le mécontentement grandit. Sut Yat-sen lui-même se tourne contre Yuan Chi-kaï, lui adresse de publiques remontrances, le somme de ses démettre de se fonctions :

« Vous avez, pour vous constituer un fonds de guerre, conclu l'emprunt aux cinq puissances en violation de la Constitution ; vous avez destitué les gouverneurs qui ne vous approuvaient pas ; enfin, en expédiant des troupes dans le Sud, vous avez si bien provoqué les populations du Sud-Est qu'elles ont fini par prendre les armes contre vous. Vous êtes le seul dont on ne veuille point... Au point où en sont les choses, il ne vous reste qu'une seule voie : donner votre démission. Il y a un an, vous avez accepté la présidence pour sauver le pays du désordre, et pour la même raison vous devez y renoncer aujourd'hui. Si vous persistez à vouloir sacrifier des existences à vos ambitions égoïstes et à repousser mes avis, je ne puis voir plus longtemps souffrir le peuple du Sud, et je me dresserai contre vous comme je me suis dressé contre l'empereur mandchou. »

Il tient parole. Il soulève le Sud. Ce fut la « seconde révolution ». Elle s'éteignit dans la lassitude et l'indifférence générales. La sanglante prise de Nankin, le 27 août 1913, y mit fin, et Sun Yat-sen s'enfuit au Japon[1]. Yuan Chi-kaï se fit élire président à titre définitif le 6 octobre 1913. La reconnaissance officielle de la République par toutes les puissances suivit.

Singulière république que cette nouvelle façade plaquée sur l'immense Chine à la place de la vieille façade impériale effritée ! Le président, dont l'élection avait été achetée par une généreuse distribution de chèques, manifesta aussitôt de quelle manière il comprenait la reconstitution. Au comité de rédaction de la constitution devant lequel il refuse de déposer lui-même, il envoie un mémorandum où il déclare vouloir choisir et nommer lui-même les ministres et les ambassadeurs, avoir le droit de déclarer la guerre et de faire la paix et les traités. Devant l'opposition des membres libéraux, Yuan Chi-kaï supprime purement et simplement le Ko-Ming Tang et met hors la loi ses membres. Il fait saisir et supprimer les jour-

1. Voir les intéressantes études de Ed. Rottach : *La Chine en révolution*. C'est le récit d'un témoin oculaire. Voir aussi *La Chine Moderne*, du même écrivain.

naux hostiles. Les Chambres, privées d'ailleurs de quatre cent quarante-neuf de leurs membres en fuite, ne siègent que sous la surveillance des soldats de Yuan Chi-kaï, et de moins en moins ; certain jour, deux membres seuls étaient présents. On finit par les dissoudre et les remplacer par un « Conseil d'administration central » de soixante-douze membres, qui est un simple groupe de domestiques de Yuan. Il dissout ensuite les « Conseils autonomes » qui correspondent à peu près à nos Conseils municipaux ; les Diètes provinciales ont le même sort. Le président du Conseil démissionnaire n'est pas remplacé. Yuan devient le dictateur effectif du pays et fait publier le 1ᵉʳ mai 1914 la Constitution qu'il a élaborée et qui maintient entre ses mains tous les pouvoirs qu'il a usurpés et, par le mode d'élection du président, rend en somme cette fonction héréditaire dans sa famille. C'était, sans le nom, le rétablissement de l'empire. Et bientôt le nom même s'ajoutera à la réalité.

La guerre de 1914 précipite les événements. La Chine se déclare neutre. Mais le Japon, pressé à la fois de se venger des affronts que l'Allemagne lui avait infligés et de mettre la main sur Kiao-tcheou, envoie à Guillaume II un ultimatum suivi d'une déclaration de guerre. Il somme l'Allemagne d'avoir à lui remettre tous ses droits sur le Chang-toung, *en vue d'une restitution éventuelle à la Chine.* Vis-à-vis des Etats-Unis, qui ne voyaient pas sans inquiétude s'allumer la guerre en Orient, le Japon justifie son action par ses obligations envers l'Angleterre et la nécessité de nettoyer le Pacifique de corsaires allemands. Solennellement, le comte Okuma déclare que le Japon ne gardera pas un pouce de territoire chinois ; il en donne sa parole ; quand le Japon a-t-il violé une promesse ?

Prise entre l'Allemagne qui offre de lui rétrocéder ses droits, et le Japon qui réclame une base d'opérations, la Chine, qui sait ce que valent les promesses allemandes et une prière japonaise, ménage la chèvre et le chou. Tout en se déclarant neutre, Yuan fournit à la fois à l'Allemagne et au Japon les moyens territoriaux de pousser la guerre et les ravitaillements qu'ils demandent. Puis, après la prise de Tsing-tao, le 7 novembre, se déroule la comédie orientale des distinctions subtiles. — Est-ce une colonie allemande qui a été attaquée ou une partie de la Chine? Grave question! — Le Japon peut-il rendre directement à la Chine ce qui appartient à l'Allemagne et doit par conséquent être compris dans le règlement de la paix? Le baron Kato explique à la Chambre japonaise qui veut l'annexion, que des points de droit fort difficiles à trancher sont en cause, mais que le Japon n'est lié par aucune promesse, ni envers les puissances, ni envers la Chine, ni envers les Etats-Unis. Le Japon comprit ce que cela voulait dire, et l'opinion publique chauvine se calma. L'agitation recommença quand Yuan demanda l'évacuation de la zone de guerre concédée aux Japonais, la guerre étant terminée. Le Japon fit la sourde oreille. Yuan déclara le 7 Janvier 1915 que cette zone était supprimée. Aussitôt le Japon présente une note destinée, disait-il, à régler une fois pour toutes les questions pendantes entre les deux pays; elle formule des demandes qui équivalent à une mainmise économique sur la Chine. Tout cela sous prétexte d'assurer la sécurité des deux pays et d'aboutir à une entente amicale. Au fond, la Chine ne pourrait plus rien faire à l'avenir sans l'assentiment préalable japonais, et les empiétements du Japon en Mandchourie étaient érigés en droits.

Malgré l'intense émotion soulevée en Chine, Yuan dut céder; et l'entente fut signée le 9 mai 1915.

L'hostilité chinoise envers l'étranger se concentre sur le Japon ; à partir de ce moment c'est en lui que la Chine voit son principal adversaire, et la menace la plus grave pour son intégrité. Les puissances avaient trop à faire en Europe pour protester ; l'Angleterre même accepta avec mélancolie, mais avec résignation, l'action de son allié. On en avait trop besoin pour oser le contrecarrer.

Yuan vit dans l'humiliation nationale un moyen d'imposer ce qu'il appelait « les vraies réformes ». — Tout le mal, disait-il, venait de la faiblesse de la Chine. Celle-ci était due à son anarchie, aggravée par l'application inconsidérée au vieux pays de réformes auxquelles rien ne l'avait préparé. Le salut était dans un retour aux principes qui convenaient à ses habitudes ancestrales, que l'on ne pourrait modifier que peu à peu. — Bref, il préconisait le rétablissement de l'empire, puisque la république s'était montrée incapable de réorganiser la Chine. A l'unanimité les gouvernements militaires des provinces se déclarent en faveur de la monarchie, « forme d'Etat nécessaire pour la Chine ». A la « Société pour la Paix » qui se fonde pour répandre ces idées s'affilient les Chambres de commerce et les associations industrielles lasses de voir l'anarchie économique du pays. Les associations républicaines, les journaux républicains qui combattent le mouvement sont supprimés. Les puissances étrangères ont beau protester contre tout changement de régime, Yuan est élu empereur le 3 décembre 1915, et installé le 13.

Il avait compté sans le Sud, et s'était trop fié à la loyauté de se créatures et des troupes. L'insurrection s'étend, gagne le Yang-tze, l'Ouest, et même le Nord. Yuan, malade, affaibli, dit-on par un poison, réagit mollement, offre finalement de rétablir la République et installe un cabinet modéré sous la présidence du général Touan Tsi-jouei, mais meurt opportunément le 6 juin, au moment où sa situation était définitivement perdue. Touan offre aussitôt la présidence de la République au vieux général Li Yuan-hong, également estimé dans les milieux conservateurs où il avait de nombreuses attaches, et par les républicains qui le croyaient sincèrement acquis aux réformes et n'oubliaient pas le rôle capital qu'il avait joué en 1911 comme chef suprême des armées libératrices du Sud. Touan reconstitue son cabinet en y accordant de nombreux portefeuilles aux membres du Ko Ming-tang ; les nouvelles Chambres étaient en majorité entre les mains de ce parti.

A partir de ce jour l'histoire politique intérieure de la Chine est celle de la lutte de ce parti radical avancé maître du Parlement et soutenu par les gouverneurs militaires du Sud (Yunnan, Kouei-tchéou, Kouang-si et Kouang-tong) contre la ligue des chefs militaires du Nord, dirigée par les généraux Tchang Soun et Nie Tse-choun et appuyé par tout le parti mandchou et réactionnaire. Tout l'effort du Président et de Touan consistera à essayer de maintenir l'équilibre entre les deux forces opposées. Il y arrivent d'abord grâce surtout à l'appui de la forte armée que commande le vice-président de la République, le maréchal Fong Kouo-tchang ; ils résistent aux sommations répétées du parti militaire qui exige que les pouvoirs du Parlement soient réduits et qu'il devienne un simple Corps Législatif. La réunion de Peng-pen à laquelle prirent part dix-sept gouverneurs militaires des provinces centrales et septentrionales en janvier 1917, fut la manifestation la plus menaçante de la réaction ; elle montrait l'irréductible opposition entre la vieille et la nouvelle Chine. Le président avait essayé de tou concilier en partageant entre les deux partis les principaux portefeuilles, la présidence du conseil à Touan, qui avait la confiance des modérés et du parti militaire, les finances au Cantonais républicain T'ang Chao-yi affilié au Ko-Mingtang. Mais en essayant de contenter les deux partis, il les dressait tous les deux contre lui. Les militaires exigent le renvoi de T'ang et les républicains de Touan.

§. 2. — Depuis 1917 : Nord et Sud.

L'entrée des Etats-Unis dans la guerre eut sur la Chine l'effet d'un réactif qui accentua encore la scission entre les deux partis. Le Dr Reinsch, ministre des Etats-Unis à Pékin, présenta au ministère des affaires étrangères une note invitant les gouvernements neutres à s'associer à la protestation américaine contre la guerre sous-marine sans restriction qu'annonçait la note de l'Allemagne du 1er février. Mais le prestige de l'Allemagne était si grand sur l'esprit de Touan qu'il accueillit froidement la note, et l'amiral von Hintze, le ministre allemand, reçut l'assurance que la Chine garderait la neutralité. Le lendemain même, à sa stupeur, il apprit du ministre des Affaires étrangères, Wou Ting-fang, que le cabinet s'était ravisé et envoyait à l'Allemagne la protestation demandée par les Etats-Unis. L'influence de Leang Ki-tchéou, cependant grand admirateur de l'Allemagne, fut prépondérante dans ce revirement. Il avait répandu partout des brochures pour exposer ses idées. Il voyait dans la guerre avec l'Allemagne le moyen d'affranchir la Chine de la tutelle étrangère; de réaliser l'union des partis pour la défense nationale; d'obtenir comme prix de sa participation de grands avantages diplomatiques, économiques, financiers; et, surtout, de faire entrer la Chine dans la liquidation générale qui suivrait la guerre. Une note remise le 10 février à Berlin fait prévoir la rupture des relations diplomatiques si satisfaction n'est pas accordée à la Chine.

Cette note souleva une émotion énorme qui montra à quel point la Chine était divisée. Les Chambres de commerce furent consternées; le parti militaire ému par les victoires allemandes démesurément grossies par la propagande formidable qu'entretenait l'Allemagne, protesta avec violence; chose plus étrange, de nombreux républicains et Canton déclarent que quelle que soit l'issue de la guerre, la Chine n'a qu'à perdre par l'abandon de sa neutralité, et qu'elle court à la ruine. On se préoccupe surtout de la répercussion qu'aura la note sur les rapports avec le Japon, qui ne pourra, croit-on, admettre que la Chine s'émancipe ainsi et joue un rôle actif dans la guerre. Le télégramme célèbre que Sun Yat-sen envoie à Lloyd George résume cet état d'esprit. En voici les passages essentiels :

« Comme patriote chinois et comme ami reconnaissant de l'Angleterre à qui je dois ma vie, je considère qu'il est de mon devoir de vous signaler les regrettables conséquences qu'entraîne pour la Chine et pour l'Angleterre l'agitation menée par certains de vos agents dans le but d'amener la Chine à entrer dans le conflit européen. J'ai discuté avec des Anglais éminents cette question de l'intervention chinoise en faveur des Alliés et, après un examen approfondi, j'en suis venu à conclure qu'une rupture de la neutralité chinoise serait désastreuse pour nos deux pays. La Chine est encore dans l'enfance, elle a encore besoin de beaucoup de soins : si des discordes s'élevaient dans son sein, l'anarchie aurait tôt fait de la dissocier...

La Chine a eu jusqu'à présent une foi illimitée dans la force et le triomphe final de l'Angleterre, mais depuis que cette agitation entretenue par des gens bien intentionnés, mais à courte vue, a pris naissance, certains quotidiens anglais préconisant même l'envoi de plusieurs divisions chinoises en Mésopotamie, cette confiance a été grandement ébranlée. L'entrée en guerre de la Chine serait dangereuse pour son existence nationale et amoindrirait le prestige de l'Angleterre en Extrême-Orient. Le simple désir d'amener la Chine à se joindre aux Alliés apparaît aux esprits chinois comme un aveu de l'incapacité des

Alliés à venir à bout de l'Allemagne. Or, connaissance vient d'être donnée du rapport par lequel le premier ministre Touan informe le Président de la République que les Puissances de l'Entente contraignent la Chine à se joindre à elles. Cette question a déjà soulevé d'amers dissentiments entre nos hommes d'Etat. La discorde peut amener l'anarchie qui évoque avec elle en Chine deux redoutables éléments : les xénophobes et les Musulmans. Depuis notre révolution les sentiments de xénophobie ont à peu près disparu, mais l'esprit d'hostilité à l'égard des étrangers vit toujours et pourrait en des temps critiques donner lieu à un autre mouvement Boxer et à un massacre général des Européens. Si la guerre est déclarée contre une quelconque puissance, les masses ignorantes ne pourront pas distinguer ses nationaux de ceux des autres puissances, et les conséquences de cette confusion seraient d'autant plus fatales à l'Angleterre en particulier qu'elle a de plus grands intérêts en Extrême-Orient. On ne peut non plus ne pas tenir compte des Musulmans qui considéreraient comme un sacrilège de combattre contre leur Terre Sainte. Mais le pire résultat de l'anarchie en Chine serait, je le crains, de provoquer des dissensions dans le groupe de l'Entente, ce qui signifierait un désastre pour la cause de celle-ci. Dans ces conditions, on ne peut attendre de la Chine qu'elle fasse autrement que maintenir sa stricte neutralité. »

La plus large publicité fut donnée à ce télégramme: les habiles insinuations qu'il contenait produisirent un vaste mouvement de protestation. La cause des Alliés semblait perdue, car de son côté le Président de la République était résolu à s'opposer à la rupture. — Il est inutile de raconter le détail des événements qui lui forcèrent la main ; la crise ministérielle, la démission de Touan, l'intervention de Fong Kuo-tchang. Le ministère et le Parlement l'emportèrent.

L'affaire Seubert, espion allemand jugé par ses compatriotes et acquitté avec la connivence des autorités hollandaises chargées des intérêts de l'Allemagne, vint cristalliser les sentiments de ceux qui étaient en faveur de la guerre. Mais de partout venaient aussi les protestations, et avant qu'elle soit finalement déclarée sous la pression des puissances le 15 août 1917, tout le pays est livré à une véritable anarchie, et même à la guerre civile. La jalousie mutuelle des différents partis est telle que c'est surtout elle qui détermine leur attitude ; il suffit que les gouverneurs militaires et le parti mandchou se déclarent enfin en faveur de la guerre pour que les radicaux crient aussitôt à la dictature militaire et fassent taire leurs sentiments favorables aux Alliés. Le président Li Yuan-hong est d'ailleurs toujours hostile à toute intervention dans la lutte et paralyse systématiquement tous les efforts des ministres. Combien est grande l'incertitude des esprits, cela se voit à la variété des réactions qui se produisent à l'intérieur de chaque parti ; le vieux révolutionnaire Leang Ki-chéou est favorable, son vieux complice d'autrefois, l'ancêtre de la révolution, Kang Yeou-wei, comme Sun Yat-sen, violemment hostile à la déclaration de la guerre, qui sera, dit-il, la fin de l'indépendance de la Chine ; pareils dissentiments se manifestent également dans le parti militaire.

Le 10 mai fut enfin fixé pour la discussion par les Chambres du projet de déclaration de guerre. Une foule énorme se réunit autour des Chambres et injuria violemment les membres de l'opposition à leur passage : c'était le plus sûr moyen d'empêcher même les membres favorables de voter; et de fait cette foule était surtout formée d'agents provocateurs payés par l'Allemagne. Convaincues que Touan essayait d'arracher par la peur la déclaration, les Chambres refusèrent obstinément de discuter même la question sous la menace de la foule et du sabre. Ce qui montra clairement la main de l'Allemagne dans les manifestations hostiles à l'opposition, c'est que les huit meneurs, dont cinq furent arrêtés, appartenaient tous au Ko-Ming tang, c'est-à-dire à l'opposition même! Mais le Cabinet, dont plusieurs membres ont dû donner leur démission à la suite de scandales financiers qui valent bien ceux de l'ancien régime, n'est plus en nombre : il ne contient plus que le Ministre de l'Instruction Publique et le Président du Conseil, et le Parlement refuse de discuter avec ce fantôme de gouvernement. A la constitution d'un nouveau Cabinet les gouverneurs militaires s'opposent unanimement. Il n'y a pas d'issue à la situation. Li Yuan-hong essaie de la dénouer par un coup d'Etat : il destitue Touan et nomme un nouveau Cabinet, prenant ainsi parti pour le Parlement et contre les militaires.

Ce fut la guerre civile. Elle retarda toute discussion des problèmes extérieurs. Pendant trois mois la Chine sombre dans l'anarchie, dont elle ne sort après une brève restauration impériale que plus épuisée, plus divisée que jamais. Li Yuan-hong n'était pas de taille à lutter : il oscille entre des parties contradictoires, fait appel à Li King-si, ami de Touan et le plus influent des directeurs de la faction militaire du Ngan-houei, réactionnaire notoire que ces étranges révolutionnaires acceptent comme Président du Conseil le 28 mars 1917. Cette concession aux gouverneurs militaires fut vaine : le 28, le général Nie Tsechoun se révolte dans le Ngan-houei et se déclare indépendant du pouvoir central, et coup sur coup d'autres généraux proclament leur indépendance : le Ho-nan, le Chan-si, le Fou-kien, le Tche-li se soulèvent; les quelques rares généraux qui s'abstiennent gardent une prudente neutralité. Seul le Sud (le Kouang-tong, le Yunnan, le Kouang-si, le Koueitchéou et le Hou-nan) reste fidèle aux traditions révolutionnaires. Mais il est loin, il est à bout de ressources; il est divisé contre lui-même par de profondes rivalités de personnes. Une fois de plus se révèle la complète incohérence de la Chine, son incapacité d'action collective, même partielle. En désespoir de cause, Li Yuan-hong écoute les étranges propositions de Tchang-soun, réactionnaire sans scrupule, gouverneur militaire du Ngan-houei, chef d'une armée personnelle forte de vingt mille hommes, qui se propose comme médiateur et que les gouverneurs militaires, aussi profondément divisés entre eux que les Sudistes, acceptent. Tchang-soun exige la dissolution immédiate des Chambres. Elle fut décrétée le 12 juin, une reconstitution générale de la forme du gouvernement mise à l'étude; un nouveau Cabinet fut nommé le 24; il apprit le 1er juillet que Tchang-soun avait tranquillement rétabli l'empire au profit du jeune empereur dépossédé, S'uan T'ong.

Cette restauration dura treize jours. Tuan, à qui Li Yuan-hong en fuite avait remis le sceau présidentiel, réagit avec vigueur. Il réunit une armée et marcha sur Pékin qui tomba le 11 juillet. La République était rétablie.

Mais Li Yuan-hong, épuisé et sans autorité, refusa de rester à sa tête. Il avait perdu la face, et l'on sait ce que cela veut dire en Chine. « Une fleur ou une feuille tombée, disait-il dans sa lettre de démission, ne peuvent remonter sur leur tige. Je ne puis plus reprendre la direction de l'Etat et affronter de nouveau les regards du monde. » Il recommandait l'union : « Lorsque des frères se battent entre eux, les voleurs ont tôt fait d'intervenir dans la querelle pour en tirer profit. » Il recommandait comme Président le· vieux maréchal Fong, vice-président de la République, que Tchang-soun, pour le perdre, accusait d'avoir favorisé la restauration impériale.

C'est bien Fong qui fut élu après avoir posé ses conditions. Il entra à Pékin à la tête de ses troupes le 1er août. Touan avait constitué un Cabinet qui réunissait les forces militaires, morales et financières qui s'étaient coalisées contre Tchang-soun. Le Ko Ming-tang était complètement tenu à l'écart. C'était de gaieté de cœur s'aliéner le Sud. Il tenta de se soulever. Mais la lassitude était telle que sa tentative de se rendre indépendant s'éteignit vite. Sun Yat-sen, qui dirigeait le mouvement, fut arrêté avec ses principaux complices.

On put enfin s'occuper des questions extérieures. Le Ko Ming-tang lui-même se déclare favorable à la déclaration de guerre à l'Allemagne, éclairé, prétend-il, par la révélation des manœuvres allemandes en faveur de Tchang-soun. Et enfin le 15 août la déclaration officielle est proclamée.

L'unanimité apparente de cette manifestation de politique extérieure cachait de profondes dissensions intérieures. Les républicains ne voulaient à aucun prix du Parlement provisoire auquel le Cabinet prétendait confier le soin de reviser la Constitution. Ils demandent le maintien pur et simple de l'ancienne Constitution. Et comme le gouvernement leur résiste, c'est dès octobre de nouveau la guerre civile, compliquée d'une guerre du Yunnan contre le Setchouen, dont il convoite les gisements pétrolifères. Bien entendu, le Sud commence, suivi bientôt du Hou-nan. On refuse de reconnaître l'autorité de Touan, représentant, dit-on, des réactionnaires. Celui-ci finit par donner sa démission ; il est remplacé par un autre conservateur, Wang Chen-tcheng. Le Parlement provisoire est convoqué, et pendant qu'on continue à se battre, il élabore la nouvelle Constitution. Il y aura deux Chambres ; la haute contiendra deux cents membres, l'autre quatre cents, élus d'après un mode de suffrage assez étendu. Cette promesse met momentanément fin aux hostilités. L'armistice est signé le 22 décembre, d'autant plus facilement que le parti du Pei-Yang (nordistes) qui a subi une grave défaite à Hang-chan, est de plus en plus divisé; la section du Tche-li, à laquelle appartient Fong, disposée aux concessions, celle du Ngan-houei, dont Touan est le chef, désireuse de pousser la guerre jusqu'à un résultat décisif, peu pressée d'ailleurs de licencier son armée, car alors il faudrait régler leur solde.

La situation très chinoise a été définie par le *Yang tch'eng sin pao* du 20 décembre. « Ce n'est ni la guerre, ni la paix. C'est tantôt la guerre, tantôt la paix. C'est à la fois la guerre et la paix. C'est la possibilité de la guerre ou de la paix. » Un autre journal, le *Chen pao* du 30 décembre, se montre sceptique sur les résultats de l'armistice quand enfin on le signe. « Il y a deux ans la devise de notre gouvernement était : Intérêt de l'État, bonheur du peuple. Il en est résulté que l'État n'a cessé d'éprouver des pertes et le peuple des malheurs. On a pris alors comme devise : Calme et Concorde. Aussitôt le désordre et la discorde sont venus. Aujourd'hui notre devise est : Armistice et Paix. On peut se demander à quels troubles, à quels dangers notre pays est exposé. »

En réalité les forces de désunion que j'ai analysées plus haut et indiquées comme étant endémiques en Chine agissent maintenant avec une énergie d'autant plus grande que les occasions d'indépendance, au milieu de ces incohérences politiques, sont devenues plus nombreuses. De plus, les diverses armées sont faites à l'image de la Chine; leur cohésion est due, non à leur instruction, à leurs cadres, à l'esprit de corps ou à une communauté d'âme quelconque, mais uniquement à l'ascendant momentané d'un chef : elles se débandent, pillent, et fondent à la première défaite.

Que l'on ne m'accuse pas d'exagération ; voici textuellement ce que dit dans la « Politique de Pékin » du 23 décembre 1917 un officier chinois très distingué, ancien élève d'une Ecole militaire française ; — (il s'agit de savoir si l'armée chinoise pourrait être expédiée aux Alliés et comment elle se battrait) : « L'organisation de l'armée chinoise est défectueuse ; il n'y a pas de direction générale, pas de règlement unique pour toute l'armée. On peut dire que chaque division est indépendante ; son général ne relève d'aucun chef, il fait ce qu'il veut, obéit au gouvernement quand c'est son bon plaisir, déclare l'indépendance quand bon lui semble. » C'est l'image même de la Chine.

Aussi, malgré l'armistice, on continue à se battre. Les Sudistes ne veulent d'aucun Parlement nouveau ; ils veulent qu'on rétablisse l'ancien, seul légal, seul en droit de toucher à la Constitution. Les efforts du médiateur accepté, Li-chouen, sont vains ; il donne sa démission le 11 janvier 1918. Brusquement les divisions qui paralysaient les Sudistes disparaissent; ils s'entendent pour proclamer le 17 janvier une Confédération du Sud. Vingt-quatre provinces ou territoires sont représentés[1] à l'Assemblée tenue à Canton qui l'établit. On nomme un gouvernement; on ouvre des pourparlers de paix avec Pékin. Ils semblaient devoir aboutir quand la prise de Yo-tchéou (Hou-nan) par les Sudistes décida Pékin à rouvrir officiellement les hostilités. Les chefs du Sud sont traités de rebelles,

(1) Kouang-toung, Kouang-si, Fou-kien, Chen-si, Set-chouen, Yunnan, Ngan-houei, Feng-tien, Kan-sou, Chan-si, Sin-Kiang, Kiang-si, Kiang-sou, Kiang-nan, Koei-tchéon, Chantoung, Tibet, Hei-loung, Mongolie et colonies chinoises de l'étranger.

mis hors la loi, et leur tête mise à prix. Le Président
de la République fait dans un manifeste amende
honorable de sa faiblesse passée. Il s'accuse d'avoir
voulu la paix avec de tels mécréants. Il faut lire ces
paroles de Fong Kuo-tchang. Il n'y en a pas de plus
chinoises. Il avoue avoir manqué de la connaissance
des hommes, de la connaissance des choses, et il
continue : « En voulant sauver les vies humaines,
j'ai accru la misère et le danger ; en voulant ramener
la paix dans mon pays, j'ai augmenté le trouble et
le désordre ; par mes hésitations j'ai obtenu le contraire de ce que je désirais. C'est que manquant
moi-même de foi, je ne pouvais inspirer la confiance ;
manquant de la vertu nécessaire, je ne pouvais suffire
aux devoirs de ma charge. J'ai créé moi-même les
difficultés qui sont survenues ; toutes les fautes
commises retombent sur moi seul ; j'ai déshonoré la
haute fonction que j'occupe. » La conclusion de ce
mea culpa, c'est que Fong déclare qu'il reste Président
de la République ! Il se contente de frapper durement
ses subordonnés coupables d'avoir exécuté ses ordres.

Bien entendu, ces velléités d'énergie ne durèrent
pas. Li-Chouen, d'ailleurs, ému par l'extrême gravité
de la situation, avait repris son rôle de médiateur.
Il fait remarquer que Hankéou et Wou-tchang sont
menacés ; toutes opérations qui mettraient en péril
ces villes amèneraient sûrement une intervention
étrangère désastreuse pour la Chine. La soudaine
défection du général nordiste Foung Yu-siang acheva
de jeter le désarroi à Pékin. Ce général était chré-
tien ; son armée nombreuse mais admirablement
disciplinée, contenait une majorité de chrétiens affi-
liés à la Young Men's Christian Association ; ils jouent
au foot-ball, vont au prêche, et se conduisent si bien
que lors de leur départ de Pou-kéou toute la population de la ville les accompagne pour leur souhaiter

bon voyage. C'était la première fois que l'on voyait pareil fait en Chine. Au lieu d'attaquer les Sudistes, Foung déclare son indépendance, envoie à Pékin un télégramme impératif demandant qu'on ouvrît les pourparlers de paix et que l'on révoquât son chef direct Gni-tchoung, qui avait demandé l'autorisation d'écraser les rebelles. Très chinois aussi le serment en vers qu'il fit prendre à ses troupes. Ce poème montre bien ce qu'il subsiste encore de vieille Chine dans les partis les plus avancés :

> Gni le bandit a fomenté le trouble
> Et détruit la discipline.
> Le chef de l'Etat est opprimé,
> Le pays près de sa ruine ;
> Par caprice on a provoqué la guerre,
> Les frères sont devenus des ennemis,
> La terre chinoise est ravagée,
> Nous sommes la risée des nations.
> Tant que ce bandit restera au pouvoir
> La Chine ne pourra recouvrer sa puissance.
> Nous le dénonçons et réclamons son châtiment.
> D'un seul élan notre brigade s'est levée
> La même volonté est dans nos cœurs,
> Jamais ce serment ne sera oublié.

Mais la prise de Yi-tchang par les Sudistes le 9 février 1918 obligea Fong à revenir sur ses velléités pacifiques. Il destitue Foung Yu-siang. Il accepte la démission du Président du Conseil, Wang, qui voulait ménager Foung. Il promulgue le 17 février les décrets qui organisent les élections au Sénat et à la Chambre, dont ne veulent pas les Sudistes. C'est la rupture. Ces mesures parurent insuffisantes au parti militaire le plus avancé qui voulait la guerre immédiate contre le Sud. Le 21 arrive la nouvelle de la rébellion du gouverneur militaire de Feng-t'ien, Tchang-Tsuo-lin. Il marche sur Pékin où règne la panique. Fong veut démissionner. Mais devant les protestations de Tchang qui déclare se contenter du retour au pouvoir de Touan-Tsi-jouei « seul homme capable de rendre au pays son unité », il retire sa démission et charge Touan de former un Cabinet responsable. Des succès militaires nordistes — Yo-tchéou est repris le 17 mars — raffermissent sa situation. Fong emploie une fois de plus le système chinois qui consiste à ménager la chèvre et le chou, déclare l'amnistie pour les monarchistes, et d'autre part rend à Foung Yu-siang son commandement. Une période confuse de guerre générale suivit, coupée de succès et de défaites; on essaie en vain de soumettre le Set-chouen, qui n'a jamais cessé d'être en révolte. Bientôt le découragement gagna les généraux nordistes les plus ardents, et Touan voit que le parti militaire lui-même devient rétif.

Cependant le Japon profite de l'anarchie pour imposer à la Chine l'exécution des clauses les plus dures de sa note du 18 janvier 1915, acceptées à la suite de l'ultimatum du 7 mai 1915, mais éludées jusqu'ici. Elles exigeaient : l'engagement de conseillers japonais; la concession aux églises, écoles, hôpitaux japonais du droit de posséder des terrains en Chine ; l'introduction dans la police chinoise d'agents japonais; l'achat obligatoire au Japon d'au moins la moitié des munitions de guerre ; la concession de trois lignes de chemins de fer dans la vallée du Yang-tze; le droit de priorité aux capitaux japonais pour la construction des chemins de fer et des ports et l'exploitation des mines de fer du Fou-kien ; le droit pour les sujets japonais de faire de la propagande religieuse en Chine. L'emprunt des armes, que consentit le Japon à la fin de 1917 avait comme conditions l'exécution de ces clauses humiliantes; de plus, en février 1918, le Japon demande à la Chine de s'associer avec lui pour combattre en Sibérie les bolcheviks russes.

Les négociations sont poussées secrètement; lorsque le pays apprit que que la convention était signée et la « honte nationale consommée », l'émotion fut telle que le gouvernement déclara le 20 avril « qu'il était expressément stipulé que ces mesures ne seraient prises qu'en cas d'absolue nécessité. En d'autres termes, aussi longtemps que l'invasion de l'Asie orientale par l'armée ennemie ne sera pas un fait accompli, *il n'y aura pas nécessité absolue d'exécuter la convention.* » Et par bonheur pour la Chine, l'expédition sibérienne, alors peu populaire au Japon, en reste là pour le moment. On se contenta d'opérations locales pour désarmer les maximalistes à Kharbine et renforcer la garde des frontières de la Mandchourie.

Cependant la situation financière de la Chine s'aggravait sans cesse. Les finances étaient mises au pillage par les généraux qui n'entamaient aucune opération sans avoir d'abord exigé de fortes sommes d'argent qu'ils dilapidaient aussitôt. Et un nouvel emprunt de 50 millions de francs à 8 p. 100 est consenti par le Japon en mai 1919.

Contre cet emprunt, contre tous les actes du gouvernement de Pékin, le Sud ne cesse de protester. Le 5 avril, il déclare que le premier devoir de la Chine est de rétablir l'ordre chez elle : elle n'a pas à participer à la guerre mondiale, quelles que soient ses sympathies pour l'Entente : il refuse de reconnaître aucune Convention, aucun traité passés avec une puissance étrangère quelconque. Il s'étend longuement sur ses succès militaires et en annonce d'autres.

Vaines paroles. L'impuissance est égale à Canton et à Pékin.

L'élection du nouveau Président de la République, qui doit être élu avant le mois d'octobre 1918, montre la volonté toujours aussi nette de Pékin de ne pas rétablir le Parlement que Canton réclame toujours comme étant le seul légal. Celui que propose le parti militaire est un vieux conservateur prudent et avisé, Sui Che-tcheang, qui a rempli sous l'empire de hautes charges : membre du Cabinet en 1905, du Grand Conseil en 1906, Vice-roi de Mandchourie en 1907, Président de l'Administration des Chemins de fer en 1909, Grand Secrétaire d'Etat en 1910, Président du Conseil Privé en 1911 : Yuan en avait fait un Président du Conseil en 1914. Il avait toujours soutenu Touan qui maintenant se présentait comme lui à la présidence. Ce fut Sui Che-tcheang, plus anodin en apparence, moins compromis par la politique active, bien qu'il ait soutenu en 1917 la tentative de restauration monarchique, qui l'emporta. C'est surtout qu'on espérait qu'il pourrait amener une réconciliation entre le Sud et le Nord. Jusqu'ici cet espoir s'est montré vain (décembre, 1919).

En attendant les élections qui doivent avoir lieu en septembre, des assemblées provinciales se réunissent à Nankin pour discuter l'élection présidentielle et la guerre civile : Pékin ne peut les empêcher de former leur Congrès. La guerre continue de plus en plus sanglante, tout le Hou-nan est dévasté. Des bandes de brigands parcourent le pays et le rançonnent. Le correspondant du *Daily Mail* estime qu'il y en a au moins dix-neuf mille au Chantoung, sept mille au Chen-si, cinq mille au Ngan-houei, trois mille au Hou-nan, trois mille au Fou-kien. Rien qu'en avril l'entretien des armées coûte au Nord 14 millions de taels, et les recettes diminuent toujours.

Le Gouvernement est acculé à de nouveaux emprunts : on parle de cent millions de yen que le Japon consen-

tirait à prêter en échange du monopole des tabacs.
La Chine finirait par n'être plus qu'une province du
Japon. Les étudiants chinois quittent en masse les
universités japonaises. Ils adressent au gouvernement des protestations violentes contre la mystérieuse
convention qu'il vient de signer (16 et 19 mai 1918).
Deux de ces étudiants se coupèrent un doigt et écri-
virent leur protestation avec leur sang : « Il faut
absolument annuler la convention désastreuse ». —
On déclare que Touan a trahi la patrie.

Mais l'émotion soulevée n'aboutit à aucune action
efficace. Il devient de plus en plus évident que la masse
amorphe du pays assiste avec indifférence aux luttes
des politiciens, que toute cette meurtrière agitation,
cette anarchie tempérée par l'assassinat, est entretenue par un petit groupe d'ambitieux qui se dispu-
tent des prébendes. Un journal, le *Chen pao*, reconn-
naît avec mélancolie que les Chinois ne sont républicains que de nom. Dans le Nord, on assassine le
général Lou Kien-tchang; dans le Sud, Tcheng Keng-
fou, après l'assassinat de l'amiral Tchen Pii-Koang.
Sun Yat-sen, écœuré, donne sa démission le 4 mai.

Cependant dans le Nord se déroulait la comédie
des élections. On achète les sièges, dix pour cent
mille dollars : sur quatre cent quarante-huit résultats, trois cent cinquante ont été obtenus par les
soins de l'association réactionnaire du Ngan-houei qui
les a payés 1.300.000 dollars. — On achète en bloc
les votes des étudiants habitant à l'étranger : le
paquet de dix votes se payait de deux cents à trois
cents dollars. J'ai déjà dit sur qui s'est arrêté le
choix des Chambres : Siu Che-tchang est élu contre
le président sortant, Fong, et le président du Conseil
Touan. — Et parallèlement aussi se déroule toujours
la guerre civile, et de jour en jour augmente le déficit.
On met en coupe réglée les richesses du pays : on les

cède à des syndicats étrangers. Le *Tchaong hao sin pao* du 27 juin raconte qu'à l'assemblée de Tien-tsin « on reprocha au ministres des finances de livrer toutes les richesses du pays. — Je le sais bien, répondit-il, mais je crains qu'un autre à ma place s'y prenne plus mal. — C'est donc, lui répondit-on, que vous voulez bien vendre votre pays, mais au plus haut prix. — Et tous de rire comme de bons compères. Quelle tristesse ! »

*
* *

Il est inutile de continuer la fastidieuse énumération de faits toujours semblables. Au moment où je revois ces épreuves, (décembre 1919), la situation reste toujours la même : impuissance égale à Canton et à Pékin : dissensions égales entre les partis militaires et les autres partis dans l'une et l'autre région. La grande assemblée qui, sur les instances urgentes des puissances, s'est réunie à Chang-haï pour essayer d'aboutir à un arrangement entre le Sud et le Nord, a siégé indéfiniment sans aucun résultat; de part et d'autre les propositions de paix sont telles qu'elles n'ont aucune chance d'être acceptées. Dans le Nord, les ministres s'écroulent comme capucins de cartes : une nouvelle cause d'instabilité ministérielle s'est manifestée; des ministres essaient d'établir une entente avec le Japon en déclarant que la nécessité de s'entendre avec lui prime tout. La haine contre les Japonais est telle que ces propositions paraissent une trahison. La réunion de la Conférence de la Paix, la question du Chan-toung exaspèrent encore les dissensions intérieures. Il est de plus en plus visible que la Chine est incapable d'unanimité autant que de trouver en elle un parti assez fort pour imposer sa volonté.

C'est que le pays au fond se désintéresse des questions intérieures autant que des problèmes extérieurs. Toutes ces agitations, qui de loin sont les seules manifestations de sa vie, ne sont que de superficiels remous à la surface du grand océan immobile chinois. Sa véritable vie continue à peu près inchangée sous cette écume. Ce qui le montre, c'est dans cette population de quatre cent millions le chiffre négligeable des combattants. Toutes ces opérations à grand fracas sont conduites par de petites armées, où défilent toujours les mêmes soldats, et les protagonistes de ces luttes militaires ou politiques sont toujours les mêmes. Une poignée d'ambitieux mène la Chine inerte à l'abîme.

Certes, toutes les révolutions sont faites par une infime minorité énergique. Mais nulle part jamais la disproportion entre le nombre des meneurs et le chiffre de la population n'a été telle. En réalité le Chinois subit passivement l'orage. Il ignore tout. Il ne s'intéresse à rien. Parce qu'il y a une presse en Chine, on croit en Europe que les Chinois sont renseignés. Il n'en est rien. Qu'on lise ce qu'en dit le *North China Hérald*, à la date du 13 juillet 1918, à propos du banquet qu'un correspondant du *Temps* offrit à la presse de Pékin :

« En apparence la presse de Pékin est un instrument de grande puissance, car on ne compte pas moins de trente-cinq journaux quotidiens. Mais les apparences sont trompeuses, surtout en Chine ». Il analyse ensuite la circulation de ces journaux : ceux qui sont rédigés en langue européenne ne dépassent pas en tout quelques milliers d'exemplaires. Quant aux journaux purement chinois, ils n'ont en tout qu'une dizaine de rédacteurs. « Aucun journal n'est un organe indépendant : tous reçoivent les subsides d'un parti politique, d'un ministre, d'un homme au pouvoir ou d'un

simple particulier qui a besoin de l'opinion publique.
Le tirage atteint au plus trois mille exemplaires, et il
n'y en a pas plus d'une demi-douzaine pour lesquels il
dépasse mille exemplaires. Les rédacteurs en chef, de
même que les directeurs d'agence, sont d'ordinaire
des étudiants revenus du Japon après une année
d'études en général, et avec quelques notions de
langue japonaise. Leur traitement ne dépasse guère
soixante-dix dollars par mois ».

Quant à la « représentation nationale, l'analyse
que j'ai donnée de la manière dont se passent les
élections montre ce qu'elle vaut. En réalité la Chine
n'est ni gouvernée, ni représentée, ni renseignée :
une poignée d'intellectuels primaires au milieu de
l'indifférence et de l'inertie générales se débat
contre une poignée de mandarins et de militaires
corrompus qui défendent leurs prébendes en dissi-
pant pareillement les ressources de la Chine. Les
uns et les autres, si vif qui puisse être parfois leur
patriotisme, sont sans racine dans la vie économique, la vie profonde du pays : leurs gouvernements ne sont qu'une façade ; ni les uns ni les autres
n'ont la vue claire des besoins véritables de la Chine
commandés par la nature, le passé, des forces nouvelles. Les uns et les autres sont entièrement absorbés par leurs luttes intestines. Au lieu de travailler,
comme ils le croient parfois peut-être de bonne foi, à
l'unité nationale, ils ajoutent à toutes les forces de
dissociation naturelles de la Chine leur commune
anarchie.

La haine même du Japon, qui pourrait faire naître
cette unité de sentiments, ne semble vive que sur la
frange du pays, dans les ports. Les provocations des
journaux japonais ne pénètrent pas dans l'intérieur.
Le journal japonais de Tien-tsin écrit tranquillement
les lignes suivantes sans aucune sanction : « En tant

que race, les Chinois sont des esclaves nés. Même les chiens et les porcs n'en voudraient pas. En tant que race, les Chinois sont une collection d'êtres bons à rien, ou plutôt ils sont les ennemis communs de l'humanité. Pour le bien du monde, nous, le grand peuple japonais, devrions cesser de les regarder comme des êtres humains. On aurait dû, il y a long-temps, les extirper de ce monde ! »

Les Chinois mêmes ne voient aucun espoir d'un relèvement quelconque. Le *Choun tien Je* cite avec mélancolie une dépêche d'une agence sino-japonaise : « La Chine sera partagée comme un melon par l'Angleterre, l'Amérique et la France », et prévoit qu'il en sera en effet ainsi. Le bruit se répand de plus en plus qu'une entente secrète avec le Japon, la France et l'Angleterre, qui empiète sur le Tibet, partage toute la Chine en sphères d'influence entre ces trois puis-sances : ce bruit est recueilli et circule avec insistance aux États-Unis. Et cependant, aucune réaction pro-fonde ne se produit : le sort même de la province sacrée du Chan-toung où Confucius est né, semble impuissant à faire vraiment tressaillir cette masse inerte.

Là est la vraie tragédie de la Chine. Entre sa vie traditionnelle qui se perpétue sans changement, sans réaction, sans chefs, et la superficielle et stérile agi-tation de ceux qui prétendent la diriger, le divorce est absolu, et de part et d'autre l'impuissance est pareille. C'est la claire vue de cette impuissance qui remplit d'angoisse les quelques Chinois capables d'embrasser l'ensemble de la situation. De la Chine, ils n'espèrent rien. Des puissances, ils redoutent tout. Ils se tour-nent vers les États-Unis comme vers le seul et faible espoir qui reste. Certes ils ne croient plus au Président Wilson depuis que le Chan-toung a été livré au Japon.

Mais des intellectuels américains leur vient quelque réconfort. Des hommes de la valeur de John Dewey, le célèbre philosophe, se rendent en Chine pour étudier les choses sur place, et se déclarent entièrement favorables aux revendications chinoises. Toute une campagne se fait aux Etats-Unis autour du règlement de la question du Chan-toung. Et comme cette campagne est devenue, en même temps qu'une préoccupation très générale des esprits, une question de partis, on ne la laissera pas tomber.

VUE D'ENSEMBLE. — CONCLUSION

On ne peut quitter un si vaste sujet sans tenter au moins d'y jeter en s'éloignant un coup d'œil d'ensemble.

§ 1. Caractères généraux de la Chine.

Un premier trait frappe d'abord tout observateur de la Chine : c'est l'extraordinaire grossissement, si j'ose m'exprimer ainsi, de tous ses caractères. Ailleurs on peut retrouver, diminués ou vagues, tels de ses traits caractéristiques : nulle part ils n'ont pareil relief ou pareilles dimensions. Nulle part jamais société humaine aussi vaste n'a été constituée avec une netteté, une unité de civilisation aussi marquées : tout semble y être poussé à l'extrême, à sa forme la plus accusée. Nulle part on ne trouve immobilité sociale permanente plus absolue, pareille persistance des mœurs, des habitudes, des rites, des institutions, pareille identité de vie sur de si vastes proportions et sur une telle durée. Nulle expérience humaine ne fut jamais aussi prolongée sans subir de modifications ; nul développement humain rectiligne aussi complètement soustrait à toutes influences extérieures, aussi complètement indigène ; nul par conséquent ne fut jamais aussi parfaitement cohérent et complet dans ses limites étroites. La ruche chinoise est, à sa manière, aussi parfaite qu'une ruche d'abeilles : elle en a les supériorités et les insuffisances.

— Une ruche en effet, comme l'est dans une certaine mesure toute société humaine, de même que tout homme est un peu ou tout à fait « abeille », mené aussi aveuglément que l'insecte par « l'esprit de la ruche ». Mais nos sociétés faites de races et d'influences mêlées, l'Européen plus riche en variations individuelles, trahissent moins visiblement au dehors ce caractère commun de fixité et de fatalité qui éclate dans cette Chine, une de civilisation et de sang, et fait du Chinois un être tout semblable à l'insecte ou à la plante déterminés par son espèce invariable. Mieux que partout ailleurs on y voit ces déterminations et ces dépendances de l'homme, et à quel point il est le produit de son milieu et de son passé, pense les pensées de ses morts et de sa terre, répète les gestes et les actes de ses aïeux, est conduit jusque dans ses réactions en apparence les plus personnelles par le souverain rêve collectif de sa race. La Chine révèle ainsi avec l'extraordinaire netteté d'un cas type les mystérieux processus par où une société se crée et se maintient, et l'homme, qui n'en est qu'une cellule, vit et agit. Phénomène unique et presque monstrueux de perfection, cette Chine si miraculeusement préservée est par là un sujet d'étude inépuisable pour le sociologue.

Et d'autre part, jamais société humaine ne fut plus absolument soustraite aux grandes forces qui ont façonné ailleurs les autres groupements humains : la théocratie, l'aristocratie, la féodalité. Dans son histoire, depuis deux mille ans, ni le prêtre, ni le noble, ni le régime féodal n'ont joué aucun rôle. Elle est la seule société purement séculière, purement démocratique que le monde ait connue. Elle est la seule dont l'administration ait toujours été confiée non au rang, à la naissance, à la faveur, mais au seul mérite, constaté, je le veux bien, par un système d'examens absurdes purement littéraires ; mais enfin par un système impartial et raisonné dans son principe. Nulle part la maxime de Napoléon : « La carrière ouverte aux talents » n'a été aussi continûment appliquée ; et, par conséquent, nulle part démocratie plus réelle n'a existé. A sa manière, dans sa vie comme dans sa philosophie, la Chine a tout subordonné à l'humaine raison, et construit une société en accord avec ses préceptes.

Cette société, fondée sur le travail et la terre, ouverte à tous et égale pour tous, régie par une morale pratique et douce, la Chine l'a trouvée bonne et s'y est endormie il y a trois mille ans. Elle ne s'est plus réveillée. Sur son sommeil les invasions, les révolutions ont passé sans le troubler. Toute civilisation est un rêve collectif, une sorte de somnambulisme. Mais celle de la Chine l'est plus profondément, plus visiblement que toute autre. Je l'ai déjà dit : un sortilège semble l'avoir figée pour toujours. La Chine est devenue comme l'incarnation de l'habitude. Chez elle les variations individuelles peu à peu se sont réduites à un minimum. Par cet engourdissement et cet arrêt de développement, elle a connu une stabilité que nul autre peuple n'a atteinte ; et peut-être après tout une plus grande somme de bonheur [1].

§ 2. — Caractères généraux de la Révolution.

Une si ancienne habitude ne peut s'effacer du jour au lendemain. Les idéologues chinois qui pensent pouvoir par l'incantation de quelques phrases réveiller

[1]. « Si je croyais encore au bonheur, je le chercherais dans l'habitude », a dit ce grand désabusé de Chateaubriand.

la Chine de son rêve millénaire et par quelques décrets la transformer sont de vieux enfants. Là plus encore que partout ailleurs l'avenir aura ses racines dans le passé. S'il est une vérité qui ressorte de l'étude de toutes les révolutions, de tous les pays, c'est que le passé ne meurt pas. Il demeure presque tout entier sous le présent. Cela est surtout vrai pour la Chine. Toute cette civilisation traditionnelle que j'ai décrite subsiste toujours, immobile sous les violents changements superficiels qui se succèdent depuis deux décades. Rien de ce qui fait sa vie profonde n'a été entamé par eux : la disparition de l'empire, qui semble un événement capital, est sans véritable importance; pour s'en rendre compte, il suffit de se rappeler à quel point il n'a jamais été qu'une façade plaquée, le plus souvent par des barbares, sur l'invariable Chine. Les chutes périodiques des dynasties, les périodes d'anarchie qui les ont précédées ou suivies n'ont jamais rien changé à sa structure: on pourrait même dire n'ont modifié que peu l'administration du pays. La Chine est une civilisation, non une nation. Les changements politiques n'influent pas sur elle. L'organisation de la famille, son autonomie, l'indépendance relative des divers groupes, leur manière de s'administrer, leurs habitudes ancestrales, tout ce qui fait l'essentiel de leur vie persiste à travers les pires soulèvements, l'anarchie générale, le brigandage, les luttes des partis, les réformes mêmes; la masse est trop énorme, les mœurs anciennes sont trop enracinées, les forces qui maintiennent à la fois l'immobilité sociale et l'instabilité politique sont trop constantes pour être ébranlées véritablement par de si faibles secousses. Par comparaison avec les centaines de millions de Chinois qui vivent toujours leur vie ancestrale tout agricole et sédentaire, soumise aux mêmes rites qu'il y a quatre mille ans, que sont

les quelques milliers d'intellectuels révolutionnaires
déracinés? et quelles sont les surfaces de contact de
ces masses avec les idées qu'ils veulent faire prévaloir ?

Et surtout qu'on ne suppose pas qu'il y ait une
ressemblance quelconque entre la révolution chinoise
et celle qui a si rapidement transformé le Japon.
Celle-ci n'a pas été, comme on le croit, imposée du
dehors : elle est le fruit inévitable d'une gestation
intérieure ; elle ne fut pas la création subite de quelques idéologues, mais le produit du vaste et lent
travail séculaire de tout un peuple martial, uni,
conscient et consentant, animé du plus ardent patriotisme qui fut jamais, et qui voyait clairement que le
seul moyen de garder son indépendance était de se
mettre à l'école de l'Occident. Et d'autre part, le
Japon de tout temps a abondé en fortes individualités : la vie féodale, les luttes incessantes, la multiplicité des centres de vie locale intense avaient formé
et trempé les caractères ; le moment venu il a trouvé
à foison des chefs hardis et expérimentés, des hommes
d'Etat aussi prudents qu'audacieux, des hommes de
génie. Rien de semblable dans cette Chine dépourvue
de toute unité, de tout esprit national, de tout centre
idéal de ralliement, pacifique et amollie par la paix,
orgueilleuse à l'excès et plus ignorante encore, satis-
faite de sa vie, et que rien dans son passé n'a préparée à la changer. Là de tout temps les vues d'ensemble, les initiatives ont manqué comme les hommes..
Elle est une vaste ruche très parfaite, mais où les
individualités font défaut.

A cet égard, la preuve est aujourd'hui faite.
Le drainage de cette masse énorme a donné depuis
cinquante ans moins d'hommes supérieurs que n'a
produit d'hommes de génie le petit clan des Satsuma

au Japon en deux décades : aucun chef ne s'est révélé, et les rares administrateurs capables appartiennent à la vieille caste des mandarins et suivent les vieux errements. Et surtout à la Chine manque depuis toujours cette classe moyenne guerrière des Samouraï, proportionnellement si nombreuse au Japon, dont l'indomptable esprit de discipline, de sacrifice, de patriotisme, la farouche énergie, le dévouement religieux au Mikado, incarnation du Japon, ont été à la fois le levain de la Révolution et le noyau de la résistance à l'étranger, l'impulsion au progrès et le frein à toute innovation trop brusque, la force qui a permis au Japon de se transformer sans révolution ni anarchie, et de s'imposer au respect du monde entier. Ni par l'intelligence, ni par le caractère, ni par le patriotisme, aucun groupement en Chine ne peut lui être comparé ; toutes les forces vives de ce pays ont pris depuis toujours une autre direction, se sont figées dans les routines des Lettrés inaptes à tout changement, à toute action, à toute compréhension des exigences de la vie moderne ; les révolutionnaires mêmes gardent la marque de cette caste ; ce sont des intellectuels incapables d'action efficace et sans prise sur la vie, dépourvus du sens des ménagements et des transitions graduelles indispensables. Ils veulent sans les préparations nécessaires passer de cette vieille Chine immobile depuis des millénaires à je ne sais quel Etat ultra-moderne dont ni les sentiments, ni les cadres, ni les hommes n'existent encore. Ils semblent croire qu'il suffit d'un décret pour changer des mœurs, de dessiner sur le papier un plan logique pour remplacer du coup dans la réalité toute la vieille structure lentement formée par les siècles, et qui s'est moulée sur la société qui l'habite.

Leur erreur est celle de nos idéologues de 1789, des socialistes aujourd'hui, des Bolchevistes, de tous ceux qui croient que la raison raisonnante peut suppléer aux longs tâtonnements, aux lentes adaptations graduelles inconscientes, par lesquels une société humaine élabore ses mœurs, ses habitudes, ses institutions, ses cadres, toute l'illogique, imparfaite, mais complexe et habitable structure où elle demeure. Ils ne sentent pas l'énorme complexité des réalités humaines, et qu'elles sont conditionnées par le passé, la nature, de changeantes forces. Ils croient à l'identité de tous les hommes, et qu'une même loi peut s'appliquer à tous, que les mêmes institutions peuvent les régir, malgré les différences de climat, d'habitudes, de traditions, de psychologie, de situation. Ce sont des esprits simples et absolus de logiciens bornés et fanatiques. Leur fanatisme est leur seule force. Ils ont la foi dans l'incroyance générale ; ils ont l'intransigeance et l'énergie qu'elle donne. Ils l'emporteront, parce qu'ils sont seuls à croire et à vouloir dans un monde décrépit. Leurs constructions s'écrouleront comme toutes les constructions de la cervelle raisonnante trop simples ; les vastes forces réelles qui ont produit la structure qu'ils démolissent la referont de nouveau dans ses lignes essentielles, modifiées seulement par la lente action de forces nouvelles encore indécises. Cela est inévitable, et les étapes que traverse la Révolution chinoise sont communes à toutes les Révolutions. La Chine, comme la France, comme tous les pays modernes, passera par toutes les convulsions qu'ils ont connues dans leur recherche d'un équilibre nouveau qui remplace l'équilibre ancien détruit. Ces convulsions ne font que commencer. Elles seront d'autant plus profondes, plus prolongées et plus meurtrières que la distance qui sépare la Chine d'une société moderne est plus grande et sa masse plus énorme.

§ 3. — Les possibilités de transformation.

Faut-il pour cela désespérer de la transformation de la Chine et penser qu'elle ne pourra trouver une forme sociale viable? Je ne le crois pas. Cet étrange pays, le plus antique de tous, est, par certains côtés, étrangement moderne. Il a abouti bien avant l'Europe à certaines conquêtes toutes modernes. Je voudrais les énumérer brièvement pour montrer qu'il possède en lui bien des éléments qui préparent sa transformation autant que son apparente immobilité semble en nier la possibilité.

Et d'abord, je l'ai déjà dit, la Chine n'a pas, comme le Japon, à se débarrasser de tout ce lourd héritage féodal qui pesa d'un tel poids sur lui et sur l'Europe, et dont bien des restes existent encore dans nos sociétés soi-disant modernes. Elle n'a pas à lutter contre une noblesse territoriale ou une caste privilégiée héréditaire quelconque, ni contre les préjugés nobiliaires, les oppositions conservatrices des snobismes européens, qui refont perpétuellement par tout parvenu, par tout enrichi, de nouveaux soutiens de l'ordre ancien. Elle n'a pas davantage à résoudre les problèmes que soulèvent les haines religieuses, les fanatismes qui en dérivent, les intolérances qui marquent également les jacobins et les cléricaux d'Europe, et qui sont le legs d'un passé immémorial aussi vivace chez le libre penseur qui se croit affranchi que chez le catholique le plus borné. Son attitude vis-à-vis de la religion est exactement celle de nos rationalistes ; elle possède depuis toujours un état d'esprit qui est une conquête bien récente en Europe.

Et de même les relations d'homme à homme y sont plus vraiment démocratiques que partout ailleurs, sauf aux Etats-Unis, et sans nulle grossièreté, sans cette suffisance de parvenu de l'égalité si blessante en Amérique; de tout temps la Chine fut démocratique, et la démocratie y est synonyme de culture et de courtoisie, non d'inculture et de grossièreté. Par là elle est même en avance sur l'Occident. Plus profondément encore on peut dire que son attitude devant la vie, telle qu'on la voit dans son art et dans sa littérature, est curieusement moderne. Elle s'est débarrassée il y a bien des siècles de toute rhétorique, de tout symbolisme, de tout ce qui s'interpose entre la beauté du monde et l'expression simple et véridique de cette beauté. Rien de plus simple, de plus direct que la poésie chinoise ; et n'étaient les limites de cette étude, j'aurais voulu pouvoir analyser les caractères de cette littérature si finement humaine, dont un critique pénétrant, M. Lowes Dickinson, a pu avec raison comparer l'inspiration à celle de la poésie de Wordsworth et à la véracité de l'art français moderne.

Et d'autre part l'exemple du Japon nous montre qu'une race asiatique peut superposer à sa vie profonde inchangée tout l'acquis matériel de l'Occident, tous nos procédés pratiques, toute notre science, sans rien abandonner de son originalité native. Car ces choses ne constituent pas une *culture*, chose d'acquisition lente, d'espèce subtile, parfois presque incommunicable, mais une simple *provision*. On s'exagère étrangement l'importance de cet acquis matériel, si récent en Europe même. On oublie qu'il y a cent ans l'Europe n'avait ni chemins de fer, ni industrie moderne, ni électricité, ni rien de ce que certains semblent aujourd'hui croire être l'essentiel de notre civilisation, et qui n'est qu'un *mécanisme*. C'est ce mécanisme que le Japon nous a emprunté, rien d'autre. Il ne nous a pris ni nos religions, ni notre idéal, ni nos mœurs; et notre moralité, notre sensibilité lui paraissent en tout inférieures à la sienne. La Chine, qui ne pense pas autrement, peut faire de même.

Un autre trait frappe tout observateur de la Chine; c'est l'étrange plasticité du Chinois. Précisément parce que sa civilisation diffère si profondément de la nôtre, il lui est plus facile de l'abandonner en bloc, en apparence tout au moins. Les différences sont si énormes qu'elles sautent aux yeux. N'ayant rien à concilier, le Chinois apprend tout sans critique et sans comparaison; il décalque son milieu exactement. Et c'est ainsi que les étudiants qui ont vécu en Amérique sont étrangement Américains; Anglais ou Français ceux qui ont étudié en Angleterre ou en France; l'imitation est si parfaite que l'on retrouve en eux avec étonnement les traits caractéristiques de la race et du milieu dont ils ont passivement subi l'empreinte. Déjà, il y a longtemps, on a remarqué avec quelle aisance le Chinois copie tout ce qu'on lui donne à copier, servilement, sans réaction personnelle aucune, qu'il s'agisse d'un vêtement ou d'une montre; c'est un trait de la psychologie de la race, une des manifestations de sa prodigieuse docilité, de sa déconcertante soumission à ce qui est, de son fatalisme qui ne questionne jamais. Nulle race n'accepta avec une plus soudaine passivité les nouveautés contre lesquelles toutes ses superstitions les plus anciennes s'étaient d'abord violemment révoltées; on l'a bien vu pour les chemins de fer, le télégraphe, dont du jour au lendemain elle a usé avec enthousiasme après les avoir arrachés partout avec rage. Il a suffi pour cela que ce peuple avant tout positif et utilitaire en comprenne l'utilité pratique. C'est ce sens de l'utile bien plutôt que son patriotisme, que la menace étran-

gère, qui lui fera à la longue adopter et adapter
nos supériorités matérielles.

§ 4. — Contraste des deux civilisations : La civilisation occidentale vue de Chine.

...Mais non notre vision de la vie. Profondément, le
Chinois, plus encore que le Japonais, méprise et hait
l'étranger dont il a appris, par tant d'humiliantes
épreuves, l'immoralité et l'insondable hypocrisie.
C'est dans cette haine et ce mépris que réside le
véritable danger asiatique. Il faut donc dire comment l'Oriental voit notre civilisation, ce qu'il lui
reproche, en quoi la sienne lui paraît supérieure, car
de ces sentiments dépendent ses réactions contre
l'Europe.

Et d'abord sa religion lui paraît plus rationnelle
que la nôtre, et il la pratique, tandis que tous nos
actes sont la négation de celle que nous professons.
Ses institutions lui paraissent supérieures, puisqu'elles
ignorent les misères, les inégalités, les exploitations
de l'homme par l'homme que les nôtres créent. Sa
société tout agricole, sa civilisation ouverte à tous,
lui paraissent plus humaines, plus douces que notre
civilisation industrielle fondée sur l'inégalité sociale,
la concurrence et la lutte impitoyable, plus profonde
que notre superficielle vie inquiète si préoccupée
d'acquérir les moyens de vivre qu'elle en oublie de
vivre — de la seule vie qui compte, la vie intérieure.

Et d'autre part, ayant moins de besoins et d'ambitions, il se croit plus riche que nous en vrais biens.
Économiquement la Chine se suffit et n'a point
besoin de débouchés, de commerce, d'expansion, de
militarisme pour subsister. Les États européens
sont condamnés au commerce, à l'expansion, à la
jalousie mutuelle, à l'impérialisme, à l'agression,

au militarisme, sous peine de mort ou de déchéance. Ils ne produisent pas ce qu'il leur faut pour vivre, et ne peuvent consommer ce qu'ils produisent. Il leur faut à tout prix des débouchés et des colonies. Ils les acquièrent à coups de fusil et de canon. Leur politique avide et brutale dont le Chinois a tant souffert dans le passé lui paraît aboutir nécessairement aux guerres « coloniales » qui sont des massacres, ou à cette « pénétration pacifique » dont les moyens d'action les plus sûrs sont finalement le vol, le meurtre et l'incendie.

La guerre latente ou ouverte, intestine ou étrangère, économique ou militaire semble donc au Chinois le terme inévitable de leur constitution, leur condition normale, comme la paix sociale l'est celle de la Chine. Toute leur vie repose sur un colossal paradoxe, et leur précaire prospérité frise d'autant plus près la ruine qu'elle est plus grande. D'énormes forces anonymes — trusts, compagnies, capitalismes inhumains, — se substituent partout aux relations humaines entre les hommes ; et ces relations ne sont plus l'affaire de personne, sauf de l'État irresponsable et impuissant, dont nulle organisation de fonctionnaires ne saura jamais remplacer les charités naturelles disparues. La vie urbaine factice et énervante qui sépare l'homme de la nature et des activités bienfaisantes de la terre pompe et dévore partout la population agricole et multiplie les déchets humains : les tuberculeux, les alcooliques, les syphilitiques, les révoltés et les prolétaires misérables. Au peuple on jette comme compensation de ses misères et de cet esclavage le mensonge d'une souveraineté qui n'est qu'un leurre, car la représentation électorale est entre les mains des intérêts d'argent, et le gouvernement est l'apanage d'une classe privilégiée.

Toute la vie occidentale semble ainsi au Chinois, à l'Oriental réfléchi, orientée dans un sens qui est l'opposé de la vraie vie, et rouler vers l'abîme. C'est que pour lui elle repose sur un mensonge inconscient et une erreur fondamentale qui la déshumanise. Entre ses religions et sa pratique, entre les principes de droit, de justice, d'humanité, d'égalité, de christianisme qu'elle professe et ceux qu'elle applique, le désaccord est absolu ; entre les fins égoïstes qu'elle recherche et les fins désintéressées de toute civilisation vraie, l'opposition est totale : son jeu naturel crée l'injustice, la richesse et la misère également excessives, les haines de classe, les mépris, les incompréhensions mutuelles, des castes de riches et de pauvres plus fermées les unes aux autres que celle de l'Inde, une barbarie savante, une anarchie morale pires que la sauvagerie de l'incivilisé. Ce que nous reprochons à l'Allemagne, qui fut l'exemplaire achevé de cette barbarie, le Chinois le reproche à toute l'Europe, parce qu'au fond l'idéal de grandeur matérielle de l'Allemagne lui paraît avoir corrompu tout l'Occident. Partout en Asie on m'a répété tout cela avec passion. Qu'on lise les pages où Okakura Kakuzô exprime la tristesse et le dégoût que lui inspire, comme à tout Oriental, le spectacle de la vie moderne. Il reconnaît certes tout ce qu'elle suppose de volonté, d'effort, tout ce qu'elle contient de richesses matérielles. Mais il ajoute :

« Pour les Occidentaux tout cela peut être une raison de réjouissance, et il peut leur paraître inconcevable que d'autres en jugent autrement. Et pourtant, la Chine, avec sa douce ironie, considère la « machine » comme un instrument, non comme un idéal. L'Orient vénérable fait encore la distinction entre les moyens et les fins. L'Occident est favorable au progrès ; mais où tend le progrès ? Lorsque l'orga-

nisation matérielle sera complète, quel but, demande
l'Asie, aurez-vous atteint? Alors que le sentiment de
la fraternité aura atteint son sommet dans la coopération universelle, quelle cause sert-il? Si c'est l'intérêt personnel, où trouvons-nous le progrès tant
vanté?... .

« La dimension seule ne constitue pas la vraie
grandeur, et la recherche du luxe ne mène pas toujours au raffinement. Les individus qui coopèrent à
la fabrication de la grande machine de la soi-disant
civilisation moderne, deviennent les esclaves d'une
habitude machinale et sont impitoyablement dominés
par le monstre qu'ils ont créé. En dépit de la fameuse
liberté de l'Occident, l'individualité véritable y est
détruite par la compétition pour la richesse; le bonheur et la joie y sont sacrifiés à l'insatiable désir de
posséder toujours davantage. L'Occident se glorifie de
s'être émancipé des superstitions médiévales; mais
qu'est donc ce culte idolâtre de la richesse qui les a
remplacées? Quelles souffrances et quel mécontentement se trouvent cachés derrière le masque somptueux du présent! La voix du socialisme est une
lamentation sur les affres de l'économie politique
occidentale — la tragédie du capital et du travail. »

Dans cette richesse et cette puissance modernes,
Okakura ne voit qu'appauvrissement moral:

« L'Asie ignore, il est vrai, les joies sauvages d'une
locomotion qui boit l'espace, mais elle possède encore
la science plus profonde du voyage, celle du pèleri-
nage et celle des moines nomades. L'ascète indien,
qui mendie son pain quotidien aux ménagères villa-
geoises, et qui, le soir venu, s'assied sous un arbre,
parle et fume avec les paysans de la contrée, voilà
le vrai voyageur. Pour lui, la campagne n'est pas
faite seulement de ses aspects naturels; elle est un
chaînon de coutumes et de traditions, toute empreinte

de la tendresse et de l'amitié qui a partagé, ne fût-ce qu'un instant, les joies et les peines de son drame privé. Le paysan japonais qui voyage ne quitte, lui aussi, aucun endroit intéressant de ses promenades, sans y laisser son *hokku*, petit sonnet d'une forme d'art accessible aux plus simples. Par ce moyen, la conception orientale de l'individualité se cultive comme une science mûre et vivante harmonisant la pensée et le sentiment dans une grave mais souriante humanité. Par ces formes d'échange, l'idée orientale du commerce entre humains s'est conservée comme le vrai moyen de culture. »

C'est ce commerce entre les hommes que notre vie ne connaît plus.

Et si le spectacle de cette anarchie morale afflige Okakura, il ne souffre pas moins de la laideur et de l'insensibilité qu'elle crée. Pour lui et tant d'autres, nos œuvres, nos villes monstrueuses, toute notre vie, sont autant une offense pour les yeux qu'un scandale pour l'esprit et une affliction pour l'âme. Et ce qui confirme l'Asiatique dans sa critique, c'est qu'il voit que l'Occident par d'autres voies arrive aux mêmes conclusions que l'Orient. Une profonde inquiétude ronge l'Europe. Il y a longtemps que l'Occidental s'irrite contre la société que la civilisation lui a faite; de décade en décade, avec le croissant désaccord entre elle et sa sensibilité, ses aspirations, cette irritation grandit. Tout art supérieur finit par ne plus être qu'une protestation contre la société, ou une satire de l'homme tel que la civilisation moderne l'a fait. — De Rousseau à Stendhal, à Renan, à Taine, à Flaubert, à Maupassant, à Zola, le pessimisme croît; de plus en plus on se détourne de la médiocrité d'une civilisation toute matérielle, sans noblesse, sans idéal, sans beauté, sans humanité, pour se réfugier dans le passé, le rêve ou l'utopie. Tout ce qui compte dans la littérature moderne, depuis Carlyle et Ruskin en Angleterre, jusqu'à Tolstoï et Dostoïewski en Russie, Ibsen en Norvège, chez nous Anatole France, est une dénonciation des mensonges sociaux. Nos grands écrivains que l'Orient lit avec avidité sont des prophètes aussi véhéments que les voyants d'Israël, et leur inspiration est la même : la haine inexorable de ce qui est, l'aspiration infinie vers sa destruction et un ordre nouveau. On sait combien la lecture de Macaulay, des écrivains libéraux anglais ont fait de ravages dans le cerveau mal préparé des Babous hindous. Cette littérature et ces critiques sont infiniment plus dangereuses encore.

Contre tout l'ordre social existant, l'Oriental voit que la protestation s'élève toujours plus haute, plus générale et plus passionnée : de purs artistes, tel Anatole France, font cause commune avec les énergumènes incultes de la religion nouvelle; le Bolchevisme n'est que la manifestation la plus aiguë et la plus basse d'un état d'esprit qui envahit la terre entière. Certes, les raisons de ce mécontentement, de cette universelle inquiétude, diffèrent selon les milieux et les hommes ; c'est au nom de la beauté offensée que les artistes protestent, au nom de la moralité bafouée, de l'humanité et de la raison méconnues que les penseurs condamnent une société fondée sur la concurrence illimitée désordonnée et impitoyable, sur l'anarchie morale et économique, sur un immense mensonge. Pour l'Oriental, la civilisation occidentale, par le jeu même de son développement, menace à la fois tout l'acquis de l'humanité, toutes les bases mêmes de la vie harmonieuse qui s'accorde avec la nature et prolonge le passé, produit et expression des nécessités naturelles; elle ne ruine pas telle ou telle base de la vie, mais la vie tout entière. Tel observateur oriental, le marquis Okuma, le maréchal Oyama par exemple, déclare que cette guerre n'est qu'un des symptômes de notre désarroi, du profond désordre de notre vie, n'est qu'un des produits inévitables de nos régimes, non le dernier. Que pareille catastrophe ait pu arriver est pour eux la condamnation de l'ordre social qui l'a produite. Pour eux, l'Europe va droit à l'abîme. Sur la pente où elle est lancée, elle ne s'arrêtera plus. La fatalité des Révolutions, inaugurée en 1789, se déroule inexorablement. La première ne fut qu'une révolution politique : elle ne fit que substituer à l'aristocratie une bourgeoisie, des paysans aussi égoïstes, aussi conservateurs qu'elle. Elle ne fut qu'un déplacement d'abus. Les autres seront des révolutions économiques et sociales; elles ne tendent pas seulement à un déplacement de richesse et de pouvoirs politiques; ce n'est plus seulement la révolte du pauvre contre le riche, du prolétaire contre le capitaliste, du peuple contre le groupe de financiers, de politiciens, d'exploiteurs qui selon les socialistes, de plus en plus écoutés, surtout au Japon, gouverne dans l'intérêt d'une classe afin de maintenir un régime périmé fondé pour assurer l'infériorité du travailleur qui produit tout; c'est la révolte contre tout l'ordre social, et la volonté de jeter bas la société.

L'Oriental voit cette mêlée sans sympathie. Pour le Japonais aristocratique et discipliné, le Chinois idéaliste et positif à la fois, l'Hindou religieux, c'est une basse conception de l'homme que celle qui le rabaisse à n'être qu'un faisceau d'appétits et le fait vivre pour sa seule satisfaction égoïste, et non pour des fins générales supérieures. Mieux encore que nous ils sentent combien les conquêtes de l'humanité, — art, douceur, moralité, — sont débiles et toujours menacées. Elles ne pèsent rien devant la faim du barbare, la souffrance de l'esclave; et tout affamé, tout esclave est un barbare et un offensé qui se venge. L'Oriental assiste dans cette guerre à la faillite de notre civilisation tant vantée, et n'espère pas qu'à notre conception de la vie ainsi condamnée se substitue sa conception de la vie.

Et d'autre part pour lui la Conférence de la Paix, par ses méthodes et ses décisions, est une faillite morale tout aussi retentissante. Cette réunion solennelle des puissances civilisées destinée à fonder un ordre international nouveau lui paraît devoir continuer en somme l'ancienne politique dont il a tant souffert. Les beaux principes gênants de droit, d'égalité, de libre disposition, sont bons à imposer aux vaincus ; les vainqueurs se dispensent d'en faire l'application à leurs domaines ; et aux principes de justice, de liberté, d'égalité, ni l'Asie, ni l'Afrique n'ont aucune part. Les Etats-Unis même capitulent devant les impérialismes des Alliés et ne sont pas exempts de leurs tares ; ils laissent déclarer le protectorat britannique sur l'Egypte, à qui tant de fois l'autonomie fut solennellement promise, pendant que l'Angleterre accorde avec leur consentement à l'Hedjaz barbare un empire en Asie Mineure, prend la Mésopotamie, accapare la Perse ; ils refusent de s'intéresser au sort de l'Irlande, lynchent leurs noirs, rejettent les jaunes, laissent faire le Japon au Chantoung. Et d'ailleurs, de quel droit les puissances qui gardent leurs possessions en Chine et la découpent en sphères d'influence imposeraient-elles une moralité internationale que violent leurs traités secrets inavouables, aujourd'hui dévoilés et qu'ils appliquent ? Elles sont cyniques, mais leur impudeur ne va pas jusque-là. — Si l'on veut voir ce que l'Asie pense de cette Conférence et de notre moralité, qu'on lise la protestation si sobre, si émouvante de la Chine à la Conférence de la Paix. Je ne connais pas de réquisitoire plus lumineux, ni plus logique, ni plus accablant. Le problème est bien posé : aurons-nous deux moralités ? celle que nous professons et celle que nous appliquons, l'une pour le Blanc, l'autre pour les autres races ; le droit pour nous, la force pour les autres ? — C'est la doctrine même de l'Allemagne et du Surhomme qu'on applique, disent les Chinois. Qu'on le reconnaisse alors franchement, et que l'on abandonne cette transparente hypocrisie.

Quoi qu'il en soit, ils trouvent que cette Conférence, qui devait inaugurer une ère nouvelle, ne fait que confirmer l'ordre ancien ; elle n'apporte aucune solution aux problèmes fondamentaux de notre vie, qui ne sont pas d'ordre politique ou diplomatique, mais d'ordre économique et social. Une immense espérance avait traversé l'Asie. Elle a été déçue. Elle fut d'ailleurs exagérée. Le monde ne se transforme pas en un jour. Sur son évolution les organismes politiques et les intrigues des hommes d'État n'ont point de prise. Dans l'universelle révolution qui se prépare, les discussions académiques de la Conférence, son action débile, seront comme si elles n'étaient pas. D'énormes forces réelles soulèvent le monde. L'avenir est aux peuples qui s'adapteront à ces forces nouvelles, trouveront avec le Bolchevisme un *modus vivendi* momentané, entre l'ordre ancien périmé et les menaçantes folies des rêves nouveaux une conciliation provisoire.

La Chine réalisera peut-être pour elle-même cet équilibre. Elle est une façon de Bolchevisme antique cristallisé. Son communisme est encore vivant : imprudent qui voudra y toucher. Il correspond peut-être à une des formes inférieures nécessaires de la civilisation. Avant le Bolchevisme il existait en Russie. C'est un régime encore plus semblable à celui de cette Chine que la Russie mongolisée semble vouloir inaugurer aujourd'hui. C'est dans le vieux communisme russe et les idées de Tolstoï tout asiatiques que le Bolchevisme trouve certaines de ses racines. Peut-être doit-on voir dans cette tentative en partie une nouvelle manifestation de l'éternelle rage d'égalité et de destruction des Tartares, une révolte de l'Asie fataliste et impersonnelle contre la conception occidentale de la vie, fondée sur l'individualisme, l'effort, la lutte incessante. Il sera curieux de voir quelle répercussion ces idées auront en Chine quand elles y pénétreront. Par les Kirghiz, les mercenaires chinois à la solde des Bolchevistes, elles atteignent déjà les franges du pays. Elles y trouveront un terrain préparé.

Mais quel que soit le sort de la civilisation, on peut difficilement croire qu'elle aboutira aux plus basses formes orientales, à une poussière humaine soumise à la dictature de quelques fanatiques. Certes, nos sociétés sont imparfaites : elles sont l'insuffisante solution provisoire qu'une tâtonnante expérience prolongée a donnée au problème peut-être insoluble de la vie sociale. Toute civilisation n'est peut-être qu'un pis-aller. Mais ce désordre vaut encore mieux que la solution simpliste que la cervelle raisonnante voudrait sans transition lui substituer. Une humanité statique, cristallisée pour toujours comme la Chine dans des formes et un bien-être invariables, serait une pauvre chose. Peut-être avons-nous fait comme le pensent Okakura, Okuma, Oyama et toute l'Asie, un marché de dupes : nos « progrès » nous coûtent certes trop cher s'ils sont, comme ils le disent, au prix de notre humanité; il nous importera peu de gagner le monde si nous y perdons notre âme. Cependant, si notre misère est grande, il y a plus de noblesse dans cette misère que dans ce bonheur, et nos inquiétudes sont plus riches d'espoir que cette inertie. Notre activité, si condamnable soit-elle, est plus conforme à l'essence de la vie que cette ataraxie. Pour l'Asie, notre civilisation est matérielle, laide, inquiète, inhumaine. Soit. Mais elle vit : et les plus hautes civilisations de l'Orient ne sont guère que de belles mortes.

FIN

TABLE DES MATIÈRES

LIVRE II

LA CHINE ANCIENNE

L'Histoire. — Les Religions et la Constitution. L'Art.

LIVRE III

LES RELATIONS EXTÉRIEURES DE LA CHINE

LIVRE IV

LA CHINE NOUVELLE

8115. — Paris. — Imp. Hemmerlé et Cⁱᵉ (1-20).

2° PSYCHOLOGIE ET PHILOSOPHIE

APERT (Dʳ). L'Hérédité morbide (5ᵉ mille).

AVENEL (Vicomte Georges d'). Le Nivellement des Jouissances (5ᵉ mille).

BALDENSPERGER (F.), chargé de cours à la Sorbonne. La Littérature (5ᵉ mille).

BELLET (Daniel), professeur à l'Ecole libre des Sciences politiques. Le Mépris des ois et ses conséquences sociales.

BERGSON, POINCARÉ, Ch. GIDE, Etc., Le Matérialisme actuel (10ᵉ mille).

BINET (A.), directeur de Laboratoire à la Sorbonne. L'Ame et le Corps (12ᵉ mille).

BINET (A.). Les Idées modernes sur les enfants (18ᵉ mille).

BOHN (Dʳ G.). La Naissance de l'Intelligence (40 figures) (8ᵉ mille).

BOUTROUX (E.), de l'Institut. Science et Religion (21ᵉ mille).

CRUET (J.), avocat à la cʳ d'appel. La Vie du Droit et l'Impuissance des Lois (5ᵉ m.).

DAUZAT (Albert), docteur ès lettres. La Philosophie du Langage (4ᵉ mille).

DROMARD (Dʳ G.). Le Rêve et l'Action (4ᵉ m.).

DUGAS (L.), agrégé de Philosophie. La Mémoire et l'Oubli (5ᵉ mille).

DWELSHAUVERS (Georges), professeur à l'Université de Bruxelles. L'Inconscient (5ᵉ m.).

GAULTIER (Paul). Leçons morales de la guerre (5ᵉ mille).

GUIGNEBERT (C.), chargé de cours à la Sorbonne. L'Evolution des Dogmes (7ᵉ m.).

HACHET-SOUPLET (P.), directeur de l'Institut de Psychologie. La Genèse des Instincts (4ᵉ mille).

HUBERT (René). Les Interprétations de la Guerre (4ᵉ mille.)

JAMES (William), de l'Institut. Philosophie de l'Expérience (9ᵉ mille).

JAMES (William). Le Pragmatisme (8ᵉ m.).

JAMES (William). La Volonté de Croire (6ᵉ m.)

JANET (Dʳ Pierre), de l'Institut, professeur au Collège de France. Les Névroses (10ᵉ m.)

JULLIOT (Ch.-L.). L'Éducation de la Mémoire (5ᵉ mille).

LE BON (Dʳ Gustave). Psychologie de l'Éducation (24ᵉ mille).

LE BON (Dʳ Gustave). La Psychologie politique (16ᵉ mille).

LE BON (Dʳ Gustave). Les Opinions et les Croyances (14ᵉ mille).

LE BON (Dʳ Gustave). La Vie des Vérités (10ᵉ mille).

LE BON (Dʳ Gustave). Enseignements Psychologiques de la Guerre (36ᵉ mille).

LE BON (Dʳ Gustave). Premières Conséquences de la Guerre (29ᵉ mille).

LE BON (Dʳ Gustave). Hier et Demain. Pensées brèves (10ᵉ mille).

LE DANTEC. Savoir! (12ᵉ mille).

LE DANTEC. L'Athéisme (17ᵉ mille).

LE DANTEC. Science et Conscience (10ᵉ m.)

LE DANTEC. L'Egoïsme (14ᵉ mille).

LE DANTEC. La Science de la Vie (8ᵉ m.).

LEGRAND (Dʳ M.-A.). La Longévité (4ᵉ m.).

LOMBROSO. Hypnotisme et Spiritisme (10ᵉ mille).

MALH. La Connaissance et l'Erreur (6ᵉ m.)

MAXWELL. Le Crime et la Société (6ᵉ m.)

PAULHAN (Fr.). Les Transformations sociales des sentiments (4ᵉ mille).

PICARD (Edmond). Le Droit pur (7ᵉ mille).

PIERON (H.), Mᵉ de Confᶜᵉ à l'Ecole des Htᵉˢ-Etudes. L'Evolution de la Mémoire (5ᵉ mll.)

RAGEOT (Gaston), professeur de philosophie. La Natalité, ses lois économiques et psychologiques.

REY (Abel), professeur agrégé de Philosophie. La Philosophie moderne (12ᵉ mille).

VASCHIDE (Dʳ). Le Sommeil et les Rêves (7ᵉ mille).

VILLEY (Pierre), professeur agrégé de l'Université. Le Monde des Aveugles (4ᵉ m.).